职业教育系列教材·城市轨道交通类

城市轨道交通概论

孟宪庄　朱　旭　白利红　主　编

中国建材工业出版社

图书在版编目（CIP）数据

城市轨道交通概论/孟宪庄，朱旭，白利红主编
. -- 北京：中国建材工业出版社，2022.9
职业教育系列教材．城市轨道交通类
ISBN 978-7-5160-3471-2

Ⅰ.①城…　Ⅱ.①孟…②朱…③白…　Ⅲ.①城市铁路—轨道交通—职业教育—教材　Ⅳ.①U239.5

中国版本图书馆 CIP 数据核字（2022）第 276763 号

城市轨道交通概论
Chengshi Guidao Jiaotong Gailun
主　编　孟宪庄　朱　旭　白利红
出版发行：中国建材工业出版社
地　　址：北京市海淀区三里河路 11 号
邮　　编：100831
经　　销：全国各地新华书店
印　　刷：北京印刷集团有限责任公司
开　　本：787mm×1092mm　1/16
印　　张：11.75
字　　数：290 千字
版　　次：2022 年 9 月第 1 版
印　　次：2022 年 9 月第 1 次
定　　价：**49.00 元**

本社网址：www.jccbs.com，微信公众号：zgjcgycbs

城市轨道交通类系列教材编委会

本书编委会

主　编： 孟宪庄　朱　旭　白利红
副主编： 房春晓
参　编： 龙真真

前　言

目前，许多城市都面临严重的交通问题，如城市道路拥堵，公共交通运能不足，市民乘车舒适性差，交通事故频发等，已经直接影响了城市的良性发展。为了解决日益恶化的城市交通问题，缓解公共交通的压力，各国纷纷规划与建设立体化的城市轨道交通系统。

近年来，我国城市轨道交通建设发展取得突破性进展。截至 2021 年底，中国大陆地区（以下文中涉及全国数据均指中国大陆地区，不含港澳台）共有 50 个城市开通城市轨道交通运营线路 283 条，运营线路总长度 9206.8 公里。其中，地铁运营线路 7209.7 公里，占比 78.3%；其他制式城轨交通运营线路 1997.1 公里，占比 21.7%。"十四五"城轨交通已由重建设转变为建设、运营并重阶段。城轨交通新开通运营线路里程"十三五"期间呈持续上涨势头，"十四五"各年预计呈现波动变化趋势，各年不均衡，新开通运营线路规模在近年达到峰值后有所回落。这种波动将会传导到产业链上下游，带来设计规划、工程建设、装备制造企业等设计、施工、制造、供应的变化，应提前预警，合理配置资源，促进城轨交通行业高质量健康发展。

由于编者水平有限，书中难免存在疏漏和不妥之处，恳请广大读者批评指正。

编　者

目　录

项目一　城市轨道交通发展与专业门类

【知识目标】

- 了解国内城市轨道交通行业的发展情况
- 熟悉城市轨道交通专业门类

【能力目标】

- 能辨识城市轨道交通运营企业、车站及调度指挥组织架构
- 能熟练掌握城市轨道交通各专业培养目标、技能要求与就业岗位

【引导案例】

随着城市化进程的快速推进，作为我国城市公共交通重要组成部分的城市轨道交通系统也在快速发展。自北京 1969 年开通第一条地铁线路以来，截至 2016 年末，我国已有北京、上海、广州、天津、重庆、南京、武汉、长春和深圳和大连等 30 多座城市先后建成并开通运营城市轨道交通线路，总里程达 4100 余千米，客运总量达 160 亿人次。其中，北京、上海、广州三个城市的年均客运量超过 20 亿人次。城市轨道交通行业的快速发展带来相关专业人才的巨大需求。本项目将介绍城市轨道交通专业门类以及各专业岗位应具备的能力。

任务一　城市轨道交通发展情况

一、发展城市轨道交通的必然性

随着我国城市化进程的加速推进，大量农村富余劳动力涌向城市，百万人口城市不断增加，机动车数量迅猛增加，由此带来城市交通拥堵、环境污染等一系列问题，如图 1-1所示。城市轨道交通具有运量大、准时、环保、安全性高及占地少等优点，已经成为人们出行工具的首选之一，尤其对于上班族，地铁等城市轨道交通工具成为人们着急赶路的“救命稻草”。

二、国内城市轨道交通发展情况

1863 年，世界上第一条地铁在英国伦敦建成通车。1969 年 10 月 1 日，我国北京第一条地铁建成通车。发展至今，国内城市轨道交通大致经历了三个阶段：第一个阶段以“战备为主、兼顾交通”为原则（例如北京地铁）；第二个阶段以“交通为主、兼顾人防”为原则（例如上海地铁和广州地铁）；第三个阶段以“建设标准、造价、车辆和设备国产化”为原则。

当前，我国城市轨道交通正迎来历史最佳发展机遇期。据中国城市轨道交通协会统计，截至2020年末，内地共有37个城市（不含港澳台地区）开通城市轨道交通运营，运营线路188条，运营线路总长度5800余千米，其中，地铁3168.7km，占76.3%；其他6种城市轨道交通制式（包括轻轨、单轨、有轨电车、磁浮交通、自动导向系统及市域快轨）共计984.1km，占23.7%。拥有2条及以上线路的城市21个，城市轨道交通网络化运营已成为主要趋势，见表1-1。

图1-1 城市道路拥挤、环境污染

表1-1 国内城市轨道交通运营线路规模统计汇总表（截至2019年底）

序号	城市	运营线路长度（km）	城市轨道交通系统制式（km）						
			地铁	轻轨	单轨	有轨电车	磁浮交通	APM（自动旅客捷运系统）	市域快轨
1	北京	713.1	617	—	—	8.9	10.2	—	77
2	天津	226.9	166.7	52.3	—	7.9	—	—	—
3	上海	784.6	669.5	—	—	23.7	29.1	6.3	56
4	广州	463.9	452.3	—	—	7.7	—	3.9	—
5	大连	181.3	54.1	103.8	—	23.4	—	—	—
6	长春	117.6	38.6	61.5	—	17.5	—	—	—
7	深圳	297.6	285.9	—	—	11.7	—	—	—
8	武汉	347.9	263.7	37.8	—	46.4	—	—	—
9	南京	394.3	176.8	—	—	16.7	—	—	200.8
10	重庆	313.4	214.9	—	98.5	—	—	—	—
11	沈阳	128.4	59	—	—	69.4	—	—	—
12	成都	329.8	222.1	—	—	13.5	—	—	94.2
13	佛山	21.5	21.5	—	—	—	—	—	—
14	西安	123.4	123.4	—	—	—	—	—	—
15	苏州	164.9	120.7	—	—	44.2	—	—	—
16	杭州	114.7	114.7	—	—	—	—	—	—
17	昆明	88.7	88.7	—	—	—	—	—	—

续表

序号	城市	运营线路长度(km)	城市轨道交通系统制式(km)						
			地铁	轻轨	单轨	有轨电车	磁浮交通	APM(自动旅客捷运系统)	市域快轨
18	哈尔滨	21.8	21.8	—	—	—	—	—	—
19	郑州	136.6	93.6	—	—	—	—	—	43
20	长沙	67.4	48.8	—	—	—	18.6	—	—
21	宁波	74.5	74.5	—	—	—	—	—	—
22	无锡	55.7	55.7	—	—	—	—	—	—
23	青岛	178.2	44.9	—	—	8.8	—	—	124.5
24	兰州	61	—	—	—	—	—	—	61
25	南昌	48.5	48.5	—	—	—	—	—	—
26	淮安	20.1	—	—	—	20.1	—	—	—
27	福州	24.6	24.6	—	—	—	—	—	—
28	东莞	37.8	37.8	—	—	—	—	—	—
29	南宁	53.1	53.1	—	—	—	—	—	—
30	合肥	52.3	52.3	—	—	—	—	—	—
31	石家庄	28.4	28.4	—	—	—	—	—	—
32	珠海	8.8	—	—	—	8.8	—	—	—
33	贵阳	33.7	33.7	—	—	—	—	—	—
34	厦门	30.3	30.3	—	—	—	—	—	—
35	乌鲁木齐	16.7	16.7	—	—	—	—	—	—
36	常州	34.24	34.24	—	—	—	—	—	—
37	徐州	21.9	21.9	—	—	—	—	—	—

注：数据来源于“城市轨道交通 2019 年度统计分析报告”，数据截至 2019 年末。

任务二　城市轨道交通类专业简介

随着我国城市轨道交通行业的快速发展，相关人才的需求越来越大，国内诸多本专科院校纷纷开设城市轨道交通类专业。在 2004 年之前，我国高校专业目录中还没有城市轨道类的专业，大专层次的城市轨道交通类专业多由国家原铁道部下属的各铁路职业技术学院、运输学院的相近专业兼办，本科层次的城市轨道交通学院更是不多的。为满足当前日益壮大的城市轨道交通运营队伍以及我国快速发展的城市轨道交通的迫切需要，我国第一所城市轨道交通学院——上海城市轨道交通学院于 2004 年 9 月 2 日立项、2005 年 1 月成立。该校是由上海地铁公司与上海工程技术大学联合创办的；2008 年 5 月，苏州大学与苏州交通建设有限公司组建了苏州大学轨道交通学院；2009 年 8 月 11 日，深圳大学与深圳地铁集团有限公司举行合作办学签约仪式，双方共同合作建立深圳大学轨道交通学院。当前，开设城市轨道交通类专业的高职院校越来越多，学生规模不断扩大，产生的社会影响力也在不断扩大。

一、城市轨道交通类专业设置

2015 年 10 月，教育部对现行的《普通高等学校高职高专教育专业设置管理办法》和《普通高等学校高职高专教育指导性专业目录》进行了修订，形成了《普通高等学校高等职业教育（专科）专业设置管理办法》和《普通高等学校高等职业教育（专科）专业目录（2015 年）》，2004 年 4 月 12 日公布的《高职高专专业目录》同时废止。在 2015 年版高职高专专业目录中，专业类由原来的 78 个调整增加到 99 个，专业由原来的 1170 个调减到 747 个。其中，城市轨道交通类属于交通运输大类，设有 6 个专业，见表 1-2。

表 1-2 城市轨道交通专业分类表

专业代码	专业名称
600601	城市轨道交通车辆技术
600602	城市轨道交通机电技术
600603	城市轨道交通通信信号技术
600604	城市轨道交通供配电技术
600605	城市轨道交通工程技术
600606	城市轨道交通运营管理

二、城市轨道交通车辆技术（专业代码：600601）

1. 人才培养目标

本专业培养德、智、体、美全面发展，熟练掌握机械、电子、电气和网络系统使用、维修和管理等专业知识，具备相关专业技能，从事城市轨道交通电动列车驾驶、车辆检修与维护、车厂车辆调度和管理、列车运行控制、车辆组装和故障诊断处理等工作的高素质技术技能型人才。

2. 主要课程

城市轨道交通、机械制图与 Auto CAD、电工电子技术、机械设计基础、城市轨道交通车辆构造、城市轨道交通车辆电机电器、城市轨道交通车辆制动机、城市轨道交通车辆网络系统、城市轨道交通车辆控制、城市轨道交通车辆安全与规章、城市轨道交通车辆检修等。

3. 技能要求与就业岗位

具备机械工程技术运用能力、电子电气控制技术应用能力、城市轨道交通车辆驾驶能力、机械及电子系统检修与维护技能等，学生毕业后可在地铁、轻轨等城市轨道交通企业及其他交通和机电行业企业从事城市轨道交通车辆驾驶、检修、维护和管理工作。

三、城市轨道交通机电技术（专业代码：600602）

1. 人才培养目标

本专业培养德、智、体、美全面发展，熟练掌握轨道交通自动控制设备的操作、维护、常见故障处理及施工管理和智能化电子仪表维护等专业知识与技能，面向城市轨道交通、国有铁路、地方铁路和企业专用线等轨道交通领域，培养具有相应职业能力的高素质应用型技术人才。

2. 主要课程

城市轨道交通概论、城市轨道交通电工电子、城市轨道交通通信信号、城市轨道交通自动化系统与技术、城市轨道交通综合监控系统与集成、城市轨道交通车站机电设备、城市轨道交通联锁设备维护、城市轨道交通列车运行控制等。

3. 技能要求与就业岗位

具备城市轨道通信系统设备维护、检修、管理、安装、施工工作和信号设备维护、监控、管理等技能，学生毕业后可在城市地铁、客运专线、高速铁路和城际铁路等企业从事信号设备的维护、施工和管理等工作。

四、城市轨道交通通信信号技术（专业代码：600603）

1. 人才培养目标

本专业培养基础理论知识扎实，具有计算机、控制、通信及轨道交通系统知识，掌握轨道交通通信信号专业理论，具备通信信号检测技术与维护应用能力的高素质应用型人才。

2. 主要课程

模拟电路、数字电路、信号与系统、数字信号处理、高级程序设计语言、数据结构、微机与接口技术、现代通信原理、自动控制原理、自动检测技术、车站信号自动控制、区间信号自动控制、列车运行控制、地铁与轻轨控制技术等。

3. 技能要求与就业岗位

本专业适应社会经济和轨道交通发展的需求，毕业生主要从事城市轨道交通领域信号和信息采集、处理、通信和控制方面的网络或设备操作、维护和运营管理等工作。

五、城市轨道交通供配电技术（专业代码：600604）

1. 人才培养目标

本专业主要培养城市轨道交通牵引变电领域的变电站供电运行与检修、接触网（轨）施工与检修，能适应城市轨道交通供电生产、建设、服务和管理第一线需要的应用型高素质技能型人才。

2. 主要课程

城市轨道交通供电设备维护与检修、城市轨道交通供变电技术、城市轨道交通供电规程、城市轨道交通接触网、城市轨道供电综合自动化、城市轨道交通供电调度管理、城市轨道环境与设备监控系统、电气化工程施工与管理等。

3. 技能要求与就业岗位

本专业就业岗位主要面向城市轨道交通供电管理企业，毕业生主要从事轨道交通企业变电站值班员、城轨接触网检修工、维修电工、其他电力设备安装、运行、检修与供电等工作。

六、城市轨道交通工程技术（专业代码：600605）

1. 人才培养目标

本专业培养德、智、体全面发展，掌握城市轨道交通工程勘测设计、土建施工、养护与管理等专业知识与技能，具备城市轨道交通工程施工管理、试验检测和维修养护等职业岗位能力的高素质技术技能人才。

2. 主要课程

建筑材料、工程测量、城市轨道交通工程、隧道工程、桥梁工程与施工技术、地铁与轻轨施工、铁道与城市轨道、工程造价原理与编制等。

3. 技能要求与就业岗位

毕业生主要在城市轨道工程施工单位、勘测设计部门从事城市轨道施工、勘测、造价文件的编制和施工组织与管理等工作。

七、城市轨道交通运营管理（专业代码：600606）

1. 人才培养目标

本专业主要培养德、智、体、美全面发展，适应我国城市轨道交通行业发展需要，掌握城市轨道交通行车组织、客运组织、票务管理和运营安全管理等专业知识，具备城市轨道交通调度指挥、客运服务、客运组织和票务管理等岗位能力的，适应城市轨道交通运营企业服务和管理一线岗位需要的高素质应用型人才。

2. 主要课程

城市轨道交通概论、城市轨道交通客运组织、城市轨道交通票务管理、城市轨道交通行车组织、城市轨道交通安全管理、乘务岗位技能实务以及社交礼仪、人际沟通、演讲与口才等人文素质拓展课程。

3. 技能要求与就业岗位

掌握地铁车站服务礼仪、车站 AFC 自动检票系统、屏蔽门系统和车站突发事件应急处理等专业技能，本专业就业主要面向地铁、轻轨等城市轨道交通运营企业，铁路运输企业，交通客货运场站等，毕业生主要从事站务员、安检员、乘务员、客运值班员和行车值班员等岗位工作。

任务三　城市轨道交通组织架构

一、城市轨道交通企业组织架构

城市轨道交通行业具有专业技术复杂、科技含量高，点多、线长、面广，客流量大，运行速度高，停站时间短，安全性要求高等特点。因此，组织架构的设置必须科学，符合城市轨道交通自身的特点和运作规律。

当前，我国已有 30 多座城市的轨道交通开通运营。不同城市轨道交通运营企业组织架构模式不尽相同，主要有多家运营子公司和一家运营公司两种模式。任何一种模式有其优点，也会有其缺点，重要的是它必须符合该企业的发展要求。北京、上海等城市轨道交通运营线路较多的城市普遍采用多家运营子公司模式，以上海为例，上海申通地铁集团有限公司由职能机构、管理中心、直属单位等构成其组织架构如图 1-2 所示。

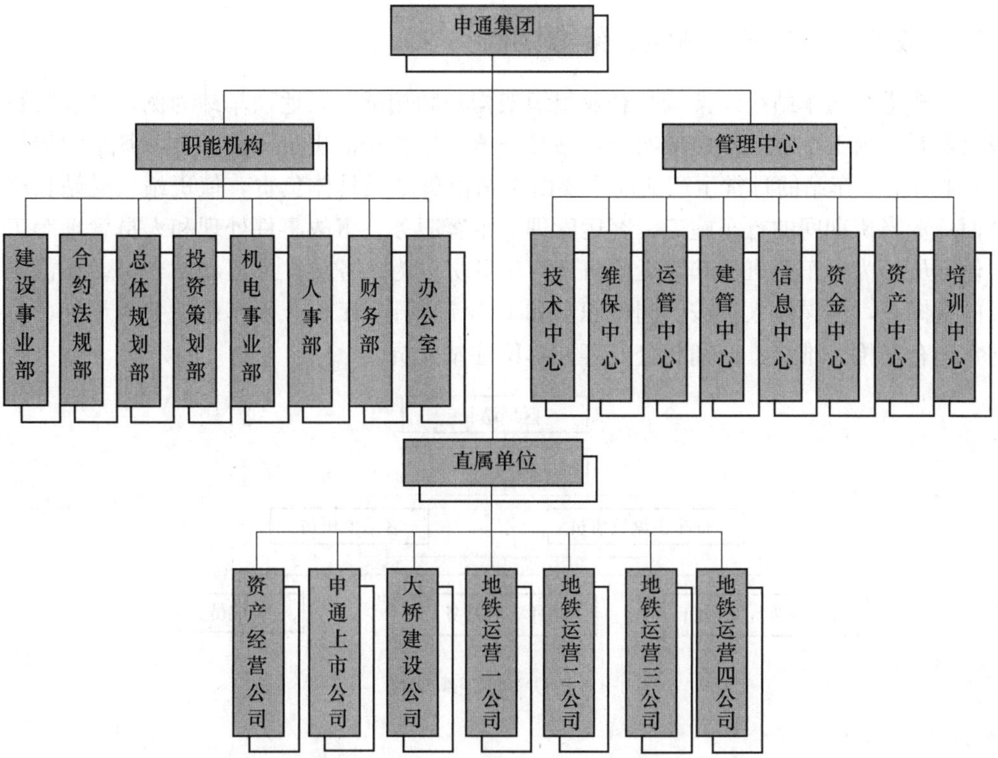

图 1-2　上海申通地铁集团有限公司组织架构

广州、深圳等城市采用一家运营公司模式。图 1-3 为广州市地下铁道总公司组织架构。

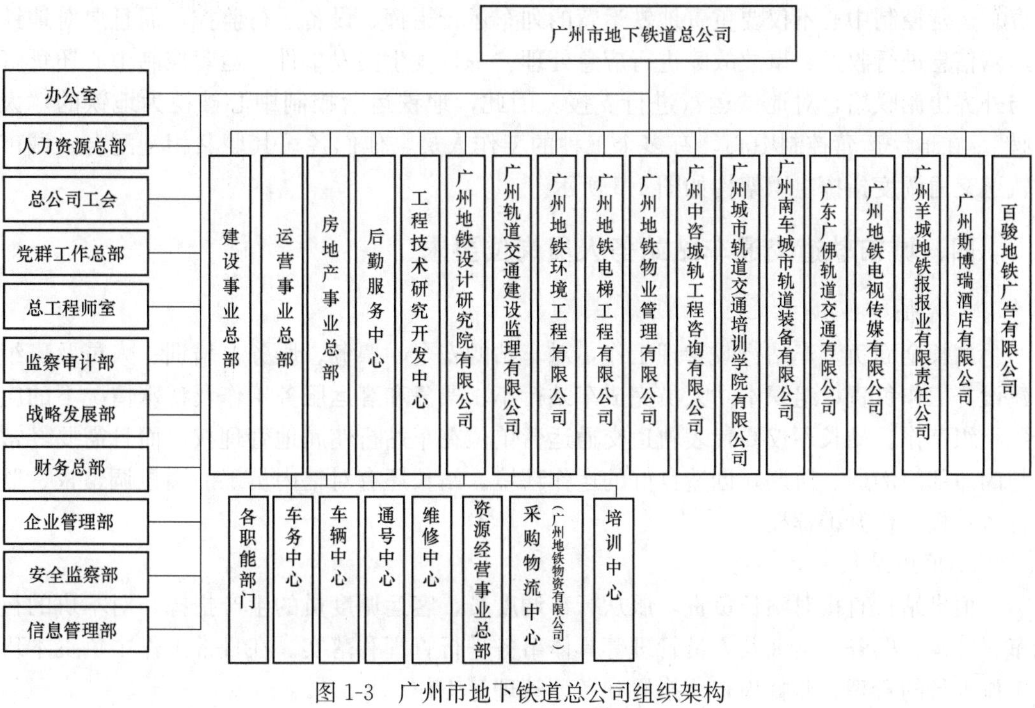

图 1-3　广州市地下铁道总公司组织架构

二、城市轨道交通车站组织架构

城市轨道交通车站组织架构与企业组织架构一脉相承，以地铁车站为例，一般实行层级负责制，由上至下的顺序依次为：站长→值班站长→值班员→站务员，其组织架构如图 1-4 所示。车站的日常生产活动主要由车站值班站长具体负责，值班站长受站长委托全面负责当班期间的行车施工、客运管理、乘客服务、事故事件处理和人员管理等工作。值班员分为行车值班员和客运值班员，站务员分为票务员、厅巡和站台岗。在值班站长的指挥下，各岗位人员按照岗位职责和工作流程开展工作。除车站站务人员外，车站通常还有安检、维修、商铺和公安等外单位驻站人员。

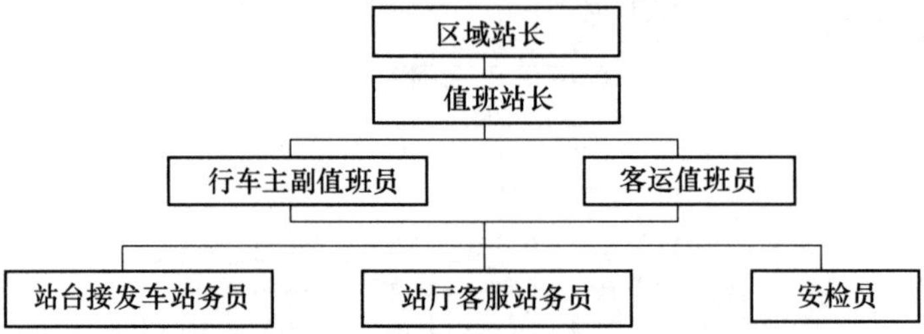

图 1-4　地铁车站组织架构

三、城市轨道交通调度指挥组织架构

城市轨道交通在运营组织方面，实行集中调度、统一指挥、逐级负责、按图行车等组织模式。其中，调度指挥由 OCC（Operation Control Center，运营控制中心）来负责。运营控制中心不仅要负责地铁运营的列车运行指挥、设备运行监控，而且要对地铁运营信息进行收发、事故故障进行应急处理。一旦发生突发事件，运营控制中心还负责与外界协调联络，对地铁运营进行支援。因此，地铁运营控制中心被视为地铁的“大脑”。在地铁运营控制中心，有多个工种的工作人员，他们各司其职又相互配合。城市轨道交通调度指挥组织架构如图 1-5 所示。

四、城市轨道交通车站站务人员岗位要求

1. 站长

站长全面负责车站行政管理工作，对车站的安全、票务、服务、培训、人员及班组建设等工作负责；组织本站人员完成车站行车、票务和客运服务工作及特殊情况下的应急组织工作。站长不仅要代表轨道交通运营单位在车站行使属地管理权，而且需要经常与周边部门沟通、协调，创造良好的运作环境。站长还有对辖内员工的岗位调整权、监督考核权、晋升推荐权。

2. 值班站长

值班站长直接对站长负责，服从行车调度员、客运调度员的生产指挥，对本班的行车、客运、票务、培训及人员管理等具体事务进行管理和落实。在日常工作中负责本班工作人员的管理、监督检查、指导和考评管理等工作。

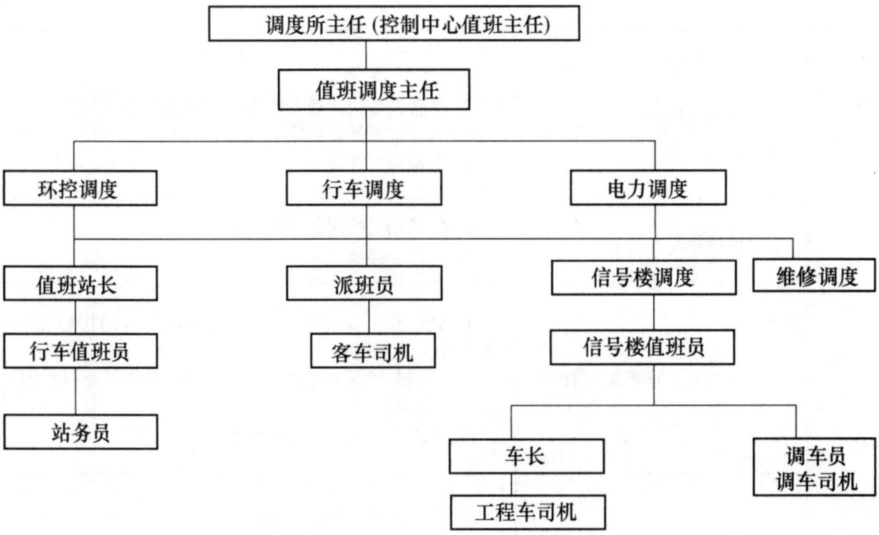

图 1-5　城市轨道交通调度指挥组织架构

3. 值班员

值班员分为行车值班员和客运值班员，是车站落实行车组织和客运组织的关键岗位。在值班站长的领导下，具体执行行车和客运的组织要求，按照工作流程开展工作，并对当班站务员的工作进行监督指导。在发生设备故障或紧急情况时，协助值班站长进行处理。

4. 站务员

站务员主要直接面向乘客提供服务，包括售检票业务、接发列车、组织列车、组织乘客乘降、回答乘客问询及对车站设备和设施运营状态进行巡视检查等具体工作。

根据负责业务的不同以及岗位区域的不同，站务员通常分为售票岗、厅巡岗和站台岗。其中，售票岗通常以售票、兑零、处理乘客事务为主；厅巡岗通常以巡视站厅设备和设施、回答乘客问询、组织及引导乘客购票等内容为主；站台岗通常以站台接发列车、回答乘客问询、组织乘降等工作为主。在规模及业务量较小的轨道交通车站，一般可将厅巡岗、站台岗合并为巡视岗，按照规定的岗位流程对站厅、站台进行巡视，同时履行厅巡岗、站台岗职责。城市轨道交通车站部分岗位应具有的岗位能力见表 1-3。

表 1-3　城市轨道交通车站部分岗位应具有的岗位能力

岗位名称	岗位职责	岗位能力
行车值班员	车站行车工作组织	1. 正常情况行车组织能力； 2. 非正常情况行车组织能力； 3. 列车运行调整
	车控室各类设备监视与管理	1. 熟悉车站行车、客运、票务等各类设备及管理规定、安全检查规程； 2. 对安全违规行为、事故隐患的处理

续表

岗位名称	岗位职责	岗位能力
行车值班员	行车突发事件应急处理，保证行车安全	1. 熟悉设备故障处理的有关规定及应急处理预案； 2. 执行应急处理程序的能力； 3. 监督和管理能力
	协助值班站长工作	1. 熟悉相关的岗位工作标准； 2. 配合、协调能力
客运值班员	车站票务工作组织与管理	1. AFC（Automatic Fare Collection，自动售检票）设备的操作与管理能力； 2. 处理票务报表与台账、对车站票务事件处理能力； 3. 结算能力； 4. 对票务员监督和管理能力
	车站客运工作组织与管理	1. 客运管理、事故处理能力； 2. 客流组织及控制能力； 3. 客流预测与分析； 4. 服务管理能力
	协助值班站长工作	1. 熟悉相关的岗位工作标准； 2. 配合、协调能力
票务员	车站车票出售	1. 熟悉售票作业程序、票务政策； 2. BOM（Booking Office Machine，人工售票机）设备的操作能力
	车站异常车票处理	熟悉票务政策、具有各种异常车票处理能力
	与客运值班员结算	现金保管、车票管理、售票员结算单的填写、与客运值班员的结算能力
	协助班组长工作	1. 熟悉相关的岗位工作标准； 2. 配合、协助能力，与人合作能力
厅巡	引导乘客，巡视车站，解答乘客咨询，监督违规行为	1. 熟悉票务政策、AFC设备使用、AFC设备管理规定； 2. 与乘客沟通及服务能力、对讲机使用能力、突发事件应急处理能力
	在上级指挥下接发列车	1. 手信号接发列车能力； 2. 处理屏蔽门故障能力
	协助班组长工作	1. 熟悉相关的岗位工作标准； 2. 配合、协助能力

【项目小结】

本项目主要介绍了国内城市轨道交通行业发展情况，当前城市轨道交通专业门类及各专业的培养目标、课程设置、就业指向，城市轨道交通运营组织架构、车站站务人员岗位群的设置及部分岗位能力要求。通过本项目的学习，学生不仅要对城市轨道交通行业及人才需求有初步的了解，更重要的是熟悉城市轨道交通专业门类、车站岗位的设置和应具有的岗位能力，这对后续的学习具有一定的指导意义。

【关键概念】

站长　　值班站长　　值班员　　站务员

【思考题】

1. 站务员的岗位要求有哪些内容？你心中的理想岗位是什么？

2. 谈谈你对城市轨道交通车站站务人员的基本认识。

【自测练习】

一、单项选择题

1.（　　）全面负责车站行政管理工作，对车站的安全、票务、服务、培训、人员及班组建设等工作负责，组织本站人员完成车站行车、票务和客运服务工作及特殊情况下的应急组织。

A. 值班主任　　B. 值班站长　　C. 站长　　D. 站务员

2.（　　）直接对站长负责，服从行车调度员、客运调度员的生产指挥，对本班的行车、客运、票务、培训及人员管理等具体事务进行管理和落实。

A. 值班站长　　B. 值班主任　　C. 站务员　　D. 值班员

3. 具有AFC设备的操作与管理的能力，处理票务报表与台账、对车站票务事件处理的能力和对票务员监督和管理的能力是（　　）的岗位职责。

A. 行车值班员　　B. 客运值班员　　C. 售票员　　D. 厅巡

4. 在值班站长的领导下，车站落实行车组织和客运组织的关键岗位是（　　）。

A. 站长　　B. 值班员　　C. 站务员　　D. 售票员

5. 控制中心，也叫（　　）。

A. ATO　　B. AFC　　C. AGT　　D. OCC

二、多项选择题

1. 根据负责业务的不同以及岗位区域的不同，站务员通常分为（　　）。

A. 厅巡岗　　B. 站台岗　　C. 安全岗　　D. 管理岗

E. 售票岗

2. 行车值班员的岗位职责主要有（　　）。

A. 保证行车安全　　B. 车站行车工作组织

C. 车控室各类设备监视与管理　　D. 行车突发事件应急处理

E. 协助班组长工作

3. 客运值班员的岗位职责之一是要有车站客运工作组织与管理的能力，该岗位要求要有客运管理能力、事故处理能力、（　　）、服务管理能力。

A. AFC设备使用能力　　B. 手信号接发列车能力

C. 客流预测与分析能力　　D. 客流组织及控制能力

E. 熟悉相关的岗位工作标准

4. 票务员的岗位职责有（　　）。

A. 监督违规行为　　B. 车站车票出售

C. 车站异常车票处理　　D. 与客运值班员结算

E. 协助班组长工作

5. 城市轨道交通车站站务人员的岗位要求包括：站长、值班站长、(　　)、(　　)的岗位要求。

A. 列车员　　　　B. 列车长

C. 服务员　　　　D. 值班员

E. 站务员

三、判断题

1. 车站的日常生产组织实行层级负责制，由上至下的顺序依次为：值班站长→站长→值班员→站务员。(　　)

2. 车站除车站站务人员外，通常还有安检、维修、商铺和公安等外单位驻站人员。(　　)

3. 值班站长不仅要代表轨道交通运营单位在车站行使属地管理权，还需要与周边部门经常沟通与协调，创造良好的运作环境。(　　)

4. 根据站务员所负责的不同工作内容，售票岗通常以售票、兑零、处理乘客事务为主。(　　)

5. 厅巡岗通常以巡视站厅设备和设施为主，不回答乘客问询、组织及引导乘客购票等。(　　)

项目二　城市轨道交通概述

【知识目标】

- 掌握城市轨道交通的概念及按基本技术特征分类
- 了解国内外主要城市轨道交通发展状况

【能力目标】

- 能叙述城市轨道交通的定义，并叙述与其他交通形式的区别
- 能描述不同类型城市轨道交通的概念和特征，并能有效区分
- 能了解国内外各城市轨道交通发展阶段、历史和现状

【引导案例】

1814 年，年仅 33 岁的英国人史蒂芬逊，研究出世界上最早的在铁路上行驶的蒸汽机车。蒸汽机车其貌不扬，丑陋笨重，走得很吃力，像个病魔缠身的怪物。有人驾着一辆漂亮的马车和火车赛跑，讥笑史蒂芬逊："你的火车怎么还没有马车快呀?"

200 年过去了，铁路飞速发展，今天的火车敢与飞机比速度，我国上海的高速磁悬浮列车时速达到 430km/h，轨道交通系统中的城市轨道交通为解决城市交通问题发挥了巨大作用。

本项目将介绍城市轨道交通的概念与类型、国内外主要城市轨道交通发展概况。

任务一　城市轨道交通的概念与类型

一、城市轨道交通的概念

城市轨道交通（Urban Rail Transit）是城市公共交通系统的一个重要组成部分，在中国国家标准《城市公共交通常用名词术语》(GB 5655—1999）中，将城市轨道交通定义为："通常以电能为动力，采取轮轨运转方式的快速大运量公共交通之总称。"

随着磁悬浮等技术的发展，城市轨道交通的定义发生了变化。在中国国家标准《城市轨道交通技术规范》(GB 50490—2009）及行业标准《城市公共交通分类标准》(CJJ/T 114—2007）中，广义上的城市轨道交通被定义为采用轨道导向运行的城市公共客运交通系统，包括地铁系统、轻轨系统、单轨系统、有轨电车、磁浮系统、自动导向轨道交通系统、市域快速轨道系统。狭义上的城市轨道交通特指地铁、轻轨和单轨。

总而言之，城市轨道交通系统是指主要服务于城市客运交通，通常以电力为动力，以轮轨运行方式为特征的车辆与轨道（导轨）等各种相关设施的总和。

二、城市轨道交通的类型

当前，国内外许多城市拥有城市轨道交通系统。世界各国根据基本技术特征、线路敷设方式、路权及列车运行控制、车辆类型、系统运能、运营范围等方面的差异，提出了不同的分类。

1. 按线路敷设方式分类

按照线路敷设方式划分，城市轨道交通可分为地下线、地面线和高架线等类型。

（1）地下线：位于地下（或水下）隧道内的那部分轨道交通线路称为地下线，线路为单线或双线隧道。由于最早的城市轨道交通位于地下，因此称为地下铁道，简称地铁。

（2）地面线：位于地面的轨道交通线路称为地面线。

（3）高架线：位于高架桥上的轨道交通线路称为高架线。

2. 按路权及列车运行控制方式分类

根据城市轨道交通系统是否专用、列车运行控制方式的不同，轨道交通系统可分为按信号指挥运行的路权专用方式，按可视距离运行的路权专用方式和按可视距离运行的路权混用方式等类型。

（1）按信号指挥运行的路权专用方式。

该类型系统的特点是线路专用，与其他城市交通线路没有平面交叉。由于路权专用及按信号指挥运行，行车速度高且行车安全性好。属于该种类型的轨道交通系统包括地下铁道、高技术标准的轻轨和自动导向轨道交通系统、市郊铁路与城际高速轨道等。

（2）按可视距离运行的路权专用方式。

该类型系统的特点是线路专用，与其他城市交通线路没有平面交叉，行车安全性较好。但是，由于无信号、按可视距离间隔运行，行车速度稍低。属于该种类型的轨道交通系统主要是中等技术标准的轻轨。

（3）按可视距离运行的路权混用方式。

该类型系统的特点是线路与其他运输车辆和行人共用，与其他城市交通线路有平面交叉。除在交叉口设置信号控制外，其余线路段按可视距离间隔运行，行车速度与行车安全稍差。属于该种类型的轨道交通系统主要是低技术标准的轻轨和有轨电车，如图 2-1所示。

图 2-1　有轨电车与汽车路权混用

3. 按车辆类型分类

根据车辆的几何尺寸、驱动方式的不同，轨道交通的名称也不同。

在车辆尺寸上，各国标准有较大差别。根据《城市轨道交通工程项目建设标准》（建标104—2008），我国轨道交通车辆的宽度规格有3.0m（A型车）、2.8m（B型车）和2.6m（C型车、D型车）。日本大阪常规地铁车辆宽度为2.89m，小型地铁的车辆宽度为2.45m（线性电机系统），自动导向轨道交通AGT系统车辆宽度为2.4m。

按照驱动方式分为电传动车、线性电机车、独轨车、自动导轨车和磁浮车等。

4. 按系统运能分类

系统运能也称系统容量，即线路一定时间内的单向输送能力，通常指单向每小时的交通断面上乘客通过量。按照不同的系统容量大小，轨道交通可分为特大、大、中、小容量4种系统，见表2-1。

表2-1　按交通容量划分的城市轨道交通类型

分类	特大	大	中	小
系统容量（万人/h）	大于5	3～5	1～3	小于1
交通形式	市郊铁路	地铁	轻轨、单轨、小型地铁、新交通系统	有轨电车

5. 按运营范围分类

（1）市区轨道交通：服务范围以中心城区为主的城市轨道交通系统，如城市市区的地铁、轻轨。

（2）市域轨道交通：服务范围覆盖城市市域的轨道交通系统。

（3）地区铁路交通：服务范围覆盖城市市域及其邻近地区的轨道交通系统。

6. 按基本技术特征分类

根据城市轨道交通系统基本技术特征的不同，城市轨道交通系统主要有地下铁道、轻轨交通，有轨电车、独轨交通、自动导向轨道交通系统、磁浮系统和市域快速轨道系统等类型。

（1）地下铁道：在城市中心的线路通常被敷设在地下隧道里，因此称为地下铁道，简称地铁。地铁在新加坡与我国台湾地区被称为“捷运”。

因为在地面以下修建铁道线路复杂及地下建筑的费用非常昂贵，所以在地面用地不太紧张而又可以封闭的路段，可以在地面修建；在地面道路共用的但又不能在地面封闭的路段，则可以采用高架的形式。因此，从早期单一的地下隧道系统发展为地下线路、地面线路、高架线路相结合的网络系统也是当前世界地铁发展的趋势。但无论采用哪种形式，在地铁车辆行驶过程中，只接受轨道交通运营管理系统的指挥与管理，不受其他交通形式的干扰和影响。地铁的走行模式是传统的钢轮双轨系统，具有运量大、速度快、安全、准时和舒适等特点，高峰时单向客运量可达3万～7万人次，是最常见的城市轨道交通形式，也是本书重点介绍的内容。

在英文环境中，根据各城市类似系统的发展起源与使用习惯的不同，地铁常被称为Metro、Subway、MTR或Underground等。

（2）轻轨交通：LRT（Light Rail Transit，轻型轨道交通），简称轻轨交通，是指以有轨电车为基础发展起来的由电气牵引、轮轨导向和车辆编组等组成的运行在专用行车道上的中等运量城市轨道交通系统，高峰时单向客运量在 1 万～3 万人次。相对地铁来讲，因其车辆轴重较轻和对轨道施加的荷载较轻而得名。现在，轻轨的概念不断拓展，还包括现代有轨电车等。

（3）有轨电车：有轨电车是由电力牵引、轮轨导向、单车或两辆铰接或多辆铰接运行在城市路面线路上的低运量的城市轨道交通系统。1908 年，我国第一条有轨电车在上海建成通车，如图 2-2 所示。1909 年，大连市也建成了有轨电车。随后，北京、天津、沈阳、哈尔滨、长春等城市相继修建了有轨电车线路。有轨电车运行在城市道路上，具有上、下车方便的特点，但因其路权混用，运行速度较低，受路面交通状况影响。

图 2-2　1908 年上海有轨电车

早期的有轨电车噪声大、加减速性能差，20 世纪 70 年代后期一些国家开始修建全新的现代有轨电车系统。与旧式有轨电车系统相比，现代有轨电车具有行车速度快、乘坐舒适以及噪声较低等优点，如图 2-3 所示。有轨电车建造成本低，适合在中等城市大力发展，国内的大连、天津、上海和淮安等建有现代有轨电车。

图 2-3　大连有轨电车

（4）独轨交通：独轨交通系统是指以单一轨道来支承或悬挂车厢并提供导向作用而运行的轨道交通系统，独轨又称为单轨。独轨的线路多采用高架结构，车辆则大多采用橡胶轮胎，从构造形式上可分为跨骑式独轨与悬挂式独轨两种。跨骑式独轨是列车跨坐在轨道梁上运行的形式，而悬挂式独轨则是列车悬挂在轨道梁下运行的形式。独轨交通因使用橡胶轮胎，容易在陡坡、窄路、小半径曲线上运行，在地形起伏变化比较大的城市特别实用。

我国第一条独轨交通线于 2000 年在重庆开始修建，分两期建设实施，2004 年 11 月完成。其东起重庆市区商业中心较场口，西至大渡口区钢铁基地新山村，途经临江门、大溪沟、牛角沱、李子坝、大坪和杨家坪等地段，全线共设 17 座车站，全线长 17.54km，如图 2-4 所示。根据重庆市山城丘陵的地理特点，选择噪声低、爬坡能力强、转弯半径小的跨座式单轨交通系统。重庆轻轨交通线是我国自行设计、施工的第一条跨座式单轨交通线，分左右线双向行驶。高架轨道梁桥贯穿全线，占总长的 83.2%。全线建成后的客运能力可达到高峰小时运送 3 万人次。

图 2-4　重庆的独轨交通

资料卡：高峰小时

一天内的高峰期间连续 60min 的最大交通量为高峰小时流量，相应的 60min 称为高峰小时。城市交通量一般有两个高峰，即早高峰和晚高峰。

与地铁、轻轨比较，独轨具有牵引能耗大、道岔结构复杂及发生事故救援困难等缺点。近年来，随着对应急救援的重视，独轨线路建设有疏散平台，能有效地解决救援困难问题。

（5）AGT（Automated Guideway Transit，自动导向轨道交通）系统：一种狭义的新交通系统。它采用混凝土道床，车辆使用橡胶轮胎，通过导向轮引导车辆运行，列车运行时采用自动控制系统，多采用无人驾驶，通常在运量较小的线路上使用。这种系统在美国早期称为水平电梯，目前在机场航站大厦至登机地区常设有此设备。法国称其为 VAL。在日本，较早的 AGT 系统是 1981 年开通的两条线路：一是神户新交通公司开通的三宫至中公园线路，全长 6.4km；二是大阪市住之江公园至埠头间，全长 6.6km

的线路。目前，这两条线路均采用无人驾驶的 ATO（自动列车运行装置）系统，运营速度为 22～27km/h，最大速度可达 60km/h，高峰期最小间隔达 3min 左右。我国第一条完全自动化的轨道交通线在北京首都机场。

广州地铁 APM 系统（Automated People Mover systems）是广州地铁的一条运营中的路线，属于旅客捷运系统，也是广州第一条使用胶轮路轨系统的路线。该系统也称为 AGTS（自动导轨快捷运输系统），是一种无人自动驾驶、立体交叉的大众运输系统。

（6）磁浮系统：轨道交通列车之所以能往前推进，主要是因为钢轨与列车的钢轮间具有黏着力（或摩擦力），借由列车动力车头加速产生的向前牵引力克服阻力而前进。列车速度越快，车轮与钢轨间的黏着力越小，列车加速所能产生的牵引力便越小，同时速度越快，空气阻力越大。当列车牵引力等于阻力时，列车的车轮便呈现空转现象，速度便无法再提高。因此，要使列车速度再提高，不外乎减小列车前进的阻力，或不采用黏着力来驱动列车前进，即列车不与轨道或地面接触而放弃使用车轮。为此，日本与德国分别研究、开发了磁悬浮列车。磁悬浮列车的基本原理系应用磁铁同性相斥、异性相吸的特性发展而成。

磁悬浮运输系统采用无接触的电磁悬浮、导向和驱动的磁悬浮列车系统。它的时速可达到 500km/h 以上，是当今世界最快的地面客运交通方式，有能耗低、运行噪声小、安全舒适和污染少等优点，由于采用高架方式，占用的土地资源也较少。磁悬浮列车利用电磁悬浮原理将列车悬浮在导轨上，代替传统的钢轮和轨道列车，实际上是依靠电磁吸力或电动斥力将列车悬浮于空中并进行导向，实现列车与地面轨道间的无机械接触，再利用线性电机驱动列车运行。虽然磁悬浮列车仍然属于陆上有轨交通运输系统，并保留了轨道结构、道岔和车辆转向架及悬挂系统等许多传统轨道交通机车车辆的特点，但是由于列车在牵引运行时与轨道之间无机械接触，因此从根本上克服了传统列车轮轨黏着限制、机械噪声和磨损等问题。

上海浦东机场与上海地铁 2 号线的龙阳路站之间的磁悬浮列车是引进德国技术建造的世界上第一条商业运营线路，如图 2-5 所示，其全长 31km，单向运行时间为 8min，设计最大时速为 430km/h。

图 2-5　上海的磁悬浮列车

2015 年 12 月，长沙开通中低速磁悬浮列车，是继上海之后我国第二个开通磁悬浮列车的城市。长沙中低速磁悬浮为国内第一条自主设计、自主制造、自主施工的磁悬浮运输系统，速度每小时可达 100km。

北京地铁 S1 线，又称北京磁浮线，是中国第二条、北京首条中低速磁悬浮线路，于 2017 年 12 月 30 日开通大部分线路，2021 年 12 月 31 日开通剩余段。据 2021 年 12 月北京地铁官网显示，北京地铁 S1 线呈东北至西南走向，东起苹果园站，途经石景山区、门头沟区，西至石厂站。

（7）市域快速轨道系统：市域快速轨道系统适用于城市群城际之间的中长距离客运交通，往往是城市间干线铁路的一部分，因此具有干线铁路的技术特征，例如不采用高峰小时客运量，而是使用日单向客运量这一指标，市域快速轨道系统日客运量可达 50 万～80 万人次，具有站间距长、速度快和高运量等特点。国内市域快速轨道系统以广佛地铁为代表，如图 2-6 所示。

图 2-6　广佛地铁

近年来，城际高速轨道交通正大力发展，与城际铁路同属国家铁路（俗称“大铁”或“国铁”），又与城市轨道交通类似，在市中心设旅客上落站。一些城市的城市轨道交通规划也包含了城际高速，城际高速轨道交通的车站与多条市内城市轨道交通线相交会，成为城市轨道交通的一部分。例如，珠三角城际轨道网中的广深港客运专线的“福田站”就与深圳地铁 2 号线、11 号线在同一位置换乘，广深港客运专线在两条地铁线的下面，呈十字空间相交布置。同时，地铁 1 号线、3 号线、4 号线又都在“福田站”附近设有车站，有 5 条地铁线可在市中心与城际线的“福田站”实现换乘。

广东珠三角城际轨道交通有限责任公司成立于 2004 年 7 月 15 日，由原铁道部、广东省各出资 50%，负责广东珠三角城际快速交通网的筹资、建设、经营和还贷。《珠江三角洲地区城际轨道交通网规划》于 2007 年 3 月 16 日在国务院常务会议上获得原则通过，在珠三角地区将形成“三环八射”的轨道交通网络构架，规划线路 20 条，线网总长度接近 2000km，基本覆盖珠三角县级以上城市，线网密度达到 4.8km/km^2；加上城市轨道交通、普通铁路等，珠三角的轨道交通网络密度将达到 12.2km/km^2，接近巴黎都市圈和东京都市圈的水平。2008 年 2 月 29 日，广州至佛山段轨道工程项目招标，珠江三角洲地区城际轨道交通从规划阶段走向建设阶段。《珠江三角洲地区城际轨道交通网规划》中涉及深圳市的城际轨道线路有广深港线、深莞线、深惠线、深江线共 4 条线，可见城际高速与城市轨道交通的融合之深。

2008 年 8 月 1 日，京津城际铁路通车运营，线路全长 120km，时速 350km/h 的动车全程直达运行时间为 30min。目前，最小列车追踪间隔为 5min，远期最小列车追踪间隔为 3min。

资料卡：

在运输的领域里，每一种运输方式均有其技术特色以及最适用的范围。这个范围的界定，与运输工具本身的运营绩效及运输距离有关。在运输距离与需求的相对比较条件下，就城际高速轨道交通运输而言，高速铁路与航空飞机的竞争分界点在 1000km 左右，在 600km 以下的城际运输距离里，城际高速铁路具有明显优势。

三、城市轨道交通的特点

目前，城市轨道交通发展迅速，与城市道路交通相比，城市轨道交通具有运量大、速度快、占地省、污染少、能耗低、安全可靠舒适、正点率高，且与城市道路无平面交叉等巨大优势。

（1）运量大。公共汽车、轻轨、地铁的载客量对比见表 2-2。

表 2-2　公共汽车、轻轨、地铁的载客量对比表

类别	载客量（人/辆或人/节）	编组	单向输送能力（人/h）
公共汽车	40～80	1	2000～5000
轻轨	60～150	2～6	5000～40000
地铁	150～200	4～10	30000～70000

（2）速度快。一般情况下，公共汽车时速为 10～20km；轻轨时速为 20～40km；地铁时速为 40～50km，最高可达 70～80km。

（3）占地省。按每小时输送 5 万人计算所需道路的宽度：小汽车需要 180m，公共汽车需要 9m，而城市轨道交通综合占地仅为道路交通方式的 1/3 左右。

（4）污染少、环保。轨道交通以电力作为动力，是清洁、绿色的交通方式。

（5）能耗低。轨道交通每千米能耗为道路交通的 15%～40%。

（6）安全可靠。轨道交通工具的事故率大大低于道路交通工具。

资料卡：

城市轨道交通最主要的形式是地铁，按 2016 年末运营里程 4152.8km 算，地铁运营里程 3168.7km，占全国城轨总里程数的 76.3%，市域快速轨道系统占 9.9%，轻轨占全国城轨总里程数的 5.6%，现代有轨电车占 4.5%，单轨占 2.4%，磁悬浮和自动导向轨道交通系统在国内较少，分别占 1.2%和 0.1%。有轨电车因其建造在地面上，空间利用水平较低，因而没有得到广泛的使用。磁悬浮具有速度最快、电能消耗小等特点，但其造价相对其他城轨十分昂贵，因其性价比较低而未得到广泛使用。

任务二　世界城市轨道交通发展历程及现状

一、世界城市轨道交通发展的四个阶段

1863 年 1 月 10 日，世界上第一条地铁线路在英国伦敦建成通车，线路全长 6.4km。列车用蒸汽机车牵引，采用明挖施工法建造。1892 年 6 月 6 日，芝加哥建成了世界上第二条蒸汽驱动地铁。地铁的建设，为人口密集的大都市如何发展公共交通提供了宝贵的经验。特别是到 1879 年，电力驱动机车的研究成功使地下客运环境和服务条件得到了空前改善，地铁建设显示出强大的生命力。从此以后，世界上一些著名的大都市相继建成了地下铁道。回顾历史，城市轨道交通经历了一个曲折的发展过程，大致可以分为以下四个阶段。

1. 初步发展阶段

在这一阶段，欧美的城市轨道交通发展较快，其间 13 个城市建成了地铁，还有许多城市建设了有轨电车。20 世纪 20 年代，美国、日本、印度和中国的有轨电车有了很大的发展。虽然这种旧式的有轨电车行驶在城市的道路中间，运行速度慢、正点率很低、噪声大、加速性能低、乘客舒适度差，但在当时仍然是公共交通的骨干。

2. 停滞萎缩阶段

停滞萎缩阶段有多方面原因：一方面是受第二次世界大战的爆发和汽车工业发展的影响。汽车因其灵活、便捷及可达性，一度成为城市交通的宠儿，得到飞速的发展；另一方面是受轨道交通投资大、建设周期长和效益不明显等问题的制约，城市轨道交通的发展呈现停滞和萎缩的局面。

3. 再发展阶段

汽车的过度增加使城市道路异常堵塞，行车速度下降，严重时还会导致交通瘫痪。加之空气污染，噪声严重，大量耗费石油资源，且市区内停车泊位紧张，于是，人们又开始重新认识到，解决城市客运交通问题必须依靠占地小、污染少、运力大的城市轨道交通。轨道交通因此重新受到了重视。

4. 高速发展阶段

这一时期，各国政府纷纷确立了优先发展城市轨道交通的方针，同时通过立法解决城市轨道交通的资金来源。各国城市化的趋势导致人口高度集中，要求轨道交通高速发展以适应日益增加的客流运输，同时，技术的进步为城市轨道交通高速发展奠定了良好的基础。

这个时期中国的城市轨道交通也步入了飞速发展的时期，特别是 2008 年下半年，受国际金融危机的影响，中国及时调整宏观经济政策，提出扩大内需保持经济增长的策略，政府进一步加大基础设施建设力度，许多城市纷纷出台轨道交通政策规划。

二、世界主要城市的轨道交通现状

当前，世界上地铁运营线路较长的主要城市有伦敦、纽约、巴黎、莫斯科、东京、

首尔、芝加哥、墨西哥城、柏林、波士顿、圣彼得堡，截至2009年底，上述城市地铁线路总长超过2300km，占世界轨道交通的43%。

1. 伦敦地铁

目前，伦敦地铁线路有12条，加上高峰时间和星期日增开的3条线路就是15条线，总长度约490km；其中，160km在地下，其余部分都在地面上。从地铁可换乘开往英国各地的火车和飞机，而且全在建筑物内换乘，不怕刮风下雨。伦敦地铁每天运送旅客300万人次，2004—2005年度总载客人次为9.76亿。伦敦地铁运营时间从清晨5点30分到次日凌晨1点。在市区任何地点的伦敦人10min内便可进入四通八达的地铁。

2. 纽约地铁

纽约地铁创建于1868年，是美国的第一条地铁线，比伦敦地铁晚5年建成。纽约是世界上第二座建成地铁的城市。纽约目前有30条地铁线路，总长432.4km，车站504座，走完纽约地铁全程需乘行20多个小时，其年客流量超过15亿人次，占城市公共交通系统运量的70%以上。

3. 巴黎地铁

巴黎地铁1号线建成于1900年，比英国要晚37年。现有线路14条，总长度212.1km，297座车站，年客运量12亿人次。巴黎另有轻轨线路1条，长9.1km，设有21座车站，于1992年开通。

4. 莫斯科地铁

莫斯科地铁从20世纪30年代开始兴建，被公认为世界上最漂亮的地铁。莫斯科地铁是一项不曾停过工的工程，是一个不断进行的市政建设。目前，莫斯科拥有地铁12条线，200多个车站，总长度超过300km，其客运量居世界前列，达每年26亿人次。

5. 东京地铁

1925年东京开始动工兴建第一条地铁线路，长2.2km，于1927年建成通车，是亚洲最早的地铁线之一。目前，东京地铁有13条线，总运营里程达286.2km，每天平均运载旅客700多万人次，其客流量仅次于莫斯科地铁。

6. 首尔地铁

首尔地铁于1974年建成第一条线路，长9.5km，全部建在地下，线路起点与终点站均与韩国国家铁路相连通，并与铁路联合运营。当年，为迎接1986年的亚运会和1988年的奥运会，首尔新建了3条地铁线并同时施工。国铁最早在1974年开始运营1号线，直到1980年仍由国铁运营1～4号线。此外，国铁亦参与营运1号线、3号线和4号线在首尔市外的部分。首都圈电气化铁道以首尔的9条地下铁路为主，并辅以国铁的盆唐线、仁川地铁1号线、中央线及机场地铁等，共13条路线。韩国首都圈电铁是世界五大载客量最高的铁路系统之一，一天载客量可达800万人次。

三、我国城市轨道交通的产生与发展

（一）我国主要城市的轨道交通发展概况

回顾我国地铁建设的40余年，从第一个阶段以“战备为主，兼顾交通”原则建设的北京地铁，经第二个阶段以“交通为主，兼顾人防”原则建设的上海和广州地铁，到第三阶段以“建设标准、造价、车辆和设备国产化”原则筹备并开始建设的十几个城市地铁，可以看到起步晚、起点高、发展快是我国城市地铁建设的重要特征。

1. 北京地铁

北京地铁始建于 1965 年 7 月 1 日，1969 年 10 月 1 日北京地铁 1 号线建成，北京成为中国第一个拥有地铁的城市。由于最初北京地铁的建造目的是为了战备，北京地铁在通车后很长时间内不对公众开放，需凭介绍信参观及乘坐。直至 1981 年 9 月 15 日，北京地铁才正式对外运营。

2003 年，轻轨 13 号线全线通车试运营；2007 年，5 号线开通运营；2008 年，10 号线（一期）、机场支线和奥运支线开通运营；2012 年，10 号线（二期）、9 号线（二期）、6 号线（一期）开通运营；2014 年，6 号线（二期）、7 号线等 4 条线路开通运营；2015 年，昌平线（二期）、14 号线（中段）开通运营。至此，北京轨道交通系统已呈现“三环、四横、五纵、七放射”的格局，日客流量达 1000 多万人次，在城市公共交通中发挥了重要作用。截至 2020 年 12 月，北京市轨道交通路网运营线路达 24 条，总里程为 727km。

2. 天津地铁

1970 年 6 月天津地铁开始建设，1984 年 12 月天津地铁建成通车，全长 7.4km，沿途共设 8 个车站。天津是我国第二个开通地铁运营的城市，但后续发展并不快。2000 年后，天津市加快了城市轨道交通系统建设，共规划了 9 条线路，其中地铁 8 条，轻轨 1 条。地铁 1 号线、2 号线、3 号线为轨道交通骨干线，地铁 4 号线、5 号线、6 号线为轨道交通填充线，地铁 7 号线、8 号线为轨道交通外围线，地铁 9 号线为津滨轻轨。

截至 2019 年 12 月，天津轨道交通开通运营线路 6 条，总运营里程为 233km。

3. 上海地铁

上海地铁建设始于 1990 年年初，上海是继北京、天津地铁建成通车后中国内地第三个拥有城市轨道交通的城市。其 1 号线于 1993 年 5 月 28 日在徐家汇至锦江乐园区间开通试运营。1995 年 4 月 10 日，上海地铁 1 号线（火车站至徐家汇）正式运营。2000 年，上海建成通车的 3 条线路总长 65km；2010 年，上海轨道交通线网已开通运营 11 条线，266 座车站，运营里程达 410km，日客流量为 400 多万人次。截至 2015 年底，上海市轨道交通运营总里程已达 628km，总长度居世界第一，上海地铁基本网络全面建成，日客流量达 1000 多万人次。截至 2021 年 1 月 23 日，上海地铁运营里程为 772km。

4. 广州地铁

1989 年 9 月，广州开始筹建地铁 l 号线，1997 年 6 月 1 号线的西朗至黄沙段投入试运营，1999 年 6 月 28 日广州地铁 1 号线正式通车，广州是中国内地继北京、天津及上海后第四座拥有地铁的城市。2003 年，2 号线全线开通运营；2005 年，3 号线开通；截至 2015 年底，先后有 4 号线、5 号线、6 号线、7 号线、8 号线、9 号线、广佛地铁和 14 号线首通段等陆续开通，通车里程 266km。截至 2021 年 9 月 28 日，广州地铁运营里程为 589.4km。

5. 深圳地铁

深圳地铁一期工程于 2004 年 12 月 28 日通车试运营，2006 年 7 月 1 日正式运营，深圳市成了中国内地第五个拥有地铁的城市。2010 年，2 号线、3 号线开通；2011 年，4 号线、5 号线开通。截至 2015 年底，深圳市轨道交通运营总里程已达 178km，截至 2020 年 8 月，深圳地铁运营里程为 411km。

6. 南京地铁

2005 年 5 月 15 日，南京地铁 1 号线试运行，全长 21.72km，南京成为继北京、天津、上海、广州、深圳之后，中国内地第六个拥有地铁的城市。2005—2015 年，南京开通了 1 号线南延线、2 号线、3 号线、10 号线、S1 号线和 S8 号线等线路，通车里程为 225km。截至 2020 年 12 月，南京已开通运营线路 10 条，地铁线路总长为 378km。

7. 香港地铁

香港 1979 年开始有地铁，第一段敷设在九龙，从观塘到石硖尾。经过 10 年，到 1989 年，香港本岛横贯东西的地铁线建成；另外，连接九龙和香港的东西两条海底隧道地铁也打通了，3 条地铁线共设有 38 个车站。截至 2015 年底，香港整个综合铁路系统全长 218km，由观塘线、荃湾线、港岛线、东涌线、将军澳线、东铁线、西铁线、马鞍山线、迪士尼线、机场快线及轻铁各线共 155 个车站组成。

全世界其他城市的地铁都亏损，只有香港地铁盈利。香港地铁能够赚钱的原因是多方面的：一方面，从物质基础上说，是由于设施先进，保障了庞大客运流量能够畅通无阻，从而发挥了规模效应；另一方面，合理的选线设计和先进的硬件设施保证了地铁运行的安全和畅通，为地铁公司吸引了庞大客流量。香港地铁的先进管理使得它不断向外扩张，产生的影响力不断扩大。

香港地铁的规模小于亚洲地区的东京地铁与首尔地铁，与伦敦地铁的规模更是不能相提并论，但若以每千米地铁线路接载的乘客计算，香港超过 10 万人次，比世界其他地区的地铁都高。从这个意义上说，香港地铁是世界上使用密度较高的市区铁路之一，也是最繁忙的地下交通系统。

8. 重庆地铁

其第一条线路于 2004 年 11 月 6 日开通观光运营，于 2005 年 6 月 18 日正式运营，是我国西部地区第一条城市轨道交通线路。截至 2016 年 7 月，重庆轨道交通运营线路共有 4 条，包括 1、2、3、6 号线（含 6 号线支线），其中，1、6 号线为地铁，2、3 号线为轻轨（跨座式单轨），线网覆盖重庆主城区全域，共设车站 120 座，运营里程 202km，里程长度位居国内第五位（不含港澳台地区）、中西部第一位。

（二）我国城市轨道交通规划建设现状

自北京 1969 年开通第一条地铁以来，我国的城市轨道交通从无到有，从单一线路到四通八达，实现了跨越式发展。由于经济实力和技术水平的限制，我国的城市轨道交通建设起步较晚。在 2000 年之前，内地仅有北京、上海、广州三个城市拥有城市轨道交通线路。进入 21 世纪以来，随着国家经济的飞速发展和城市化进程的加快，我国城市轨道交通也进入快速发展时期。

截至 2016 年底，内地已有 30 个城市拥有了 133 条建成并运营的城市轨道交通线路，拥有轨道交通的城市为：上海、北京、广州、南京、重庆、深圳、大连、天津、武汉、沈阳、成都、杭州、苏州、长春、昆明、无锡、西安、宁波、南昌、长沙、郑州、青岛、淮安、哈尔滨、佛山、福州、南宁、兰州、东莞、合肥，运营里程超过 4100km。此外，还有北京等 38 个城市的轨道交通建设规划已经获得国务院批复在建（含已开通运营城市），包头等多个城市轨道交通建设规划正在申报中。

资料卡：

国务院批准地铁建设一般依据 3 项指标，即城市人口在 300 万以上；GDP（Gross Domestic Product，国内生产总值）在 1000 亿元以上；地方财政一般预算收入达 100 亿元以上，而轻轨的标准只要达到上述条件的 60%即可。

据初步统计，目前全国有将近 50 个城市具备轨道交通的建设需求并达到批准条件。这并非第一次在全国出现“地铁热”。有的城市甚至表示，自己的地铁梦已经做了几十年。由于担心全国地铁建设出现“一哄而上”的局面，国务院曾两次就地铁立项进行“整风”。1995 年国务院发布《关于暂停审批城市地下快速轨道交通项目的通知》（国办发〔1995〕60 号），宣布“不再批准地铁项目立项”；2002 年 10 月中旬，国务院办公会议又决定，冻结各城市地铁立项，当时首当其冲的是杭州、沈阳以及上海等地的项目。据分析，国务院两次叫停是由于担心地铁建设是一个“无底洞”，其盈利模式是世界性难题，草率立项可能会给当地财政造成巨大负担。一般建设一千米的地铁线路需要投资 5 亿～6 亿元人民币，因此地铁建设被称为“天价工程”。此前，因后续资金缺乏而中途下马的项目也不乏其例：20 世纪 90 年代中期立项的青岛地铁、重庆 1 号地铁皆因缺乏资金使工程半途而废。

促成此次地铁项目大量获批的机遇显然是 2008 年全球金融危机后中国确保 GDP 增速的诉求，相对宽松的货币政策也让项目融资更加容易，资金成本更低。“我们庆幸抓住了这个历史机遇。如果没有国际金融危机，审批不会有如此‘加速度’，因为地铁项目的投入能扩大内需。”这是南昌地铁项目开建后，有媒体引用南昌市轨道办有关人士的话。因为发展城市轨道交通从短期看能够拉动固定资产投资，有利于克服国际金融危机对我国实体经济的影响，促进经济平稳较快发展。

【项目小结】

在城市发展过程中，城市轨道交通在公共交通系统中的地位越来越重要，所起的作用也越来越大，但城市轨道交通系统是如何发展起来的，很多人并不十分清楚。直到现在，仍有许多人不清楚城市轨道交通系统中的很多概念，如地铁、轻轨和有轨电车的区别。本项目解决了上述问题，重点介绍了城市轨道交通的概念及分类；城市轨道交通发展的几个阶段及各个阶段发展的原因和特点；国外主要城市轨道交通的概况，特别是伦敦、纽约、巴黎、莫斯科、东京、首尔等城市地铁的发展，以便我们汲取经验和教训，用以指导我国城市轨道交通的发展。回顾我国地铁建设的 40 余年，从北京、天津、上海、广州、西安、深圳和南京等城市地铁建设和发展来看，要充分了解我国城市轨道交通现状，明确我国城市地铁建设的特点是起步晚、起点高、发展快；同时，面对当前如火如荼的轨道交通建设形势，思考如何科学理性地发展我国的城市轨道交通。

【关键概念】

城市轨道交通　　类型特点　　发展现状

【思考题】

1. 试分析世界城市轨道交通发展的阶段及特点。
2. 结合我国城市轨道交通概况，谈谈发展城市轨道交通的意义。

【自测练习】

一、单项选择题

1. 磁悬浮运输系统采用无接触的电磁悬浮、导向和驱动的磁悬浮列车系统。它的时速可达（　　）以上。

A. 100km　　B. 200km　　C. 300km　　D. 500km

2. 1863 年 1 月 10 日，世界上第一条地铁线路在（　　）建成通车，线路全长 6.4km。

A. 英国伦敦　　B. 美国芝加哥　　C. 日本东京　　D. 北京

3. 中国第一个拥有地铁的城市是（　　）。

A. 北京　　B. 上海　　C. 广州　　D. 天津

4.（　　）轻轨交通线是我国自行设计、施工的第一条跨座式单轨交通线，分左右线双向行驶。

A. 北京　　B. 上海　　C. 重庆　　D. 广州

5. 国务院批准地铁建设一般依据 3 项指标，包括城市人口数、GDP 和地方财政一般预算收入，而轻轨建设的标准只要达到上述条件的（　　）即可。

A. 30%　　B. 60%　　C. 70%　　D. 80%

二、多项选择题

1. 根据轨道交通系统基本技术特征的不同，城市轨道交通系统主要有（　　）和磁悬浮列车等类型。

A. 地下铁道　　B. 轻轨交通

C. 独轨交通　　D. 自动导向交通系统

E. 市郊与城际铁路

2. 磁悬浮运输系统是当今世界最快的地面客运交通方式，有（　　）、安全舒适、不用燃油和污染少等优点。

A. 爬坡能力强　　B. 造价低　　C. 能耗低　　D. 占地少

E. 运行噪声小

3. 属于按信号指挥运行的路权专用方式类型的轨道交通系统包括（　　）等。

A. 自动导向交通系统　　B. 城际高速轨道

C. 低技术标准的轻轨　　D. 地下铁道

E. 市郊铁路

4. 回顾历史，城市轨道交通经历了一个曲折的发展过程，大致可以分为（　　）阶段。

A. 初步发展　　B. 停滞萎缩　　C. 再发展　　D. 高速发展

E. 未来发展

5. 我国城市地铁建设的重要特征是（　　）。

A. 起步早　　B. 起步晚　　C. 起点高　　D. 发展快

E. 发展慢

三、判断题

1. 地铁线路行驶过程只接受轨道交通运营管理系统的指挥与管理，不受其他交通形式的干扰和影响。（　　）

2. 现在，轻轨铁路是一个比较广泛的概念，包括现代有轨电车等。（　）

3. 独轨交通因使用橡胶轮胎，容易在陡坡、小半径曲线上运行，在地形起伏变化比较大的城市不实用。（　）

4. 市郊铁路往往是城市间干线铁路的一部分，因此具有干线铁路的技术特征。（　）

5. 东京地铁1号线在1900年建成，比英国要晚37年，现有线路14条，总长度212.1km，297座车站，年客运量12亿人次。（　）

项目三　城市轨道交通规划设计与工程施工

【知识目标】

- 了解城市轨道交通规划设计的基本内容
- 熟悉城市轨道交通线路建设的一般程序
- 熟悉我国城市轨道交通线路规划建设原则
- 掌握城市轨道交通线路平纵断面设计的基本内容
- 熟悉城市轨道交通几种施工方法的分类及适用条件

【能力目标】

- 熟记城市轨道交通线路的建设程序
- 熟知城市轨道交通线路平纵断面设计
- 熟知城市轨道交通限界的相关概念
- 熟知地下工程的几种施工方法的优点及不足

【引导案例】

城市交通规划基于城市总体规划，反过来，交通规划会对城市结构产生重大影响，交通是城市的活力所在，对城市发展的影响是深远的。1998 年 12 月 28 日，深圳地铁水晶岛站（现市民中心站）开工建设，至 2004 年 12 月 28 日深圳地铁 1 号线建成试运营历经 5 年。建设一条地铁线一般要经历的程序有：国务院预批准立项，国务院正式批准立项，国家发展改革委批准可行性研究报告，初步设计通过评审，全线动工，隧道通，轨道通，电通，设备安装，设备联调，建成试运营，正式运营等。本项目将介绍城市轨道交通线路从规划设计到工程施工的相关内容。

任务一　城市轨道交通线网规划与设计

《城市轨道交通工程项目建设标准》（建标 104—2008）对城市轨道交通线网规划相关规定为：城市轨道交通工程项目应超期规划，适时建设，量力而行，有序发展。城市轨道交通规划是城市交通规划中的重要环节，一个科学、合理、完善的城市轨道交通网络是城市客运交通的发展方向，对城市发展起到决定性的引导激发作用。此外，城市轨道交通的建设难度大，改造调整更难。因此，必须依据城市总体规划、国民经济和社会发展规划、城市综合交通规划，做好城市轨道交通远景线网规划。

要从实际需求和可能出发，把握项目建设条件和建设时机，合理安排项目建设。城市轨道交通工程项目的建设，应以城市轨道交通远景线网规划和近期建设规划为基础，按全线（包括支线）范围进行工程可行性研究和有关专题论证研究。

城市轨道交通工程一般按照前期工作、设计工作和工程实施工作等步骤进行。

（1）前期工作程序依次为：

线网规划→项目建议书（含预可行性研究报告）→可行性报告。

（2）设计工作程序依次为：

总体设计→初步设计→施工图设计。对工程复杂的项目，宜做试验段工程，试验段工程必须在总体设计指导下进行。

（3）工程实施工作程序依次为：

开工前的各项准备工作（土地征用，房屋拆迁，地下管线及道路改移，施工用地、用电、用水和弃土场地落实等）→各项土建工程（地面高架结构、地下车站土建、区间隧道、车站装修、轨道工程、设备安装、车辆基地工程、全线调试、试运行和全线竣工等）。

一般城市轨道交通项目前期工作及设计工作约需三四年，工程实施约需四五年。

城市轨道交通从建设规划到上报国务院审批须历经5个环节，其中包括建设规划、中国国际咨询公司评审、部委会签、发改委的主任办公会，最后上报国务院的总理办公会审批。

一、线网规划与设计的基本概念

下面介绍线网规划与设计的基本概念。

（1）线网：一个城市中轨道交通线路所构成的路网状态。

线网的形式主要由城市地理形态（河流、山川等）、城市用地布局、人口流向分布决定，当然，主观决策因素也发挥着重要作用。任何城市都具有其独特的自然地质条件、地理形态，这在一定程度上决定了世界各国城市轨道交通网络具有千差万别的结构形态。

（2）线路：城市中某一把甲地和乙地连接起来的轨道路由。

线网和线路是整体与局部的关系，若干条线路构成线网。

（3）线网规划：在一定线路数量规模的条件下，确定路网的形态及各条线路走向的决策过程。

线网规划确定线网的基本结构、总体规模及主要站点、枢纽的布局形态，同时给出线网的可实施性论证，以期逐步形成科学合理的交通网络，使其能够起到客流组织的主导作用并与城市总体的发展与形态的合理演化相协调。线网规划更注重与城市发展的协调关系，强调城市整体发展的前瞻性，居于宏观层面。

目前，世界上一些大城市轨道交通线网规划的发展趋势可以概括为以下3个方面。

① 在原有城市轨道交通线网基础上，开辟快车线。随着城市的发展、扩大或建设外围新区的需要，快车线可以弥补长距离的缺陷，提高速度，缩短时空距离，加强新区与中心区的联系，也有助于新区的发展。

② 在原有线网的基础上，向外围延伸，线距逐渐延长。有条件时，可与管辖区内的地面铁路接轨联运，或将废弃的地面铁路接管，纳入城市轨道交通系统运行。

③ 城市轨道交通线网的规划是长远的，实施计划要注意适应城市的发展需求，每条线路都是分期、分段实施的，应保持工程实施和运营的连续性，以便尽快发挥效益。

（4）线路设计：在已确定的城市轨道交通线网规划的基础上，研究某一条或某一段线路的具体位置，确定线路的走向、站点的设置、与其他交通路线或交通方式的换乘及分段修建计划等。

线路设计关注线路走向的优化、与沿线土地开发以及地面交通的协调，强调项目实施的合理性、实用性和可操作性，居于微观层面。

二、线网规划

1. 线网规划的意义

城市轨道交通线网规划方案一旦实施就不能轻易调整；调整线网规划是要付出代价的，代价的大小与所调整线路的结构性程度有关，越是结构性强的线路，其调整所付出的代价越大。因此，如何确定合理的城市轨道交通线网规模及线路走向是城市规划部门、政府部门及城市轨道交通运营企业共同关心的问题，合理的城市轨道交通规模不仅是线网规划的宏观控制量，而且是一项至关重要的投资依据，是向决策者提供决策的辅助依据。

线网规划的意义具体体现在：支持城市总体规划的实施和发展，有利于城市科学制订经济发展规划，有利于城市各项设施建设，为控制城市轨道建设用地提供基础，为城市轨道交通工程建设提供依据。

2. 线网规划的原则

（1）城市轨道交通选线设站应服从城市总体规划，与城市区域改造及开发建设相结合。

（2）以城市轨道交通线网规划为指导，线路选择要符合城市轨道交通线网规划和客流需要，最大限度地缓解地面交通压力。

（3）从城市轨道交通线网规划的整体要求出发，综合考虑运营控制中心、车辆段及维修基地、供电系统等布置，做到网络统筹、资源共享、合理配置，提高设备使用率，降低工程投资。

（4）近期与远期结合，处理好初期、近期与远期工程的预留和衔接关系。

（5）在设计规划、建设和运营管理中，切实贯彻“以人为本”原则，为乘客创造一个安全、便捷、舒适的乘车环境。

（6）加强城市轨道交通建设、运营安全管理，牢固树立“安全第一、预防为主”的思想，严格执行国家标准，保证国产化率在70%以上，还要确保城市轨道交通建设和运营安全。

3. 线网规划的内容

城市轨道交通线网规划一般是指城市远期的轨道交通线网规划，即从长远的角度全面、系统地研究城市市区或市域的轨道交通线网发展规划。

线网规划的主要内容包括以下几个方面。

（1）必要性研究：根据城市的远期发展规划，论证城市是否需要发展城市轨道交通系统。

（2）线网规模研究：研究线网的总长度及其线路的数目，不同的线网规模对线网结构、线路走向及其作用功能等方面有很大影响。

（3）线网结构研究：线网的形态结构主要是指中心城区线网的形态结构，如网格式、放射式、环形放射式。

（4）线路规划：线路走向、车站分布、线路敷设方式（地面、地下、高架）等。

（5）联络线规划：联络线可连接各条独立运行的线路，应认真规划好联络线的分布位置，以便线网各条线路建成后，能机动灵活地调运线路中各线的车辆。

（6）车辆段与其他基地规划：为了提供车辆停放、运用、检查、整备和修理的管理单位，需进行车辆段及其他综合维修中心、材料总库和职工技术培训中心等基地的规划，有条件时应尽量将它们与车辆段规划在一起。

（7）线网建设顺序：线网结构、线路走向和车站分布确定后，要根据城市客运交通需求、城市新建与改建计划、工程实施难易程度及工程投资情况等因素确定线路建设的顺序。

三、线网设计

在实践中，城市轨道交通线网规划经过必要性研究（背景资料调查）、线网构架研究和线网实施规划研究，并通过反复论证和评价分析后，形成线网方案和实施规划，初步确定轨道交通各条线路的基本走向和路由。在随后的轨道交通线网建设中，根据线网规划实施方案确定的建设顺序进行设计工作。线网设计是指在线网规划和可行性研究的基础上，对线网中具体线路的走向及其平面和纵断面位置进行设计，亦可称为城市轨道交通线路设计。

1. 线网设计的过程

线网设计一般分为 4 个阶段，即可行性研究阶段、总体设计阶段、初步设计阶段和施工设计阶段。通过不同的设计阶段，由浅入深，不断地比较和修正线路平面、纵断面和坡度、线路与车站的关系，最后得到轨道交通线网在城市三维空间中的准确位置。

（1）可行性研究阶段。

可行性研究阶段主要是通过实际调查提出多个方案，然后对方案进行比较，选择线路走向、路由、车站分布、辅助线分布、线路交叉形式和线路敷设方式等，提出设计指导思想和主要技术标准。

（2）总体设计阶段。

该阶段的主要任务是根据可行性研究报告和审批意见，初步确定线路平面规划，提出线路纵断面的标高位置，确定车站的大体位置，形成总体设计思路及对可行性方案的审查意见。

（3）初步设计阶段。

根据总体设计文件及审查意见，完成对线路设计的原则、技术标准的确定；基本确定线路平面位置和车站位置；开始进行纵断面设计。

（4）施工设计阶段。

根据初步设计文件及审查意见，对部分车站位置和个别曲线半径进行微调，对线路平面及纵断面进行精确计算和详细设计，并提供施工图样及说明。

2. 线网设计的内容

城市轨道交通线网设计内容主要包括以下几个方面。

（1）选线：包括选择设计线路的走向、路由、车站分布、辅助线分布、交叉形式和敷设方式等。

（2）线路平面设计：从平面看，线路是由直线和曲线组成的，曲线包括圆曲线和缓和曲线。在线路设计时，主要根据实地情况和技术要求考虑线路平面的组成要素，即直线与曲线的技术标准，如曲线半径、圆曲线长度及缓和曲线等。

（3）线路纵断面的设计：从纵断面看，线路主要由平道和坡道组成。线路设计时主要考虑平道与坡道的技术标准，如最大坡度、最小坡度、坡段长度及竖曲线等。

四、线网规模

1. 线网规模的影响因素

城市轨道交通线网合理规模的影响因素主要有城市规模、城市交通需求、居民出行特征、城市未来交通发展战略与政策和国家政策等。城市交通发展需求和城市社会经济发展水平是城市轨道交通线网规模最直接的影响因素，其他因素则通过这两个因素产生递阶控制作用，如图 3-1 所示。

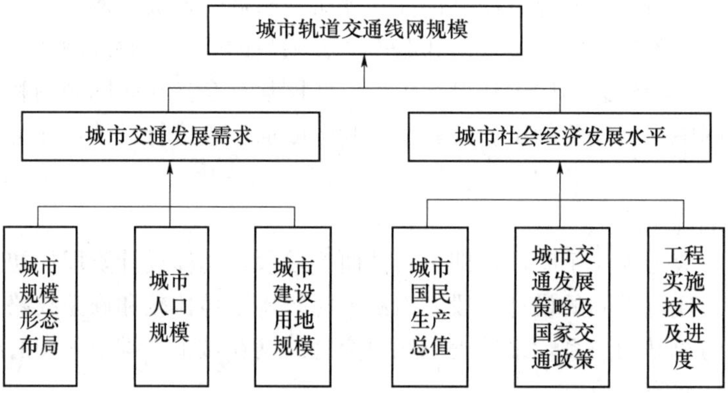

图 3-1　城市轨道交通线网规模影响因素层次图

2. 线网规模的确定方法

线网规模从一个侧面体现城市轨道交通系统所能提供的服务水平，它主要通过线网密度和系统能力输出来反映，其中，系统能力输出又与系统的运营管理密切相关。规模的合理性关系到建设投资、客流强度，也关系到客运服务水平的设定、建设用地的长远控制。合理的规模是一个带有目标性质的量，它应是权衡运营公司、市政管理及出行者各方利益的量值。

（1）定性分析。

定性分析为文字描述，如线网的规模与城市发展规划紧密结合、与经济发展政策紧密相关、与城市交通发展政策紧密相关及城市轨道交通服务水平目标的制定等方面阐述。

（2）定量计算。

城市轨道交通线网规模定量计算主要有以下几种：

① 城市轨道交通线网总长度 L：

$$L = \sum_{i=1}^{n} l_i$$

式中　L——线网长度规模；

l_i——城市轨道交通线网第 i 条线路的长度，km。

由线网总长度规模可以估算投资量、总运输能力、总设备需求量、总经营成本和总体效益等，并可以据此决定相应的管理体制与运作机制。

② 城市轨道交通线网密度 σ：

$$\sigma=\frac{L}{S}$$

或

$$\sigma=\frac{L}{Q}$$

式中　σ——城市快速轨道交通线网密度，(km/km^2) 或 (km/万人)；

S——城市轨道交通线网规划区面积，km^2；

Q——城市轨道交通线网规划区总人口，万人。

城市轨道交通线网密度是单位人口或单位面积上分布的线路长度规模，它是衡量城市轨道交通服务水平的一个重要因素，同时对城市轨道车站合理吸引范围的接运交通组织有影响。实际上，由于城市区域开发强度的不同，对交通的需求也是不平衡的，往往由市中心区向外围区呈现需求强度的逐步递减，因此，线网密度也应相应递减。

③ 城市轨道交通线网日客运周转量 P：

$$P=\sum_{i=1}^{n}P_i l_i$$

式中　P——城市快速轨道交通线网日客运周转量，人次·km/日；

P_i——城市快速轨道交通第 i 段线路的日客运量，人次/日；

l_i——城市快速轨道交通线网第 i 段线路的长度，km。

城市轨道交通线网日客运周转量体现了轨道交通在城市客运交通中的地位与作用、占有的份额与满足程度。

城市轨道交通线网规模在规划实施期内可以根据城市的需求进行适当的调整。相对而言，总长度的调整幅度不应很大。因此，城市轨道交通网的总长度是一个必须确定也是可以确定的基础数据。

【实例介绍】

深圳地铁一期工程规划审批概况

深圳地铁一期工程于 1995 年报送立项，1997 年 12 月 27 日通过了由原国家计委牵头、各部委参加的论证，1998 年 5 月批准立项，1999 年 3 月 31 日国务院批准可行性研究报告，1998 年 7 月 31 日深圳地铁公司成立。公司成立后委托工程勘察及总体设计单位进行总体设计，该阶段工作主要包括工程技术标准的定位、主要设备制式选择、工程筹划、线位和站位确定，并编制《运营模式》《初步设计技术要求》《文件组成与内容》《技术接口》等总体性技术文件。深圳地铁一期工程初步设计于 1999 年 10 月通过评审，报原国家计委核备。

任务二　城市轨道交通线路的平纵断面设计

一、线路空间位置设置

（1）地下：线路置于地下隧道中。

其优点是与地面交通完全分离，且不占城市地面空间，气候对运营基本没有影响；但需要较大的投资，较高的施工技术，较先进的管理，完善的环控、防灾措施与设备；在建设过程中会影响地面交通，运营成本较高，改造调整与线路维护均较困难。

（2）地面：一般采用独立路基的方式，以减少与地面道路交通的互相干扰。

其优点是造价低，施工简便，运营成本低，线路调整与维护较易；其不足是占地面积较多，破坏城市道路路面，使城市道路交叉口复杂化，容易受气候影响。

（3）高架：线路设在高架工程结构物上，与地面交通无干扰。

其造价介于地下与地面之间，施工、维护、管理、环控、防灾诸方面都较地下线路方便；但要占用一定的城市用地，并有光源、景观和噪声等负效应，也受气候变化的影响。

在同一条城市轨道交通线路上，可采用上述3种不同的空间布置方式：一般在市中心人口和建筑密集、土地价值较高的区域，采用地下隧道方式设置轨道交通线路，也可适当布置为高架方式；在城市边缘或郊区，则宜采用地面独立路基或一般路面路基；如要提高轨道交通的效率与安全可靠性，则宜采用高架或半高架、高路堤方式。图3-2为深圳地铁3号线部分线位图，其中包括地下、地面、高架线路。

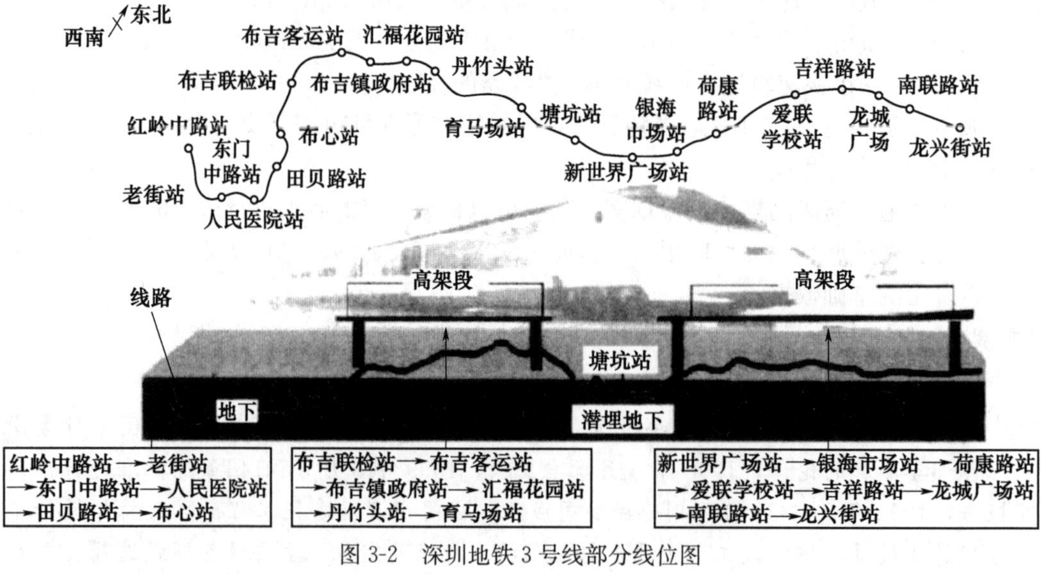

图3-2　深圳地铁3号线部分线位图

二、线路平面及其设计要求

线路平面是轨道交通线路中心线在水平面上的投影。线路平面的组成要素是直线和曲线。

直线：线路走向的主要部分。

曲线：为了满足线路选线要求，适应地形变化（地面布置方式），避让障碍物而必然出现的部分。曲线采用圆曲线，而且每条圆曲线采用尽可能大的半径，在圆曲线和直线之间设置起缓和作用的过渡曲线。

图 3-2 的上部，是从线路上方向下俯视看到的图像，相当于俯视图。

线路平面在设计时要考虑以下几个方面的因素。

1. 列车运行时的阻力

直线阻力：轮轨阻力和空气阻力等。

曲线阻力：列车在通过曲线段时，除了克服基本阻力（直线段存在的阻力）外，还需克服曲线附加阻力，即由于列车在曲线上行驶而产生的附加阻力。

曲线附加阻力产生的原因：由于列车沿曲线运行时曲线段内轨与外轨之间距离不相等，列车在通过曲线段时，会发生外侧车轮滚动、内侧车轮滑动的情况，还有因离心力产生的车轮与钢轨之间的挤压力等。

曲线附加阻力的计算：

$$\text{单位曲线阻力}=\frac{K}{R}$$

式中　K——计算常数，可通过检测得出；

R——曲线半径。

曲线阻力与曲线半径 R 成反比，即曲线半径越小，曲线附加阻力越大，对运行越不利。

2. 最小曲线半径

根据上述分析，从运行安全、乘客舒适和钢轨磨耗等方面综合考虑，曲线半径宜从大到小合理选用，最小曲线半径应尽量少用，并应有一定限制。我国的《地铁设计规范》(GB 50157—2013) 规定：线路平面圆曲线半径应根据车辆类型、地形条件、运行速度和环境要求等综合因素比选确定。线路平面的最小曲线半径不得小于表 3-1 规定的数值。

表 3-1　地铁最小曲线半径

线路		最小曲线半径			
		一般情况（m）		困难情况（m）	
		A 型车	B 型车	A 型车	B 型车
正线	$V\leqslant 80$km/ h	350	300	300	250
	80km/h$<V\leqslant$100km/h	550	500	450	400
联络线、出入线		250	200	150	
车场线		150	150		

注：表中 V 代表列车速度，除同心圆曲线外，曲线半径应以 10m 的倍数取值。

虽然曲线半径越小，曲线附加阻力越大，对运行不利，但曲线半径越小，线路适应地形、避让障碍物的能力也越强。世界各个城市的地铁系统，主要线路上的曲线半径比我国的标准小得多：纽约地铁的最小曲线半径为 107m；芝加哥地铁和波士顿地铁的最小曲线半径为 100m；巴黎地铁的最小曲线半径为 75m。

由于轻轨交通运量小，因此最小曲线半径可视车型情况采用比地铁曲线半径大一些的数值。道岔和车站应设在直线路上，在困难地段车站可设在半径不小于 800m 的曲线上。

设计时，确定线路最小曲线半径除符合设计规范外，还要考虑以下因素。

（1）列车运行安全及乘客舒适度。

当列车运行在小半径曲线上时，由于视距短，瞭望条件差，加之有附加曲线阻力，对行车安全不利，乘客的舒适度也会相应降低。

（2）钢轨磨耗。

列车运行中轮轨间发生摩擦，会造成钢轨磨耗。轮轨间的摩擦分为滚动摩擦和滑动摩擦。单纯的滚动摩擦对钢轨的磨耗甚微，而车辆只要有 0.2%的滑动，磨耗就会显著增加。列车在曲线上运行时，半径越小，滑动摩擦造成的钢轨磨耗越大。

（3）养护维修。

小半径曲线地段因钢轨磨耗较其他地段严重，因而养护维修的工作量较大。

3. 轨距加宽和曲线外轨超高

（1）轨距。

为使轨道交通车辆顺利通过轨道，轨道的轨距必须略大于轮对宽度，有一定的游间（也称活动量）。

轮对上左右两车轮内侧面之间的距离，加上两个轮缘厚度，称为轮对宽度。

为使机车车辆的轮对在沿着钢轨滚动时不被楔住，轮缘与钢轨间要保持一定的间隙，该间隙称为游间。

当轮对的一个车轮轮缘与钢轨贴紧时，另一车轮轮缘与钢轨之间的游间为 δ，如图 3-3 所示，它们之间的数量关系为：

$$\delta = S - q$$

式中 S——轨距，mm；

q——轮对宽度，mm。

轨距 S 为两股钢轨头部内侧与轨道中线相垂直的距离。因为钢轨不是水平放置，所以规定轨距应在钢轨头部内侧面下 16mm 处量取。

目前，世界大多数国家地铁和轻轨采用 1435mm 轨距，称为标准轨距。我国已建的城市轨道交通线路的轨距为 1435mm，轨距小于 1435mm 者称为窄轨距，大于 1435mm 者称为宽轨距。

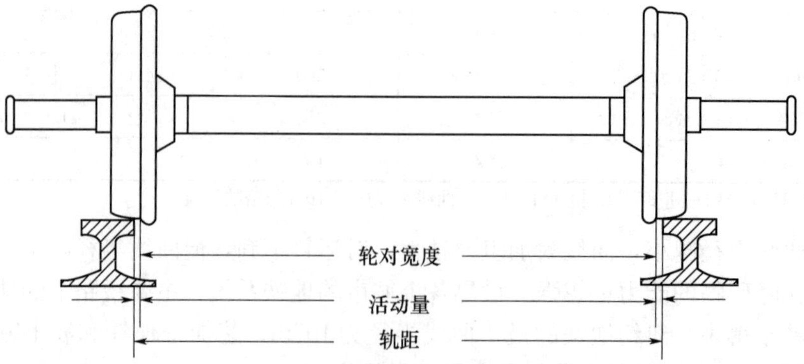

轨距＝轮对宽度＋活动量

图 3-3 轨距与轮对宽度

游间 δ 不能过大，否则会使车辆行驶时的蛇行运动的幅度加大，横向加速度、轮缘对钢轨的冲击及作用于钢轨上的横向力也随之增加。行车速度越高，这种影响越严重。因此，为了提高行车的平稳性和减少轮轨之间的动力作用，δ 应加以限制。我国铁路规定，在正常情况下，游间保持在 16～18mm。据悉，英国已把原来的标准轨距从 1435mm 减小为 1433mm，德国减小为 1432mm。

（2）轨距加宽。

在小半径曲线地段，为使车辆顺利通过曲线，根据计算，在标准轨距值（1435mm）的基础上须适当加大轨距，该加宽的值称为轨距加宽。

地铁轨距一般在半径小于 200m 时加宽 15mm 以上的适当值。

（3）曲线外轨超高。

在直线段轨道上，左右两股钢轨应保持基本水平，保持水平的目的是使两股钢轨受力均匀，并保证车辆平稳行驶。水平程度可用道尺或轨检车进行测量。列车在曲线上运行时会产生离心力，使列车外倾。这使外轨受到较大压力，外股钢轨作用边磨耗加剧，同时影响乘客舒适度，严重时可能会造成列车倾覆。因此，要把曲线外股钢轨较内股钢轨抬高一定的高度以平衡离心力，该抬高的高度称为曲线超高，也称为外轨超高。

曲线外轨超高计算：

$$h=\frac{11.8V_0^2}{R}$$

式中　h——曲线外轨超高，mm；

V_0——列车过曲线时的平均运行速度，km/h；

R——曲线半径，m。

注意：

① h 值应以 5mm 的倍数取值，h 值小于 10mm 时可不设超高，最大超高值为 120mm；

② 地铁车辆段的线路由于车速低，一般可不设超高；

③ 隧道线路曲线超高设置通常取内轨降低 $h/2$，外轨抬高 $h/2$；对地面及高架线路曲线超高的设置则是全部抬起外轨。

4. 缓和曲线

地铁线路曲线为圆曲线，因此列车从直线进入曲线或从曲线驶出到直线都不可避免地会突然产生或消失离心力。离心力与车辆运行速度的平方成正比，与曲线半径成反比，即：

$$f=k\cdot m\cdot\frac{V_{max}^2}{R}$$

式中　V_{max}——列车运行的最高速度；

m——列车质量。

将直线段视为 $R\rightarrow\infty$ 的状况，则直线段与曲线段之间的离心力有一个突变过程，即从 0 突变为相当大的值（因为 R 较小，V 较大），因而使行车发生振动。另外，曲线有外轨超高，还可能有轨距加宽，而直线上则没有，这就需要在直线与圆曲线间插入一段渐变缓和过渡的曲线，称为缓和曲线。这样就提高了行车的安全性和乘客舒适度。缓和曲线常选择高次幂曲线、等速螺旋线等具有从直线过渡到圆曲线特征的曲线。

缓和曲线的长度根据运行安全和乘客舒适条件经计算确定，一般要求：

$$L_0 \geqslant 7h \cdot V_{max}$$

式中 L_0——缓和曲线长度，m；

h——曲线超高，mm；

V_{max}——列车运行最高速度，km/h。

缓和曲线最小长度为 20m，不短于一节车辆的全轴距长。

三、线路纵断面及其设计要求

线路纵断面是线路中心线在垂直平面上的投影。它的组成要素是平道与坡道。

图 3-2 的下部，是站在线路的一侧向线路看到的图像，相当于主视图。平道是线路纵断面的基本部分；坡道是由于选线及避让障碍物的需要和适应运行需要而设置的特殊路段。

资料卡：

（1）线路中心线：两根钢轨间距离的中心连线（单轨交通为轨道梁的中心线）。

（2）坡段长度 L：两个坡段的连接点，即坡度变化点，称为变坡点。一个坡段两端的变坡点之间的水平距离称为坡段长度，代号为 L。如果坡段长度小于列车长度，那么列车就会同时跨越 2 个或 2 个以上的变坡点，各个变坡点所产生的附加应力和局部加速度会因叠加而加剧，影响列车的平稳运行和旅客的舒适度。因此，线路坡段长度不宜小于远期列车计算长度。

（3）地下隧道埋置深度分为浅埋式和深埋式：

浅埋式：轨面到地面的高差小于 20m；

深埋式：轨面到地面的高差大于 20m。

线路纵断面在设计时要考虑以下几个方面的因素。

1. 节能型坡道

在轨道交通线路纵断面设计中，凡有条件的地点，线路应尽量设计成符合列车运行规律的节能型坡道，如图 3-4 所示，即车站设在线路纵断面的高处，两端设为下坡道。列车从车站启动后，借助下坡的势能增加列车加速度，缩短列车牵引时间，从而达到节能的目的。在列车进站停车时，可以借助坡度阻力，降低列车速度，缩短制动时间，减少制动发热，节约环控能量的消耗。

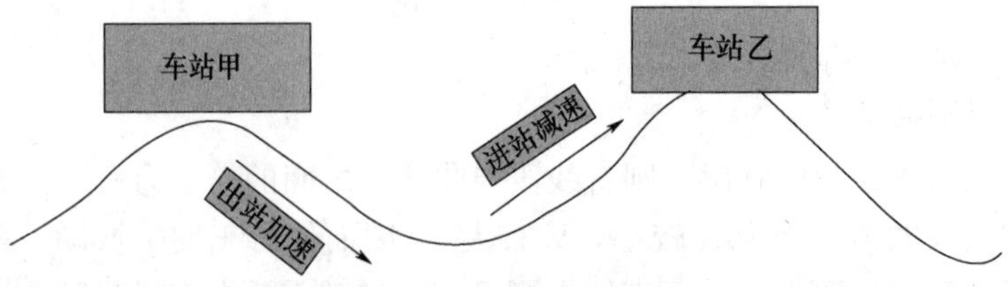

图 3-4 节能型坡道

2. 线路坡度

线路坡度的定义式如下：

$$I=\tan\alpha=\frac{h}{L}\times 1000‰$$

式中　α——坡道夹角；

h——坡道高差，m；

坡道夹角的正切值就是坡度值 I。

3. 线路最大坡度

城市轨道交通线路应尽可能采用较平缓的坡度，最大坡度的确定必须考虑载客车位于曲线最大坡度处停车能否加速启动及必要的安全系数。《地铁设计规范》（GB 50157—2013）规定："正线的最大坡度不宜大于 30‰，困难地段可采用 35‰，联络线、出入线的最大坡度不宜大于 40‰。"按我国轻轨样车的技术条件规定，轻轨正线的限制坡度为 60‰。

4. 线路最小坡度

为了满足纵向排水的需要，地下区间线路不宜设计成平坡，一般情况下，地下区间线路与排水沟为同一坡度值，取不小于 3‰的坡度。地面和高架线正线的最小坡度在采取排水措施后不受限制。

5. 车站坡度

地下车站站台段线路应设单一坡度，考虑纵向排水的需要，坡度值宜采用 2‰，困难时可设在坡度不大于 3‰的坡道上。坡度太大不利于列车起停，坡度太小不利于隧道排水。但是，地面及高架线路车站宜设在平坡上。

6. 其他坡度

车场线坡度不大于 1.5‰；道岔不宜设在坡度大于 5‰的坡道上，在困难地段可放宽至 10‰。

单轨铁路坡度（正线）为：

跨座式为 $I_{max}\leqslant 60‰$；

悬挂式为 $I_{max}\leqslant 60‰$。

7. 坡道阻力

坡道阻力是列车通过坡道时，因坡度存在而产生的附加阻力。

坡道阻力产生的原因：车辆在坡道上运行时，重力分解为对轨道的正压力与沿坡道的下滑力两个分力，下滑力即为坡道阻力。上坡时，坡道阻力为正值；下坡时，坡道阻力为负值。由此可见，坡道阻力与坡度成正比，即坡度越大，坡道阻力越大，对列车运行速度的制约越大。

8. 坡度连接的竖曲线

在纵断面上，若各坡段直接相连则形成一条折线。列车运行至坡度代数差较大的变坡点处，会导致列车运行不顺，容易造成车轮脱轨、车钩脱钩等问题。为避免这类情况发生，应在变坡点处设置竖曲线，把折线断面平顺地连接起来，以保证行车的安全和平稳。竖曲线有抛物线形和圆曲线形两种。地下铁道及轻轨铁路的竖曲线半径为：区间 $R=5000$m，车站端部 $R=3000$m，辅助线 $R=2000$m；单轨铁路的竖曲线采用半径 $R\geqslant 1000$m的圆曲线。

任务三　城市轨道交通限界

一、限界的定义

限界是指列车沿固定的轨道安全运行时所需要的空间尺寸。当车辆在隧道内运行时，一方面隧道结构内部要有足够的空间，以供车辆通行和布设线路、各种设备；另一方面，为保证列车运行安全，凡接近线路的各种建筑物必须与之保持一定距离，各种建筑物及设备均不得侵入限界范围。

隧道的大小和桥梁的宽窄，都是根据限界来确定的。限界越大，行车安全度越高，但工作量和工程投资也随之增加。因此，确定一个既能保证列车运行安全，又不增大桥、隧道空间的经济合理的断面是制定限界的任务和目的。

二、限界的分类

根据城市轨道交通系统的构成和设备运营要求，限界可分为车辆限界、设备限界和建筑限界。它们是根据车辆外轮廓尺寸及技术参数、轨道特性、各种误差及变形和列车在运行中的状态等因素，经过科学的分析计算后确定的。

1. 车辆限界

车辆限界是指车辆最外轮廓的限界尺寸。它是根据车辆的轮廓尺寸和技术参数，并考虑其静态和动态情况下所能达到的横向和竖向偏移量，按可能产生的最不利情况进行组合确定的。

2. 设备限界

设备限界是指线路上各种设备不得侵入的轮廓线。它是在车辆限界的基础上，在计入轨道出现的最大允许误差时，引起车辆偏移和倾斜等的附加偏移量，以及包括设计、施工、运营中难以预计的因素在内的安全预留量。

所有固定设备及土木工程（接触轨及站台边缘除外）的任何部分都不得侵入此轮廓线。因此，对设备选型和安装应分别考虑其制造和安装误差，才能满足设备限界的要求。

3. 建筑限界

建筑限界是行车隧道和高架桥等结构物的最小横断面的有效内轮廓线。在建筑限界以内、设备限界以外的空间，应能满足固定设备和管线安装的需要。在设计隧道和高架桥等结构物断面时，必须分别考虑其他误差、测量误差和结构变形等因素，才能保证竣工后的隧道及高架桥结构物的有效净空满足建筑限界的要求，以保证列车安全高速运行。

建筑限界分为矩形隧道建筑限界、马蹄形隧道建筑限界、圆形隧道建筑限界、高架线及地面线建筑限界、车辆段车场线建筑限界。

建筑限界、设备限界、车辆限界如（直线区段和区间直线区段）图 3-5、图 3-6 所示。

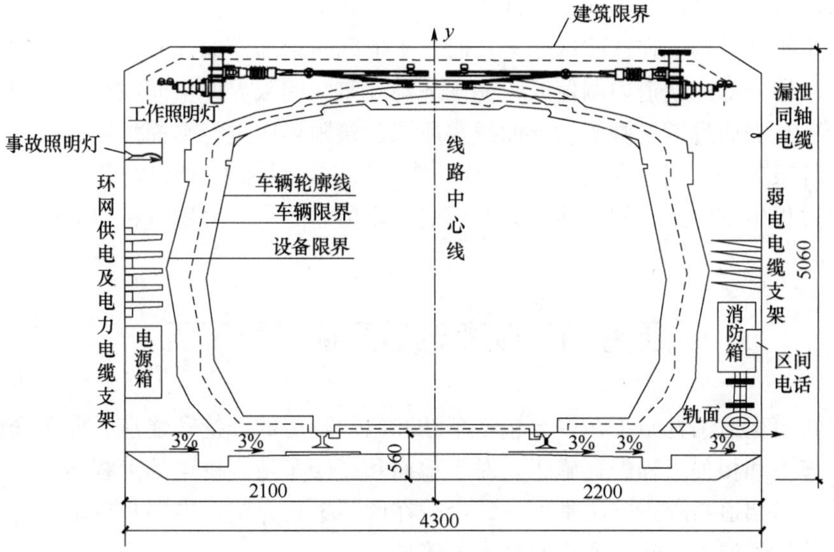

图 3-5　直线区段矩形单洞隧道的建筑限界、设备限界及车辆限界（单位：mm）

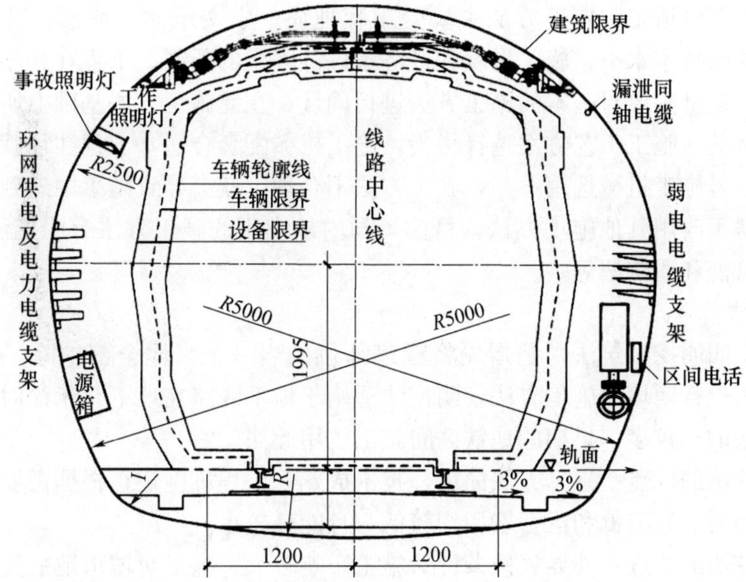

区间直线区段马蹄形隧道的建筑限界、设备限界及车辆限界（单位：mm）

三、限界制定的原则

限界是确定行车轨道周围构筑物净空大小的依据，是确定管线和设备安装位置的依据，是各专业共同遵守的技术规定。它的设计应经济、合理、安全可靠。

限界应根据车辆的轮廓尺寸和技术参数、轨道特性、受电方式、施工方法、设备安装等综合因素进行分析、计算、确定。

限界一般按平直线路的条件确定。曲线和道岔区的限界应在直线地段限界的基础上根据车辆的有关尺寸以及不同的曲线半径、超高和道岔类型分别进行加宽和加高。因为列车车体为刚性结构，在这些区间运行时，不能随轨道而弯曲，致使车体两端向轨道外侧突出，车体中部向轨道内侧偏入，使车体与建筑物间限界净空间减少。在道岔区范围内，因为列车需通过道岔侧面的导曲线，所以建筑限界应进行平面加宽。

在制订限界时，对结构施工、测量、变形误差，设备制造和安装误差，设计、施工、运营过程中难以预料的其他因素在内的安全留量等，应分别进行研究确定。

任务四　城市轨道交通工程施工

城市轨道交通工程施工，主要包括车站和区间隧道的开挖和建造、停车场施工、轨道的敷设施工和相关工程配套施工。对于地面和高架车站、桥梁的工程施工，与一般的建筑、城市高架道路施工方法基本一致，故在此不进行介绍，本书只以地铁为例，介绍地下车站及隧道的工程施工方法及其安全管理。

一、地下车站及隧道工程施工方法简介

地下车站及隧道工程施工方法主要受工程地质、水文地质、地形、沿线环境的要求、施工单位的技术水平、施工进度和经济条件等因素的限制。工程在初步设计、施工图设计之前，设计院要对基本的施工方法进行确认，在此施工方法基础上所进行的设计才是切实可行的。施工工艺方案选择得当，施工机械配套合适，工程往往就已经成功了一半；反之，若施工机械选用不当，施工方法不合理，就会导致施工中遇到许多困难甚至失败，不得不改用其他施工方法。目前，国内外常用的施工方法有明挖法、盖挖法、矿山法、沉管法和盾构法等。

1. 明挖法

明挖法也叫明挖顺筑法，是指先将隧道部位的岩（土）体全部挖除，然后修建洞身、洞门，再进行回填的施工方法。明挖法适用于地下线路在地下几米深时，一般车站施工用明挖法的比较多，早期的地铁区间施工也用此法。

（1）明挖法的优点：施工方法简单，技术成熟；工程进度快，根据需要可以分段同时作业；浅埋时工程造价和运营费用均较低，且能耗较小。

（2）明挖法的缺点：外界气候条件对施工影响较大；施工对城市地面交通和居民正常生活有较大影响，且易造成噪声、粉尘及废弃泥浆等污染；需要拆除工程影响范围内的建筑物和地下管线；在饱和的软土地层中，深基坑开挖引起的地面沉降难以控制，且坑内土坡的稳定性常常成为威胁工程安全的重大问题。

明挖法又可分为敞口明挖和有围护结构的明挖。敞口明挖也称为无围护结构基坑明挖，适用于地面开阔，周围建筑物稀少，地质条件好，土质稳定且在基坑周围无较大载荷，对基坑周围的位移和沉降无严格要求的情况，一般采用大型土方机械施工和深井泵及轻型井点降水。具有围护结构（地下连续墙是基坑围护结构的一种）的明挖适用于施工场地狭窄，土质自立性较差，地层松软，地下水丰富，建筑物密集的地区。采用该方法可以较好地控制基坑周围的变形和位移，同时可以满足基坑开挖深度大的要求。目

前，在我国地下铁道车站的修建中，多采用有围护结构的基坑明挖方法，并取得了很好的经济效益。

2. 盖挖法

盖挖法也叫盖挖逆作法，地铁施工中采用盖挖法的比采用盾构法的少。当地铁经过城市的闹市区、交通主干道下面时，为尽快恢复城市地面交通、保护两侧建筑物的稳定，选择盖挖逆作法是十分必要而且合理的，如图 3-7 所示。

图 3-7　盖挖法示意

盖挖逆作法施工的通俗解释就是，在挖进土层上先加个固定盖，再在下面掏土挖进，即先施工与地面结构同高的层楼板，利用该层结构楼板作为围护结构的第一道支撑（水平支撑），利用结构楼板下的立柱桩作为竖向支撑，向下进行挖土施工，挖至地下一层板底（B1 层板底）后，浇筑垫层，并施工 B1 层结构楼板，达到强度后，再向下进行挖土施工。同样的原理，逐层向下施工地下各层结构楼板，直到完成地下室大地板的施工。

盖挖法的优点：路面敞口作业时间较短，对工程周边的商业及交通环境影响较小；可使建筑物上部结构和地下基础结构平行立体作业，在建筑规模大、上下层次多时，大约可节省 1/3 的工时，有利于尽快恢复城市交通；施工基本处于全封闭状态，可少受风雨影响，减少土方及建筑材料堆放，有利于文明施工及保持城市景观形象，且土方开挖较少或基本不占总工期。

3. 矿山法

矿山法指的是用开挖地下坑道的作业方式修建隧道的施工方法。在地质层水较多，不能用盾构法施工的区间用矿山法。

矿山法是一种传统的施工方法，它的基本原理是：隧道开挖后受爆破影响，造成岩体破裂形成松弛状态，随时有可能坍塌。基于这种松弛荷载的理论依据，其施工方法是按分部顺序采取分割式一块一块地开挖，并要求边挖边撑以求安全，因而支撑复杂、木料耗用多。随着喷锚支护的出现，使分部数目得以减少，并进而发展成新奥法，如图 3-8所示。

这种施工方法，因其工作面小而不能使用大型的凿岩钻孔设备和装卸运输工具，故施工进度慢，建设周期长，机械化程度低，耗用劳力多，难以适应建设工期的需要。

图 3-8　矿山法施工形成的地铁隧道

4. 沉管法

沉管法是在水底建筑地铁隧道的一种施工方法。沉管隧道就是将若干个预制段分别浮运到海面（河面）现场，并一个接一个地沉放安装在已疏浚好的基槽内，以此方法修建水下隧道。施工顺序是先在船台上或干坞中制作隧道管段（用钢板和混凝土或钢筋混凝土），管段两端用临时封墙密封后滑移下水（或在坞内放水），使其浮在水中，再拖运到隧道设计位置。定位后，向管段内加载，使其下沉至预先挖好的水底沟槽内，管段逐节沉放，并用水力压接法将相邻管段连接，最后拆除封墙，使各节管段连通成为整体的隧道，在其顶部和外侧用块石覆盖以确保安全。水底隧道水下段的主工序包括地槽浚挖、管节制作、管节防水、管节驳运沉放和地基处理等。

沉管隧道的优点：对地质条件的适应性强、隧道的覆盖层薄，从而使隧道总长度减小，隧道断面利用率高，防水可靠度高，施工周期短及工程造价合理等。

5. 盾构法

（1）盾构法简介。

盾构法是目前最先进的地铁区间挖掘隧道的方法。盾构施工法是利用盾构机的盾壳作为支护，前端刀盘切削土体，液压千斤顶顶推盾构机前进，在开挖面上拼装预制好的管片作为衬砌，从而形成隧道的施工方法。盾构技术依据的是蛀虫挖木原理，即蛀虫在挖木前行时，身后会留下空了的皮壳。

（2）盾构法施工的过程。

先在隧道某段的一端建造竖井或基坑，以供盾构机安装就位。盾构机从竖井或基坑的墙壁开孔处出发，在地层中沿着轨道设计轴线向另一竖井或基坑的设计孔洞推进。盾构和推进过程中所受到的地层阻力通过盾构机尾部千斤顶传至盾构尾部已拼装的预制隧道衬砌结构，再传到竖井或基坑的后靠壁上，盾构机是这种施工方法中最主要的施工机具，如图 3-9～图 3-12 所示。

图 3-9　盾构机身中部

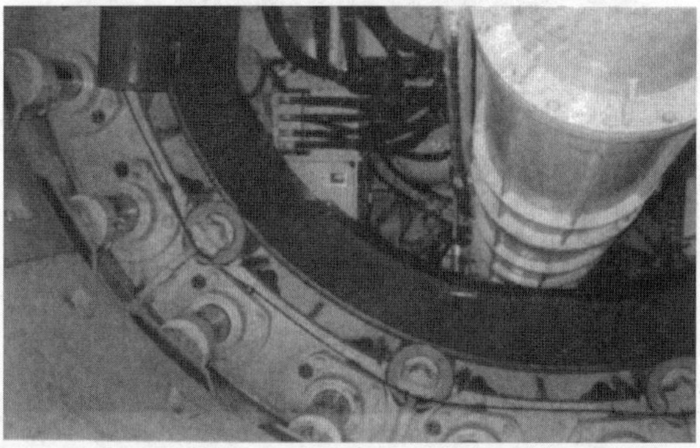

图 3-10　盾构机尾部千斤顶

图 3-11　盾构机在竖井边

盾构机是一个即能支承地层压力又能在地层中推进的圆形、矩形或马蹄形等特殊形状的钢筒结构。在钢筒的前面设置各种类型的支撑和开挖土体的装置，在钢筒中段周圈内面安装顶进时所需的千斤顶，钢筒尾部是具有一定空间的壳体，在盾尾内可以拼装1～2环预制的隧道衬砌环。盾构机每推进 1 环距离，就在盾尾支护下拼装 1 环衬砌，并及时向紧靠盾尾后面的开挖坑道周边与衬砌环外周之间的空隙中压注足够的浆体，以防止隧道及地面下沉。盾构机在推进过程中不断从开挖面排出适量的土方。

图 3-12　盾构机铺管片

盾构的形式可以从 3 个方面进行分类。

① 以手工和机械划分：手掘式、半机械式、机械式。

② 以工作面挡土方式划分：敞开式、密闭式。

③ 以气压和泥水加压方式划分：气压式、泥水加压式、土压平衡式、加水式、高浓度泥水加压式、加泥式。

目前，盾构法施工技术已在上海、北京和深圳等大多数城市轨道交通工程施工中广泛应用。

（3）盾构法的主要优点。

除竖井施工外，施工作业均在地下进行，噪声、振动引起的公害小，既不影响地面交通，又可减少对附近居民的噪声和振动影响；盾构推进、出土和拼装衬砌等主要工序循环进行，施工易于管理，施工人员也较少；劳动强度低，生产效率高；土方外运量较少；当穿越河道时不影响航运；当隧道穿过河底或其他建筑物时，不影响施工；施工不受风雨等气候条件影响；隧道的施工费用不受覆土量多少影响，适宜建造覆土较深的隧道。在土质差、水位高的地方建设埋深较大的隧道，盾构法有较强的技术经济优越性。只要设法使盾构的开挖面稳定，则隧道越深、地基越差、土中影响施工的埋设物越多，与明挖法相比，在经济、施工、进度上越有利。

（4）盾构法存在的不足。

当隧道曲线半径过小时，施工较为困难；在陆地建造隧道时，如隧道覆土太浅，使开挖面稳定甚为困难，甚至不能施工；在水下时，如覆土太浅则盾构法施工不够安全，要确保一定厚度的覆土；竖井中长期有噪声和振动，要有解决的措施；盾构施工中采用全气压方法以疏干和稳定地层时，对劳动保护要求较高，施工条件差；在饱和含水地层中，盾构法施工所用的拼装衬砌，对达到整体结构防水性的技术要求高。

盾构法隧道上方一定范围内的地表沉陷尚难完全防止，特别是在饱和含水松软的土层中，要采取严密的技术措施才能把沉陷控制在很小的限度内，目前还不能完全防止盾构正上方中心土层的地表沉降。

用气压施工时，在周围有发生缺氧和枯井的危险，必须采取相应的防护办法。

资料卡：

地铁及各种大型地下设施日益增多，其基础埋置深度大，再加上周围环境和施工场地的限制，无法采用传统的施工方法，地下连续墙便成为深基础施工的有效手段。地下连续墙可以作为深基坑的支护结构，亦可作为建筑物的深基础，后者更为经济。

地下连续墙的优点是刚度大，既挡土又挡水；施工时无振动，噪声低；可用于任何土质；还可以用于逆作法施工。其缺点是成本高，施工技术较复杂，要配备专用设备，施工中用的泥浆要妥善处理，有一定的污染。

地下连续墙的施工过程是利用挖槽机械在泥浆护壁下开挖一个一定长度的单元槽段，挖至设计深度并清除沉渣后，插入接头管，再将地面上加工好的钢筋笼用起重机吊入充满泥浆的沟槽内，最后用导管浇筑混凝土，待混凝土初凝后，拔出接头管，一个单元槽段即施工完毕。如此逐段施工，即形成地下连续的钢筋混凝土墙。挖槽机如图 3-13 所示。

图 3-13　挖槽机

地下连续墙在成槽之前先要沿设计轴线施工导墙。导墙的作用是为挖槽导向，防止槽段上口塌方，存蓄泥浆和作为测量的基准。导墙多为呈 L 或倒 L 形的板墙，深度一般在 1～2m；顶面高出施工地面，防止地面水流入槽段；内墙面应垂直，内外导墙墙面间距为地下墙设计厚度与施工余量之和（40～60mm）；导墙顶面水平。导墙多为现浇钢筋混凝土，筑于密实的黏性土地基上，墙背侧用黏性土回填并夯实，防止漏浆。导墙拆模后，应立即在墙间加设支撑；混凝土养护期间，起重机等不应在附近作业或停置，以防导墙开裂和位移。

挖槽是地下连续墙施工中的主要工序。槽宽取决于设计墙厚，一般为 600mm、800mm、1000mm。

挖槽在泥浆中进行，一般常用的挖槽设备为导板抓斗、导杆抓斗和多头钻成槽机。挖槽按单元槽段进行，挖至设计标高后要进行清孔（清除沉于槽底的沉渣），然后尽快下放接头管和钢筋笼，并立即浇筑混凝土，以防槽段塌方。有时，在下放钢筋笼后要第二次进行清孔。图 3-14 为将要下放到槽内的钢筋笼。

图 3-14　将要下放到槽内的钢筋笼

泥浆是在挖槽过程中用来护壁、防止槽壁塌方的，在多共钻成槽时还利用泥浆的循环将钻下的土屑携带出槽段。泥浆的配制和在成槽过程中保持其应有的性能，对顺利成槽非常重要。我国常用的膨润土泥浆由膨润土、掺和物和水组成。掺和物有多种，视需要掺加。泥浆对相对密度、黏度、含沙量、失水量和泥皮厚度、pH 值、静切力、稳定 G 性和胶体等指标都有一定的要求，应经常对其进行检验和调整。

二、工程施工安全管理

地铁以快速、舒适成为城市交通的首选，近年来，全国各地一些大城市争先恐后地发展地铁交通，地铁建设如火如荼。然而，在地下的施工现场，地塌人亡的事故并不鲜见。接二连三发生的地铁建设施工事故，敲响了地下作业工程的安全生产警钟。

1. 地铁施工事故案例

2007 年 3 月 28 上午，北京市海淀区苏州街地下约 22m 处的地铁 10 号线工地发生坍塌，6 名施工人员被埋，塌方面积约 $20m^2$。

2008 年 11 月 15 日杭州地铁事故：杭州市萧山区风情大道地铁站采用明挖法施工时发生事故，事故的主要原因是地质太软，就像在蛋糕里挖洞，并且安全工作不到位；事故造成 21 人死亡，24 人受伤，形成了一个 75m 长、15m 深的大泥坑，有 11 辆汽车掉入坑内，还导致施工现场附近的 3 座楼出现裂缝并最终被拆除。

2. 工程施工中存在的危险及有害因素

（1）地铁施工受地质与水文等诸多因素影响，施工过程容易引起坍塌、冒顶、涌沙和透水等事故。

（2）在地铁建设施工阶段，采用明挖法、暗挖法、盾构法等施工方法和辅助工法进行基坑或区间隧道开挖时，易发生不均匀沉降、地面塌陷或隆起，其主要原因是地层周围岩土体的原始应力变化和受扰动或受剪切破坏的重塑土的再固结。

（3）地铁建设施工期间现场施工管理及安全防护措施中存在的不安全因素，也会对地铁施工产生影响，甚至引发事故。

3. 安全管理工作

轨道交通建设安全管理工作主要是防控在施工过程中由于设计、质量和技术等方面出现问题导致建设项目周边环境出现沉降或坍塌，引起社会环境和公众安全无保证或造成事故；同时包括防控在施工过程中由于安全防护措施不健全和施工人员违章指挥、违章作业引发的伤亡事故。

轨道交通建设安全监督管理必须坚持“安全第一，预防为主”的方针，遵照“管超前、严注浆、短进尺、强支护、快封闭、勤测量”的地下施工原则，及时消除事故隐患，确保建设安全。

以下为武汉市在地铁施工安全管理中对建设单位、监理单位、施工单位、监督管理单位提出的安全要求，其他各城市的轨道交通建设安全管理大同小异。

（1）建设单位的安全责任。

轨道交通建设项目的建设单位在申请领取施工许可证时，应当提供有关工程安全施工措施的资料。

必须通过公开招标，由有施工资质和与工程项目相符的项目经理承担工程施工建设。

必须通过公开招标，由有相应资质等级的施工单位和监理单位分别进行工程施工和对工程施工进行监理。

在工程施工前应向施工单位提供施工现场及毗邻区域内供水、排水、供电、运输、广播电视地下管线，气象和水灾观测，相邻建筑物和构筑物，地下工程等有关资料，并保证资料的真实、准确、完善，制订安全施工措施费用计划和付款计划。

负责工程沿线地面的监控测量工作，施工前应根据工程埋深，地质情况，地面建筑物、构筑物等环境情况，研究开挖断面、施工方法，制订监控测量方案。监控测量项目应包括地表、地面建筑，地下管线及构筑物变化。

应根据工程特点编制工程施工突发事故应急预案。

(2) 监理单位的安全责任。

监理单位应审查施工组织设计中的安全技术措施或专项施工方案是否符合工程建设强制标准。

在实施监理过程中，发现存在安全事故隐患时应当要求施工单位立即整改；情况严重时应要求其暂时停工，并报告建设单位。

在工程施工中应按法律、法规和工程建设强制标准实施监理，对施工关键部位进行旁站监理。

(3) 施工单位的安全责任。

施工单位要建立健全针对轨道交通建设施工安全的安全生产责任制度、安全生产资金保障制度、安全教育培训制度、安全检查制度和生产安全事故报告及处理制度。

落实安全生产管理机构，配备专业管理人员和项目专职安全员，专职安全员应当经市建委考核合格后方可任职。

明确对分包单位资质和人员资格的管理要求，做到只要有人在现场施工作业，管理人员必须在现场。

制订对安定器设施所需材料、设备及劳保用品的供应单位的控制要求和规定，杜绝伪劣产品进入施工现场。

分析工程项目在施工过程中的重大危险源，并逐个制订防护措施。

根据建设单位提供的相关资料及规程、标准，制订有针对性的施工组织设计；施工组织设计应有保证周边社会环境安全和工程质量、技术及安全防范措施等内容，并符合编制审批的程序。

有完善的安全技术交底制度要求，并认真履行签字手续。

落实对施工机具的使用管理要求，各种防护设施齐全有效，无违章操作。

做好地下的监控量测工作，施工前应制订监控量测方案。监控量测的项目包括：围岩及支护状态，拱顶下沉，周边净空收敛位移等。监控量测数据要求准确可靠，并及时测绘时态曲线，出现异常情况要及时采取有效措施，并报告建设单位。

各施工单位要结合本施工标段实际情况编制本单位轨道交通建设施工突发事件应急预案，并配备必需的器材、材料及人员组织，做到发生突发事件立即上报建设单位及有关部门。

(4) 监督管理单位的安全责任。

监督管理部门是市区建设行政管理部门和工程质量、安全监督管理部门。

在实施对工程项目监督检查时必须严格执行有关法律、法规、规范和标准；发现事故隐患，应立即责成施工单位给予排除；重大事故隐患排除前，或排除过程中无法保证安全时，要责令施工单位从危险区域内撤出。

施工过程中，工程项目周边出现超过控制沉降范围的严重隐患险情时，应立即组织专家和建设、施工等单位研究并制订防控方案。

编制全市轨道交通建设施工突发事故应急预案。

组织落实建委系统抢险机构，做到随时应对轨道交通建设突发事件的抢险工作，并负责将抢险和事故情况上报市政府。

负责对轨道交通建设施工重大事故的调查和处理，并将调查结果和处理情况上报市政府。

【项目小结】

城市轨道交通的工程设施，不仅是保证高质量运营服务的前提和基础，而且具有一个显著的特点，就是其系统工程设施一经确定并建设完毕，基本上是长期使用，具有永久性，所以其规划、设计与施工的正确性、预见性和质量都是十分重要的。如何能有条不紊地做好城市轨道交通的设计与施工？本项目介绍的内容正是解决这个问题的答案。本项目主要阐述了我国城市轨道交通线路规划建设的原则，介绍了建设城市轨道交通线的一般过程，引入了线路的平、纵断面及限界的概念，讲述了地铁的土建施工方法，以及地铁施工事故及安全管理办法。通过学习，要求了解城市轨道交通规划的原则和建设流程，掌握线路平、纵断面及线路限界等相关概念，初步掌握城市轨道交通建设施工的主要方法，如明挖法、矿山法、盖挖法、盾构法和沉管法，并对地铁施工安全管理有初步的认识。

【关键概念】

线网规划　　明挖法　　盖挖法　　盾构法

线路中心线　　线路平面　　坡度

【思考题】

1. 城市轨道交通线路轨距如何计算？一般国内外采用哪些轨距？

2. 地铁车站及隧道分别适用哪些施工方法？

【自测练习】

一、单项选择题

1. 轨道交通建设规划中要保证国产化率达到（　　）以上。

A. 50%　　B. 60%　　C. 70%　　D. 80%

2. 城市轨道交通线路可采用地下、地面、（　　）3 种不同的空间布置方式。

A. 地下隧道　　B. 高路堤　　C. 独立路基　　D. 高架

3. 缓和曲线最小长度为（　　），不短于一节车辆全轴距长。

A. 40m　　B. 30m　　C. 20m　　D. 10m

4. 一般情况下，地下区间线路与排水沟为同一坡度值，取不小于（　　）的坡度。

A. 6‰　　B. 5‰　　C. 4‰　　D. 3‰

5.（　　）是在水底建筑地铁隧道的一种施工方法。

A. 明挖法　　B. 盖挖法　　C. 沉管法　　D. 盾构法

二、多项选择题

1. 城市轨道交通工程的前期工作内容有（　　）。

A. 总体设计　　B. 施工图设计

C. 线网规划　　　　　　　　　　　　D. 项目建议书

E. 可行性报告

2. 城市轨道交通线路规划的原则包括（　　）。

A. 地铁选线设站应服从城市总体规划

B. 以轨道交通线网规划为指导

C. 从轨道交通线网规划的整体要求出发，做到网络统筹、资源共享、合理配置，提高设备使用率，降低工程投资

D. 近、远期结合，贯彻“以人为本”原则

E. 牢固树立“安全第一，预防为主”的思想

3. 线路最小圆曲线半径设计时，除符合设计规范外，还要考虑（　　）。

A. 列车运行安全　　　　　　　　　B. 钢轨磨耗

C. 养护维修　　　　　　　　　　　D. 施工工艺

E. 乘客舒适

4. 明挖法的优点是（　　）。

A. 施工方法简单，技术成熟

B. 外界气象条件对施工影响小

C. 工程进度快

D. 可以根据需要分段同时作业

E. 浅埋时工程造价和运营费用均较低，且能耗较小

5. 盾构法施工技术的优点有（　　）。

A. 通常不使用土体加固等辅助措施，节省费用

B. 工作面稳定，地表变形小

C. 机械自动化程度高，施工速度快

D. 振动小、噪声低

E. 对沿线居民生活、地下和地面建筑物没有影响

三、判断题

1. 曲线半径越小曲线附加阻力越大，对运行越不利。（　　）

2. 车站应设在线路纵断面的高处，两端设为上坡道。（　　）

3. 地面及高架线路车站宜设在平坡上。（　　）

4. 明挖法的优点是路面敞口作业时间较短，对工程周边的商业及交通环境影响较小。（　　）

5. 盾构法施工中目前还不能完全防止盾构正上方中心土层的地表沉降。（　　）

项目四　城市轨道交通线路与轨道结构

【知识目标】

- 掌握城市轨道交通线路的分类
- 掌握城市轨道交通轨道结构的内容
- 了解钢轨的作用、类型与基础的连接方法
- 掌握单开道岔的构造及开通位置

【能力目标】

- 熟记线路的正线、辅助线、车场线等知识
- 熟知单开道岔的构造
- 熟知轨道结构的组成及特点
- 熟记道岔号与辙叉角的关系、道岔号与速度的关系

【引导案例】

2005 年 4 月 25 日，日本兵库县尼崎市福知山线的尼崎——塚口段，发生了日本历史上最严重的列车出轨事故，造成 107 人死亡，超过 400 人受伤。出事列车在一个半径 300m、限速 70km/h 的弯道上脱轨后撞入附近一栋居民楼。根据事故调查委员会对能够记录急刹车前 5s 时速的装置进行分析，确认事故发生时列车行驶时速达到了100km/h，超出限速 30km/h。

2008 年 4 月 28 日凌晨 4 时 41 分，北京开往青岛的 T195 次旅客列车在限速80km/h 的弯道上超速 60%，实际时速 131km/h，造成行至胶济铁路周村-王村区间时第9～17节车厢在铁路弯道处脱轨，冲向上行线路基外侧。此时，正常运行的烟台至徐州的 5034 次旅客列车来不及刹车，最终以 70km/h 的速度与脱轨车辆发生撞击，机车和第1～5节车厢脱轨。事故造成 72 人死亡，420 人受伤，其中重伤 51 人。

两起事故都发生在线路弯道上，为何在弯道行驶容易出现事故？城市轨道交通线路与轨道是由哪些具体设备和设施构成的呢？本项目将以地铁为例进行介绍。学习完本项目，学生会对上述问题有所了解，会更加深刻地认识到城市轨道交通线路与轨道的重要性。

任务一　城市轨道交通线路

线路是城市轨道交通的基础组成部分，由区间结构、车站和轨道等组成，具有规定的强度和稳定性，能保证列车持续、平稳、安全运行的整体工程结构。线路是列车运行的基础，也是城市轨道交通重要的运营设备之一。考虑乘客出行方便、土地利用充分和节约建

设费用等因素，城市轨道交通线路布置一般选择在易于施工和客流比较集中的地区。

城市轨道交通线路按其在运营中的地位和作用划分为正线、辅助线和车场线。

一、正线

正线是指连接车站并贯穿或直股伸入车站的线路。正线的行车速度高，行车密度大，线路标准要求高。城市轨道交通系统的正线均采用上下行双线单向行车，一般为全封闭线路，实施右侧行车惯例；正线与其他交通线路相交时，一般采用立体交叉形式；正线分为区间正线、车站正线。

（1）区间正线：两车站之间的线路称为区间正线。

（2）车站正线：从区间过来，不经道岔侧股进站的线路称为车站正线。

车站两端墙间内方的线路为站内线路，简称站线，站线也有正线和辅助线之分。

二、辅助线

辅助线是为保证正线运营而配置的线路，包括折返线、联络线、车辆段出入线、停车线和渡线等。

1. 折返线

在线路两端终点站或者准备开行折返列车的中间站设置的，专供列车折返掉头的线路，称为折返线。城市轨道交通线路中，全线的客流分布一般不太均匀，通常需要按照列车行车交路的要求，在端点站与中间站或中间站与中间站之间开行折返列车，这些可折返的中间站上需要配置折返线。

视不同的折返方法，折返线可分为环形折返线、尽端折返线和渡线折返线。

（1）环形折返线俗称灯泡线，如图 4-1 所示。

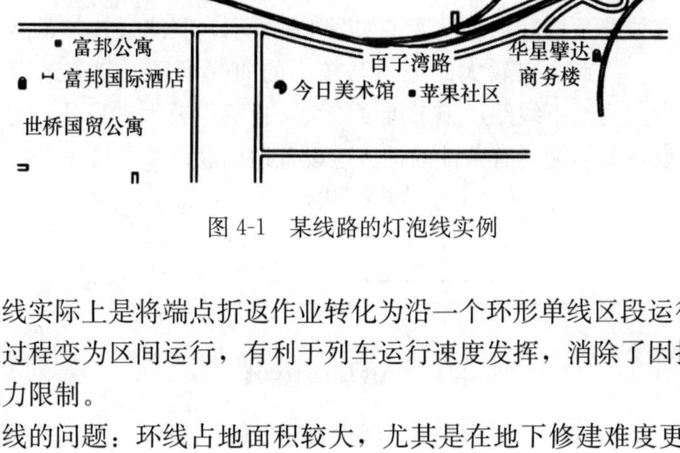

图 4-1　某线路的灯泡线实例

环形折返线实际上是将端点折返作业转化为沿一个环形单线区段运行的作业，实质上取消了折返过程变为区间运行，有利于列车运行速度发挥，消除了因折返作业而形成的线路通过能力限制。

环形折返线的问题：环线占地面积较大，尤其是在地下修建难度更大，投资较高；

环形折返线丧失了一端停车维护保养检查的机动线路，对车辆技术及运行组织要求更高；线路机动性下降，线路延伸可能性甚微。环形折返线一般只适用于线路较短，线路延伸可能较小，且该站又往往在地面的情况。

（2）尽端折返线是指在某条线路端点处进行折返。

（3）渡线折返线可分为单线折返、双线折返与多线折返等不同布置办法，如图 4-2 至图 4-4 所示。

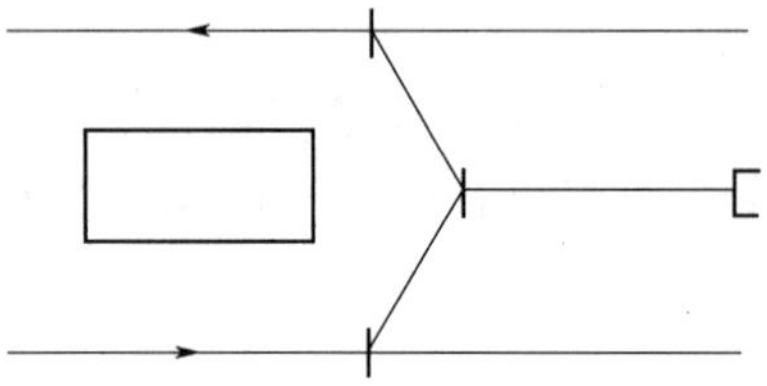

图 4-2　单线折返布置示意

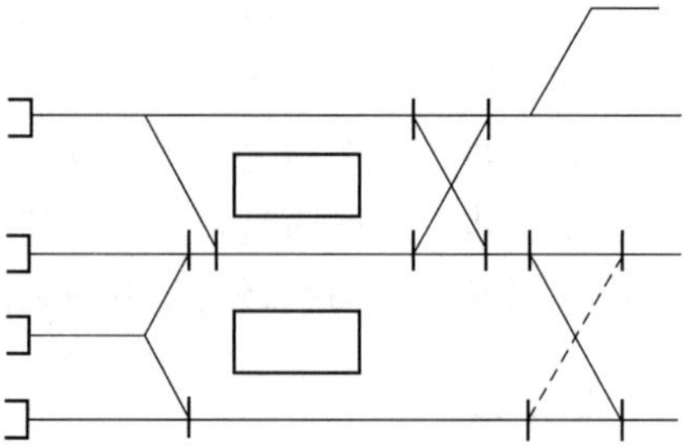

图 4-3　多线折返布置示意

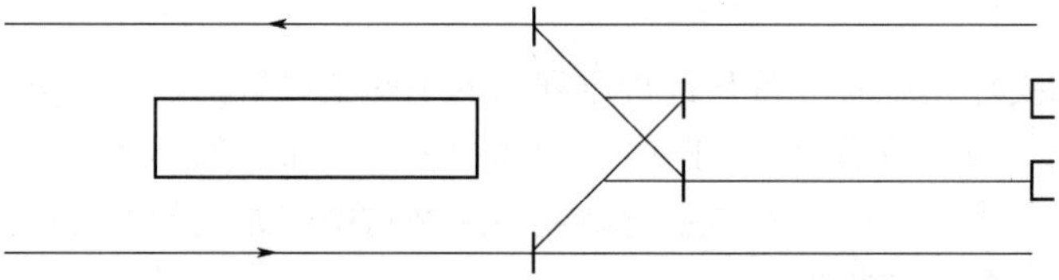

图 4-4　双线折返布置示意

利用尽端或渡线折返线的办法，弥补了环形折返线的不足，使端点站或中间站既可有效地组织折返（如双折返线可明显降低折返时间），又可备有停车线供故障停车、检修和夜间停车等作业使用，而且对于线路延伸也十分方便。其比较适用于地下结构的端点站，以及线路较长或有延伸可能，土地不宜多占用的情况。

2. 联络线

在城市轨道交通网络中，要使同种制式的两条单独运营的线路可以实现列车过轨运行，一般通过线与线之间的联络线来实现。联络线的位置应在路网规划中确定，前期修建的线路应为后建线路预留联络线设置，如图 4-5 所示。联络线连接的轨道交通线路往往不在一个平面上，因此，有较大的坡道与较小的曲线半径，列车运行速度不可能很高。如果联络线设置为地下线路，施工难度较大，投资也较大。另外，为方便城市轨道交通车辆及大型设备的运输，有条件的地方应设置地面联络线与国家铁路专用线相连。

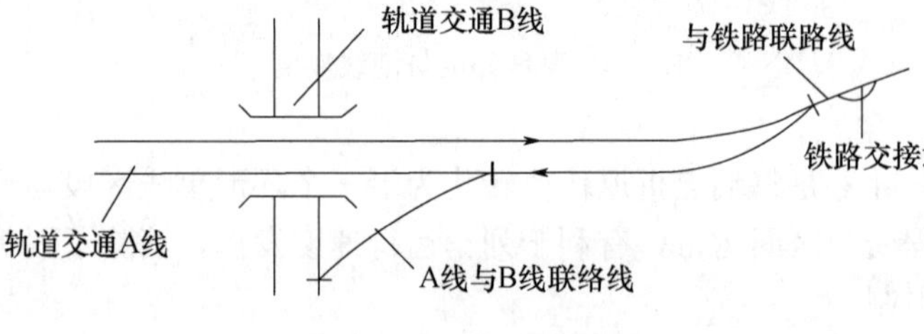

图 4-5　联络线布置示意

此外，在上下行正线之间或在其他平行线路之间可以用渡线作为连接线，可通过一组联动道岔达到转线的目的。

3．车辆段出入线

出入线是从车辆段到运营正线之间的连接线，是车辆段与正线之间的联络通道，专供列车进出车辆段，一般分为入段线和出段线。

《地铁设计规范》（GB 50157—2013）规定：车辆段出入线应连通上下行正线。当出入线与正线发生交叉时，宜采用立体交叉方式。车辆段和停车场设置双线或单线出入线，应根据线路的远期通过能力与运营要求计算确定。尽端式车辆段出入线宜采用双线，贯通式车辆段出入线可在车辆段两端各设一条单线。停车场规模较小时，出入线可采用单线。车辆段出入线布置如图 4-6 所示。

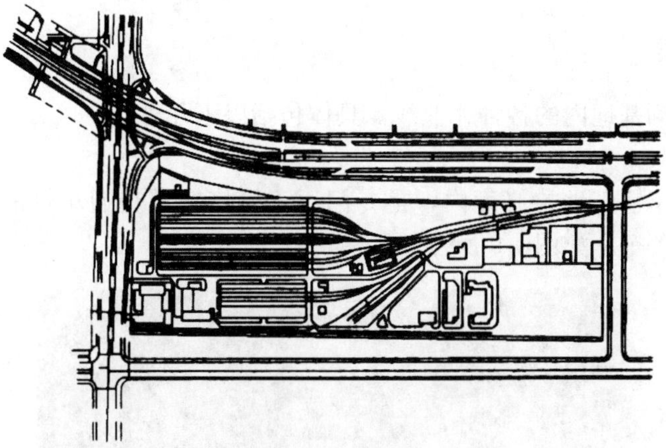

图 4-6　车辆段出入线布置示意

4．停车线

停车线一般设置在终点站，专门用于停车，也可进行少量检修作业，一般设计成尽端式。在车辆段的运用库，拥有众多的专用停车线，为夜间停止运营后的列车提供停放区域。需要进行检修作业的停车线设有地沟。如图 4-7 所示为车辆段运用库内能够进行检修作业的停车线。

图 4-7　车辆段运用库内能够进行检修作业的停车线

5. 渡线

渡线是指在上下行正线之间（或其他平行线路之间）设置的连接线，通过一组道岔达到转线的目的。渡线分为单渡线和交叉渡线。渡线单独设置时，用来临时折返列车，增加运营列车调度的灵活性；在与其他辅助线合用时，能完成或增强其他辅助线的功能。渡线布置如图 4-8 所示。

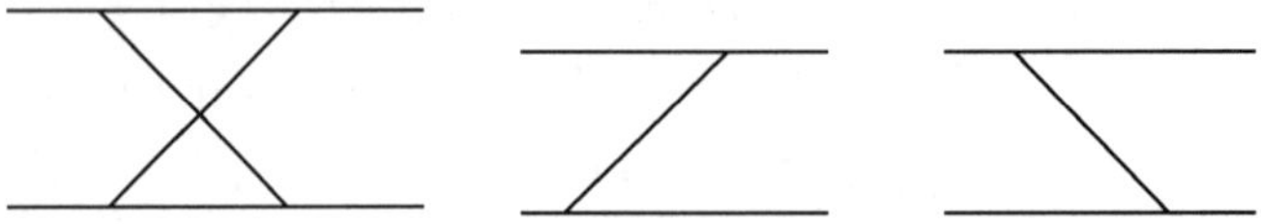

图 4-8　渡线布置示意

三、车场线

车场线是车辆基地内的各种作业线，具体包括以下几种。

1. 检修线

检修线设在车辆基地检修库内，是专门用于检修轨道交通车辆的作业线，设有地沟，配有架车设备等，如图 4-9 所示。

图 4-9　检修库内设有地沟，配有架车设备的检修线

2. 试车线

试车线设在车辆基地，是用于对检修完毕的轨道交通车辆进行运行状态检测的线路。为达到必要的运行速度，试车线需有一定长度标准和平、纵断面特点。

3. 洗车线

洗车线设在车辆基地，是专门用于清洗车辆的作业线。

4. 出入库线

出入库线是车辆基地与正线联系的线路，专供列车进出车辆基地使用，一般分为入库线和出库线。

《城市轨道交通工程项目建设标准》（建标 104—2008）指出，为满足故障运行工况，每隔 5～6 座车站（或 8～10km）应设置故障列车待避线，其间每隔 2～3 座车站（3～5km）应加设渡线。

任务二　城市轨道交通轨道结构

“轨道交通”与一般的交通最大的区别是轨道交通车辆必须沿着轨道行驶，轨道给行驶在道路上的车辆提供了承载作用和导向作用。

轨道是城市轨道交通系统的重要组成部分，直接承受列车荷载，并引导列车运行，一般由钢轨、扣件、轨枕、道床、道岔及附属设施等组成。钢轨以连接件和扣件固定在轨枕上，轨枕埋设在道床内，道床直接敷设在路基上。轨道作为一个整体结构，铺设在路基之上，承受列车传递的复杂多变的静、动力荷载，通过力学分析及试验研究，可以计算出轨道各组成部分产生的应力及变形，从而确定其承载能力及稳定性。

城市轨道交通由于行车密度大，为保证运行安全平稳，并减少维修和养护，对轨道结构有以下基本要求。

（1）结构简单、整体性强，具有坚固性、稳定性和均衡性等特点，确保行车安全、平稳、乘坐舒适。

（2）具有足够的强度、刚度。

（3）便于施工和管理，可靠性高，使用寿命长，可以少维修或者避免维修，并有利于日常的清洁养护，降低运营的成本。

（4）对于扣件，要求强度高、韧性好。

（5）采用成熟的新工艺、新技术、新材料，满足绝缘减噪和减轻轨道结构自重的需要，尽可能符合城市景观和美观要求。

一、钢轨

钢轨是轨道线路的重要组成部分，是指呈平行分布，安装在轨枕或路基之上，由钢铁材料制成的两条直线形金属构筑物。

1. 钢轨的作用

钢轨能引导机车车辆行驶，起导向作用。在此过程中，对拖车来说，要求钢轨有一个光滑的滚动表面，以获得较小的滚动阻力，但动车又要求钢轨顶面适当粗糙，使车轮与钢轨之间产生足够的摩擦力来牵引列车前进。因此，在地面线路与高架线路上因天气原因（比如雪天、雾天）轨道结冰打滑时，列车上有撒沙设施，以增加摩擦力。

钢轨承载车轮压力并传递到轨枕上。钢轨的受力工况十分复杂，为保证列车的安全运行，钢轨要有足够的强度和韧性来承受复杂的应力作用，足够的刚度来抵御弯曲和扭转等变形，足够的硬度来抵抗磨耗；为了减轻车辆对钢轨的动力冲击作用，防止轨道交通车辆走行部分及钢轨的折损，还要求钢轨具有必要的弹性。

钢轨亦可作为供电回路和通信线路的导体。在电气化的线路上，钢轨还要作为供电接触网的回流线路；在运行信号方面，钢轨是轨道电路的载体，轨道电路是以线路的两根钢轨作为导体，两端加以机械绝缘或电气绝缘，接上送、受电设备构成的电路。轨道电路如图 4-10 所示。

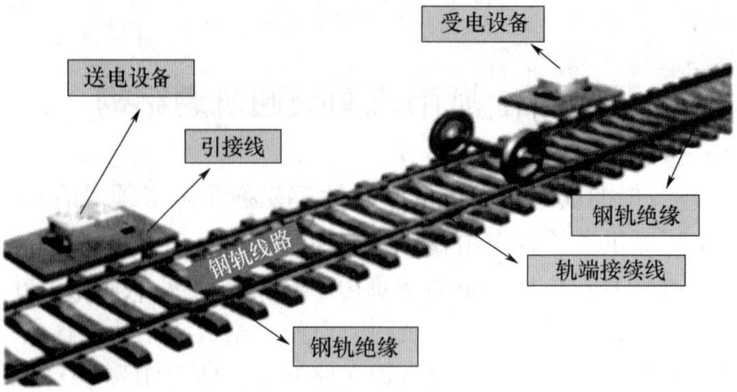

图 4-10　轨道电路

2. 钢轨的形状

钢轨的似工字形宽底座断面，其断面力学性能优良，侧向刚度大，抗弯能力强。作用于直线轨道钢轨上的力主要是竖直力，使钢轨沿垂直方向向下挠曲。钢轨被视为弹性基础上的连续长梁，而梁抵抗挠曲的最佳断面形状为工字形。钢轨分轨头、轨腰、轨底 3 部分。钢轨的形状尺寸如图 4-11 所示。

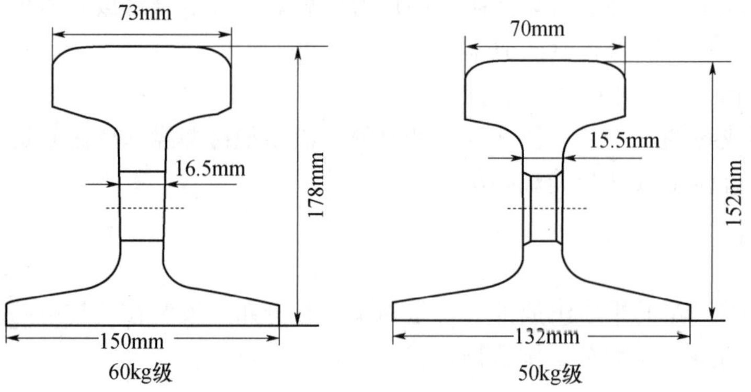

图 4-11　钢轨的形状尺寸

3. 钢轨的类型

根据钢轨的形状可分为槽形钢轨、双头钢轨和平底钢轨（工字形钢）。

根据钢轨每米所含质量（kg），即钢轨强度分类，我国生产的定型钢轨有 75kg/m、60kg/m、50kg/m、43kg/m 和 38kg/m 五种。钢轨的标准长度有 12.5m 和 25m 两种，此外还有曲线标准缩短轨。深圳、广州、香港的城市轨道交通系统正线一般用 60kg/m 的钢轨，并焊成无缝线路。

城市轨道交通车辆段线一般采用的是 50kg/m 的钢轨，其他线路钢轨类型次于正线。为了提高线路通行能力，城市轨道交通有选用重型钢轨的趋势。

4. 钢轨的连接

钢轨必须通过连接零件才能固定在轨枕上，此外，钢轨之间也需要连接零件联成整体。因此，连接零件是用来连接钢轨与轨枕、钢轨与钢轨的零件。

钢轨与钢轨通过接头夹板（也叫鱼尾板）和螺栓连接，称为钢轨接头。钢轨接头处留有伸缩缝，于是“咣当”声不绝于耳，成了火车运行的标志。在城市轨道交通的轨道结构中，已大量采用无缝线路结构，将多根标准轨依次焊接在一起，钢轨接头数量大大减少，减少了噪声。

钢轨与混凝土枕木通过扣件连接；钢轨与木枕木通过道钉连接。地铁整体道床普遍采用弹性分开式扣件，这种扣件在一定程度上弥补了整体道床弹性不足的缺陷。钢轨的连接零件如图 4-12 所示。

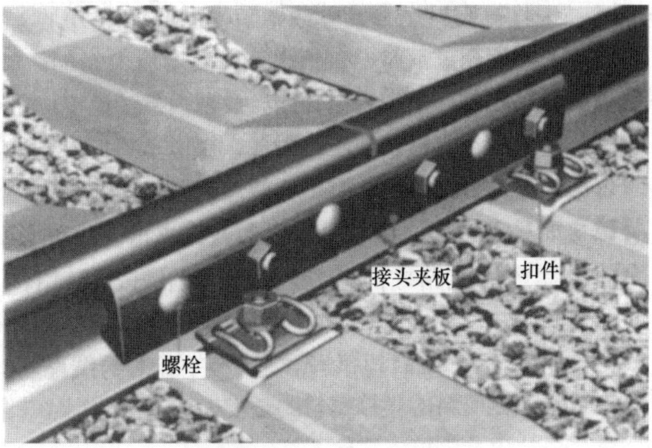

图 4-12　钢轨连接零件图

5. 无缝线路

普通线路是把冶炼厂生产的标准长度为 25m 或 12.5m 长的钢轨用夹板连接铺在轨枕上或整体道床的基础上，钢轨接头处留有轨缝，温度升降时钢轨能自由伸缩。

预留轨缝应满足以下条件：当轨温达到当地最高轨温时，轨缝应不小于零，使轨端不受挤压力，以防温度压力太大而胀轨跑道；当轨温达到当地最低轨温时，轨缝应不大于构造轨缝，使接头螺栓不受剪力，以防接头螺栓被拉弯或拉断。构造轨缝是指受钢轨、接头夹板及螺栓尺寸限制，在构造上能实现的轨端最大缝隙值。

无缝线路是把 25m 轨端无螺栓孔的钢轨焊成 1km 及以上长度的轨条敷设在轨枕的焊接长钢轨线路。接缝大大减少，可消除列车通过接头区的冲击力，从而减少振动，还可降低轮轨噪声 5～10dB。由于在钢轨内不存在轨缝，因此，当温度升高或降低时，钢轨内部就产生了巨大的温度压力或拉力。

（1）无缝线路按处理钢轨伸缩的方法分类，可以分为温度应力式无缝线路和放散应力式无缝线路。

温度应力式无缝线路的钢轨由一根焊接长轨条及其两端 2～4 根标准轨组成，并采用普通钢轨接头的形式。无缝线路敷设后，焊接长轨条因受扣件及道床纵向阻力的抵抗，两端自由伸缩受到一定的限制，中间自由伸缩受到完全的限制，因而在钢轨内产生温度应力，其值随轨温变化而异。这种无缝线路结构简单，敷设养护比较方便，故得到了广泛的采用。但因为钢轨承受很高的温度应力，所以必须满足强度及稳定性方面设计的要求。

放散应力式无缝线路又可分为自动放散和定期放散两种。自动放散是在焊接长轨条两端设置钢轨伸缩调节器（如尖轨接头）来自动释放钢轨内的温度应力，这种形式的无缝线路主要用在城轨的高架线路上。定期放散是把钢轨内部的温度应力每年调整放散

1～2 次。放散时，松开焊接长轨条的全部扣件，使它自由伸缩，放散内部的温度应力，在一定的轨温条件下再把扣件全部扣紧。步骤为：

① 把长轨上的扣件、螺栓全部拆下；

② 将长轨抬起放在滚筒上；

③ 用轨温测量仪测轨温，等待轨温达到锁定轨温的范围；

④ 到达锁定轨温后，用拉伸器拉紧钢轨；

⑤ 用道钉锤全面敲振钢轨，在此过程中各观测点监控拉伸数据，拉伸到位后保压；

⑥ 撤除滚筒，全面锁定线路之后松开拉伸器；

⑦ 钻孔、倒棱安装钢轨接头的夹板，拧紧接头螺栓。

（2）无缝线路按焊接长轨条的长度分类，可分为普通无缝线路和超长无缝线路。

普通无缝线路的焊接钢轨的长度一般为 1～2km。超长无缝线路为焊接长轨条贯通区间，并与车站道岔焊接，取消了缓冲区，彻底实现了线路的无缝化。焊轨之后要进行应力放散作业，应力放散完成后线路才能达到正常行车条件。

隧道内的气温变化幅度比地面上小，从这一点上说隧道内敷设无缝线路是十分有利的。但是在无缝线路的缓冲区、轨道电路的绝缘区、有道岔的线路区段中，钢轨接头还是不能少的。

资料卡：

应力：单位面积上受的力。

应力发散的目的：防止热胀冷缩的长钢轨发生胀轨跑道。

无缝线路锁定轨温：根据本地的中间轨温来确定。轨温不同于气温，影响它的因素比较复杂。根据大量观测，最高轨温要比当地最高气温高 20℃，最低轨温与当地的最低气温大致相同。中间轨温指两者的代数平均值。在施工时，钢轨用扣件扣紧在轨枕上时的轨温，称为锁定轨温，并习惯地将它称为零应力轨温。深圳地铁 3 号线高架段长钢轨，锁定轨温为 24℃，变动为±5℃。

6. 轨道爬行

因列车运行时纵向力的作用，使钢轨产生纵向移动，有时甚至带动轨枕一起移动，这种现象叫轨道爬行。预防轨道爬行可以从两方面进行：一方面，加强钢轨与轨枕间的扣压力和道床阻力；另一方面，可安装防爬设备。

7. 护轨

除直接承受车轮传递的列车及其载荷的重量外，钢轨有时还起到安全保护作用，这时钢轨被称为护轨。常用的护轨有防脱护轨、桥上护轨和道岔护轨。

二、轨枕

轨枕是轨道的基础部件，承垫于钢轨之下，其功能是支撑钢轨，保持轨距和方向，并将钢轨所承受的压力和应力分散传递到道床上。轨枕有必要的坚固性、弹性和耐久性，有抵抗纵向和横向位移的能力，使用扣件把轨枕和钢轨连在一起形成“轨道框架”，增加了轨道结构的横向刚度。

1. 轨枕的分类

轨枕的分类主要有 3 种。

（1）按照制造材料分为木枕、混凝土枕、钢枕和塑料轨枕等。

（2）按构造分为横向轨枕、纵向轨枕、短轨枕、宽轨枕等。

（3）按敷设部位分为适用于区间线路的普通轨枕、道岔区的岔枕和有碴桥上的桥枕等。

2. 轨枕类型的选择

轨枕类型的选择随轨距、道床种类、使用处所不同而异。地下铁道正线隧道内的线路一般采用短轨枕或无轨枕的整体钢筋混凝土道床，车场线采用普通钢筋预应力混凝土轨枕，在道岔范围内少数区段采用木枕。图 4-13 所示为木轨枕。

图 4-13　木轨枕示意

三、扣件

1. 扣件的含义与构成

扣件是用于连接钢轨与轨枕的零件。扣件由钢轨扣压件和轨下垫层两部分组成，主要包括以下几部分。

（1）弹性扣件：用来把钢轨紧扣在轨枕上。

（2）承托物：作用是把扣件固定于轨枕上。

（3）弹性垫板：使钢轨与轨枕之间互相绝缘，避免钢轨漏电，并且能够增加轨道弹性。

2. 扣件的作用

扣件的主要作用是将钢轨固定在轨枕上，保持轨距并阻止钢轨的横纵向移动，并能提供适当的弹性。

由于线路情况与轨枕的不同，对于扣件性能（如扣压力、弹性和可调性）的要求也不尽相同。一般扣件应具备以下几项性能。

（1）足够的扣压力是钢轨和轨枕联结的重要保证，通常要求扣件纵向阻力大于道床的纵向阻力；当然，扣压力也不宜过大，否则会使扣件弹性急剧下降，影响扣件的使用寿命。

（2）适当的弹性，可减小荷载对道床的压力和机车车辆簧下的振动加速度，延长部件的使用寿命，扣件的弹性主要由橡胶垫板和弹条等部件提供。

(3) 一定的可调性，要求扣件具有一定的水平和轨距调整量。当曲线轨距需要加宽或因钢轨磨耗使轨距扩大时，需要通过扣件对轨距进行调整，线路维修时也需要通过扣件调整两股钢轨的水平。

(4) 可靠的绝缘性，由于轨道电路的需要，并为防止杂散电流的出现，在钢轨与轨枕联结的过程中，要有绝缘性能的要求。

3. 扣件的种类

扣件的类型有如下几种。

(1) 按其扣压钢轨方式划分，可分为弹性扣件和刚性扣件两种。

刚性扣件本身刚度很大，扣压钢轨后，弹性很差，在地铁运营线路中很少应用。但由于其工作可靠、结构简单、价格低廉，在场线上时有使用。

(2) 接其承受横向力方式划分，可分为有挡肩和无挡肩两种。

一般来说，在调高量方面，无挡肩结构形式扣件优于有挡肩结构形式扣件，因此，结合工程实际情况，高架桥上应采用无挡肩结构形式扣件。

(3) 按扣压件紧固方式划分，可分为有螺栓和无螺栓两种。

从养护维修角度考虑，无螺栓扣件比有螺栓扣件零部件少，养护维修工作量小，更适合轨道交通实际情况。我国的无螺栓扣件采用E型弹条，如图4-14所示。

图4-14　弹条扣件示意

四、道床

1. 道床的定义

道床是指路基、桥梁或隧道等下部结构之上，钢轨、轨枕之下的碎石、卵石层或混凝土层，它是钢轨或轨道框架的基础。

道床断面形状一般为上窄下宽的梯形，主要包括道床顶宽、道床厚度和道床边坡坡度3个主要尺寸。

2. 道床的作用

道床的主要作用是支承轨枕，把来自轨枕上部的巨大荷载均匀地传布到路基面上，以减少路基的变形。道床依靠本身和轨枕间的摩擦，起到固定轨枕位置、阻止轨枕纵向或横向移动的作用。

道床的作用具体表现为以下几方面。

(1) 分压：将来自轨枕的巨大荷载分散并传于路基，使路基面的应力均匀并小于其容许的最大强度。

(2) 约束轨道框架：提供道床阻力以约束轨道框架，保持轨道的方向和高低等几何形位。

(3) 增弹减振：提供轨道所需要的弹性和阻尼，减弱列车通过时产生的振动，避免过大的动作应力传到路基等下部结构上。

(4) 排水：道床使用的透水性材料可提供良好的排水性能，对减轻轨道冻害及提高路基的承载能力有重要的作用。

(5) 方便维修养护：轨道在行车中产生的不平顺及方向不良等情况可以通过一些道床维护方法加以整治。

3. 道床的种类

道床一般分为整体道床、碎石道床、沥青道床及其他道床等。城市轨道交通地面线多采用碎石道床，隧道线和高架线多采用混凝土整体道床。

(1) 整体道床。

整体道床是指用碎石加水泥浆或用钢筋加混凝土，将道床路基和轨枕组合形成钢筋混凝土整体结构的轨下基础。日本铁路称之为“直接连接轨道”，英国铁路称之为“连续灌筑钢筋混凝土轨道”。也有将无道碴的预制钢筋混凝土板式道床列为整体道床的。整体道床如图 4-15 所示。

图 4-15　整体道床示意

整体道床的优点是整体性强、稳定性好，轨道几何尺寸易于保持，无须补充石碴及更换轨枕，养护维修工作量少，外表整洁美观。由于整体道床厚度比碎石道床厚度要小，因此，隧道净空的高度可以相应减小。

整体道床的不足之处是工程造价比碎石道床高约 30%；施工难度大，一旦成型很难纠偏，因为整体道床轨道几何尺寸的变动完全取决于钢轨连接扣件的调整能力，而扣件的可调量是有限的，所以出现轨道病害难以整治；道床弹性较差，扣件的形式较复杂。为了使整体道床轨道具有与碎石道床轨道相接近的轨道弹性，确保轨道各组成部件处于正常的受力状态，整体道床采用弹性扣件，同时，为了满足整体道床轨道几何尺寸和曲线轨道超高变化的调整，要求扣件还应具有一定的调高和调轨距的能力，这些要求导致了扣件结构的复杂。在运营过程中一旦出现病害，整治非常困难。一旦基底发生沉陷，修补极为困难。

（2）碎石道床。

碎石道床是路基采用取土填筑办法，按规定断面尺寸夯实形成的，一般采用独立路基方式，如图 4-16 所示。碎石道床具有良好的弹性、排水性能，造价低，维护简单易行；但其强度较低，且需经常维护保养，并通过采用高性能的弹性扣件以减少列车运行时的振动和噪声。在城市轨道交通的地面线路及车辆段常采用碎石道床以降低投资。

图 4-16　车辆段进出段线的碎石道床

（3）沥青道床。

沥青道床是指为了改善普通碎石道床的散体特性，加入乳化沥青或沥青砂浆而使其稳定的一种道床轨道结构形式。

沥青道床整体性好、弹性好，能增加线路强度，延缓轨道下沉，使道床稳定性有很大的提高，从而大大减少了线路的维修工作量。沥青道床的缺点是对沥青材料的性能要求较高，必须配合使用能大幅度调整轨距及轨面高低的扣件，以适应日后养护工作的需求。

（4）新型道床。

随着城市轨道交通的发展和城市对环境要求的不断提升，越来越多地要求采用减振降噪措施，各国开始不断改进道床结构，出现了一些可以满足新需求的新型道床形式，减振浮动道床就是其中的一种。

减振浮动道床是由弹性支承块、橡胶垫板、道床板和混凝土底座及配套扣件构成的，具有减振作用的一种道床形式。其原理主要是以线圈弹簧或弹性支承块托起整个轨道结构，阻隔振动的传递，使路轨的振动减少，从而达到隔振、减振和降低噪声的功效。德国、英国、美国、日本、韩国和新加坡等国家的大多数城市的城市轨道都采用了这一新型道床结构，其减振降噪的效果已得到普遍的认可。随着我国城市轨道交通的发展，减振浮动道床也在北京、上海、广州和深圳等地得以推广应用。

五、道岔

1. 道岔的概念

列车车辆由一股道线路转入另一股道线路的连接设备称为道岔。道岔是轨道的一个重要组成部分，由于具有数量多、结构复杂、使用寿命短、限制列车速度、影响行车安全和养护维修投入大等特点，道岔与曲线、接头并称为轨道结构的三大薄弱环节。

2. 道岔的构成

道岔的种类有很多种，最常见的是普通单开道岔。其主要由转辙器、连接部分、辙叉及护轨三大部分组成、如图 4-17 所示，其通过尖轨的平移，形成不同的开通方向。

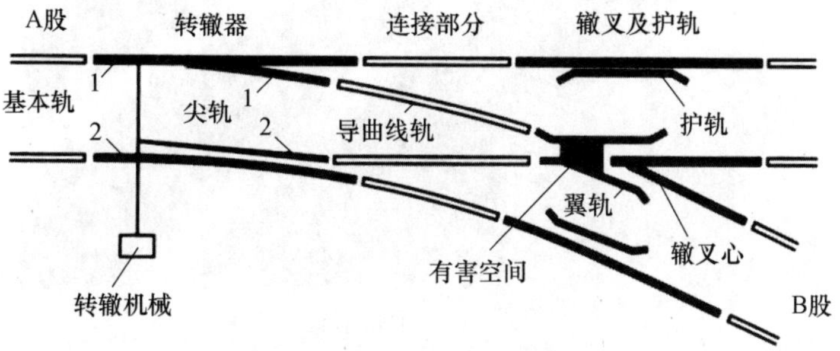

图 4-17　普通单开道岔构成

（1）转辙器。

单开道岔的转辙器由两根基本轨、两根尖轨、各种连接零件和道岔转辙机构等组成。通过转辙器可使尖轨移向直股或侧股，从而实现车辆转线。尖轨端面变化大，又要经常扳动，是道岔的薄弱部分。尖轨部分的转换设备（转辙器）由电务部门管理，非正常行车时地铁车站的道岔由行车值班员及站务操作，要使其状态良好，工务、车务和电务人员必须紧密配合。行车过程中的挤岔事故是指车轮强行挤开尖轨，从而造成车辆脱轨，损坏道岔设备，影响行车等问题。最常用的道岔转换设备（转辙器）包括机械式和电动式两种。道岔转换设备必须具备转换（改变道岔开向）、锁闭（锁闭道岔，在转辙杆中心处尖轨与基本轨之间，不允许有 4mm 以上的间隙）和显示（显示道岔的正位或反位）3 种功能。

（2）连接部分。

连接转辙器和辙叉的轨道为道岔的连接部分，它包括直股连接线和曲股连接线，其结构和一般线路基本相同。连接部分一般配置 8 根钢轨，其中直股连接线 4 根，曲股连接线 4 根。曲股线路一般采用圆曲线，由于长度短，一般不设超高。配轨时要考虑轨道电路绝缘接头的位置和满足接头相对的要求，并尽量采用 12.5m 或 25m 的标准钢轨。

（3）辙叉及护轨。

辙叉是使车轮从一股钢轨越过另一股钢轨的设备，它设置于道岔侧线钢轨与道岔主线钢轨的相交处。辙叉由心轨、翼轨、护轨和连接零件组成。按平面形式划分，辙叉有直线辙叉和曲线辙叉两类，在单开道岔上以直线式最为常用；按构造划分，辙叉又有固定式辙叉和可动式辙叉两类，在单开道岔上以固定辙叉最为常用；按制造方式划分，单开道岔的辙叉有组合辙叉及整铸辙叉两类，目前使用较多的是整铸辙叉。

翼轨与心轨形成必要的轮缘槽，使车轮轮缘能顺利通过。两翼轨工作边相距最近处称为辙叉咽喉，从辙叉咽喉至心轨实际尖端之间的轨线中段的距离称为有害空间。车轮通过有害空间时，容易受到撞击，为保证车轮安全通过有害空间，在辙叉两侧相对位置的基本轨内侧设置了护轨，如图 4-18 所示。护轨的作用是当列车在道岔处脱轨时，将脱轨的车轮限制在基本轨和护轨之间的轮缘槽内顺线路滚出，借以引导车轮的行驶方向，防止列车向旁偏离造成严重事故。

图 4-18　护轨示意

3. 道岔的类型

道岔的主要功能是实现一条线路分支进入或越过另一条线路的连接及交叉。道岔按用途和平面形状可以分成的类型有：单开道岔、双开道岔、三开道岔、复式交分道岔、菱形道岔，分别如图 4-19 至图 4-22 所示。

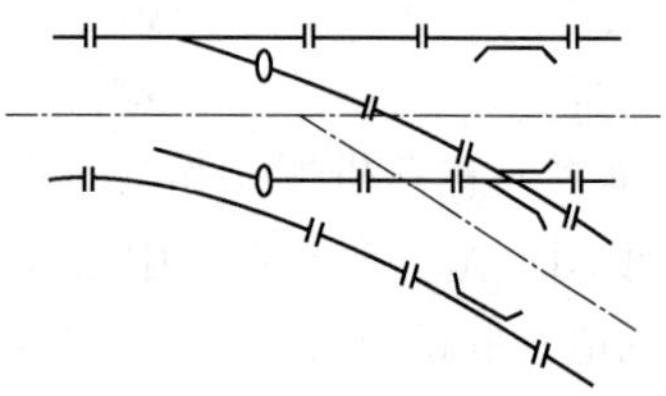

图 4-19　普通单开道岔示意图

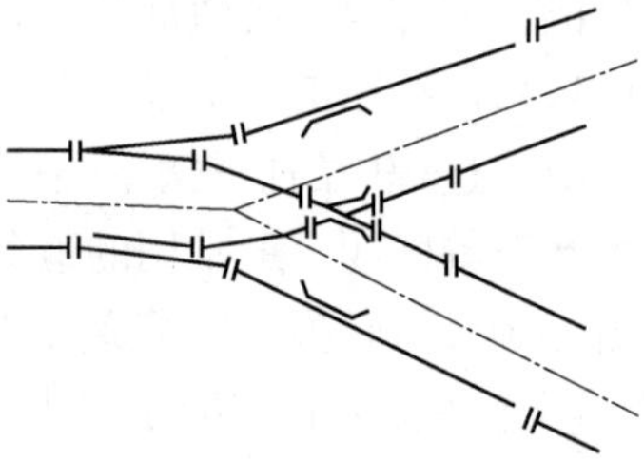

图 4-20　双开道岔示意图

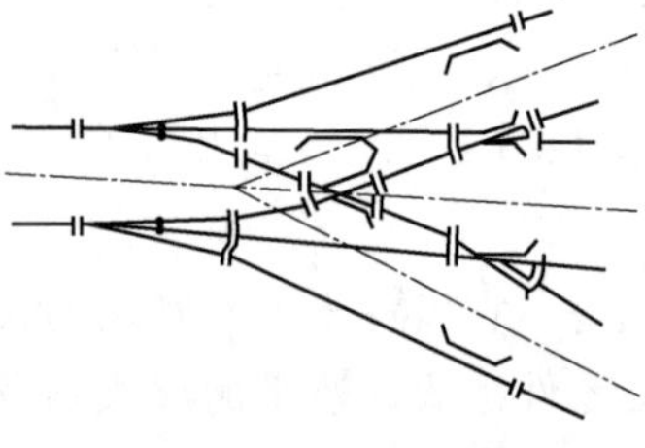

图 4-21　三开道岔示意图

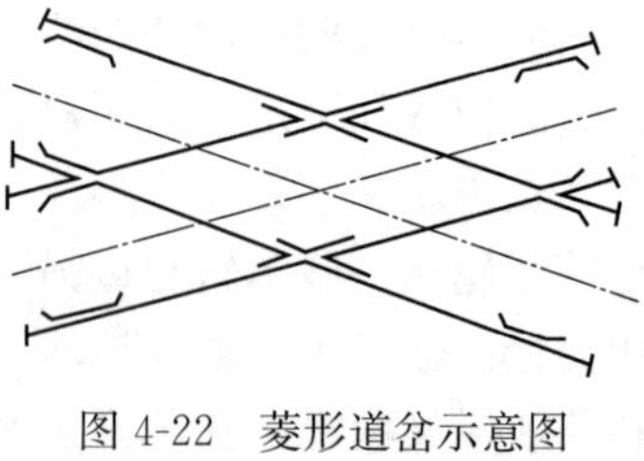

图 4-22　菱形道岔示意图

由一条线变多条线的道岔有单开道岔、双开道岔（单式对称道岔）和三开道岔。由两条线变化的道岔有复式交分道岔和菱形道岔。普通单开道岔占全部道岔总数的 95%以上，大多数的折返线路、停车场和车辆段的股道设置等均可由单开道岔与线路的组合来完成。

4. 道岔的扳动

道岔的扳动方式主要有电动和手动两种。

(1) 电动扳动。

电动扳动是依靠电动机的动力来推动转辙拉杆，从而扳动尖轨的扳动方式。这种设计的好处是转辙工作可以由计算机或人手遥距控制，并能借着联锁电路监控道岔的开通方向，使车务控制更为自动化和安全。

（2）手动扳动。

手动扳动是利用人力借杠杆去扳动尖轨的扳动方式。这种扳动方式只在特殊情况下采用，如遇故障或维修时。

5. 道岔的代号及应用

道岔各有其代号，实际代表辙叉角的余切值，比如 6 号、7 号、9 号、12 号、18 号道岔。辙叉角越小，道岔的号数越大，导轨曲线半径也就越大。采用大号道岔对于列车运行是有利的，但道岔号数越大，道岔越长，造价越高，占地也要多得多。城市轨道交通常用的为普通单开道岔，通常在车站、车辆段和停车场大量使用。正线、辅助线和试车线一般采用不小于 9 号的各类道岔；车场线咽喉区采用不大于 7 号的各类道岔，并采用 AT 尖轨、高锰钢辙叉和可调式护轨；车辆段一般敷设 7 号道岔。车辆段道岔的号码较小，是由于车辆段作业区车速低，道岔的号码小可以少占地，如图 4-23 所示。

图 4-23　车辆段的道岔

资料卡：

（1）判定道岔开通位置。道岔有两条尖轨：一条是直的（直合拢轨），一条是弯的（弯合拢轨）。两条尖轨中的哪一条挨着基本轨，它就是开通位置。

（2）道岔分正位与反位。正位表示列车常用的路线，反位则为较少用到的路线，一般转辙器都会放在正位的位置，若列车要进入较少使用的路线就会将转辙器调到反位，待列车通过道岔后再把转辙器调回正位。

六、轨道其他附属设备

1. 防扒设备

列车运行时，常常产生作用在钢轨上的纵向力，使钢轨纵向移动，有时甚至带动轨枕一起移动。这种纵向移动叫作爬行。爬行一般发生在复线铁路的区间正线、单线铁路的重车方向、长大下坡道上和进站时的制动范围内。

线路爬行往往引起轨缝不匀、轨枕歪斜等现象，对线路的破坏性很大，甚至造成小胀轨跑道，危及行车安全。因此，必须采取有效措施来防止爬行，通常采用防爬器和防爬支撑来防止线路爬行。

2. 车挡

设置在尽端线末端，用于阻止由于操作不当轨道交通车辆冲出尽头线或撞坏其他构筑物，有磁力式、液压式和滑动式车挡等。

七、减振降噪

近年来，城市轨道交通列车运行产生的振动及噪声影响居民生活的问题已日益引起人们的重视，轨道交通工程在设计阶段就要注意采用减振降噪的措施，避免影响附近单位、居民的工作和休息。

（1）常用的减振降噪措施有：

采用60kg/m钢轨、弹性垫板和扣件；全线敷设无缝线路，减少钢轨接头；定期打磨钢轨，保持钢轨较高的平顺度；为减少钢轨波纹磨耗并增加旅客的舒适度，在R小于或等于600m的地段，轨下垫板采用高热弹性材料。

（2）减振降噪要求较高的地段有几种：

在盾构隧道穿越且埋深小于20m路段内的学校、居民区；离线路中心20m范围内的学校、医院、居民区；沿线的历史保护建筑；与本线路交叉的及有规划的轨道交通线路、重要管线；其他有特殊减振要求的地段。

对减振降噪要求较高的地段，目前国内外城市轨道交通一般采用高弹性扣件和弹性轨下基础两种轨道交通结构形式。

【项目小结】

线路与轨道是城市轨道交通系统中不可缺少的一环，它凸显了城市轨道交通的特色。轨道作为一个整体结构，敷设在路基之上，直接承受列车车辆及其荷载的巨大压力。列车行驶在轨道上，线路与道岔对于行车安全、行车速度、行车的平稳性、行车时的噪声都有很大的影响。本项目介绍了线路的种类，轨道的概念以及轨道结构的构成要素和它所起的作用。学习完本项目后，要掌握城轨线路的分类，钢轨的作用、类型，会判定单开道岔的开通位置，掌握道岔号与辙叉角的关系、道岔号与速度的关系。

【关键概念】

正线　　折返线　　钢轨　　轨枕扣件　　道岔

【思考题】

1. 钢轨有哪些作用？
2. 减振降噪的措施有哪些？
3. 轨道结构的基本要素有哪些？

【自测练习】

一、单项选择题

1. 渡线是指在上下行正线之间（或其他平行线路之间）设置的连接线，通过(　　)达到转线的目的。

A. 一组道岔　　B. 转向设备　　C. 联络线　　D. 辅助线

2. 车辆段线一般采用的是（　　）的钢轨。

A. 75kg/m　　B. 60kg/m　　C. 50kg/m　　D. 43kg/m

3. 因列车运行时纵向力的作用，使钢轨产生纵向移动，有时甚至带动轨枕一起移动，这种现象叫（　　）。

A. 轨道平移　　B. 轨道爬行　　C. 轨道侧滑　　D. 轨道顺滑

4. 城市轨道交通地面线多采用（　　）。

A. 沥青道床　　B. 碎石道床　　C. 整体道床　　D. 其他道床

5. 隧道线和高架线多采用（　　）。

A. 碎石道床　　B. 混凝土整体道床

C. 沥青道床　　D. 其他道床

二、多项选择题

1. 车场线是车辆基地内的各种作业线，具体包括（　　）。

A. 检修线　　B. 装备线　　C. 洗车线　　D. 出入库线

E. 试车线

2. 我国生产的定型钢轨有（　　）几种。

A. 75kg/m　　B. 60kg/m　　C. 50kg/m　　D. 43kg/m

E. 38kg/m

3. 轨枕按照制造材料可分为（　　）等。

A. 木枕　　B. 混凝土枕　　C. 钢枕　　D. 塑料轨枕

E. 聚酯轨

4.（　　）并称为轨道的三大薄弱环节。

A. 道岔　　B. 曲线　　C. 道床　　D. 接头

E. 钢轨

5. 普通单开道岔主要由（　　）组成。

A. 转辙器　　B. 普通轨　　C. 连接导轨　　D. 尖轨

E. 辙叉及护轨

三、判断题

1. 环形折返线一般只适用于线路较长，而线路延伸可能较小，且该站又往往在地面的情况。（　　）

2. 钢轨类型以每千米所含质量（单位：kg）数表示。（　　）

3. 在无缝线路的缓冲区、轨道电路的绝缘区、有道岔的线路区段中，钢轨接头还是不可缺少的。（　　）

4. 道床依靠本身和轨道间的摩擦，起到固定轨枕位置，阻止轨枕纵向或横向移动的作用。（　　）

5. 采用大号道岔对于列车运行是有利的。（　　）

项目五　城市轨道交通车站与车站设备

【知识目标】

- 了解城市轨道交通车站的特点及功能
- 熟悉城市轨道交通车站的分类
- 掌握城市轨道交通车站布局及组成
- 重点掌握城市轨道交通车站主要设备及换乘方式

【能力目标】

- 能说出城市轨道交通岛式车站与侧式车站功能特点
- 熟知城市轨道交通车站主要设备
- 能理解城市轨道交通车站常见换乘方式

【引导案例】

2003 年 2 月 18 日，在韩国大邱地铁站发生了 126 人死亡、146 人受伤、318 人失踪的特大事故，虽然这是多方面因素造成的，但是仍和车站工作组织上存在的问题有一定的关联。

车站在城市轨道交通系统中起着重要的作用，是轨道交通运营企业与乘客的联系纽带。乘客对城市轨道交通运营企业的评价，最重要的指标是车站能否安全、迅速、方便地组织乘客进出。地铁车站的设计以及站内设备的配置除了要满足上述要求外，还要彰显城市或区域的文化特点，并体现城市的发展水平。本项目将介绍车站的不同类型及特征，以及车站的布设情况、车站运营设备和设施。

任务一　城市轨道交通车站概述

一、车站的概述

（一）车站的概念

车站是城市轨道交通系统的主要组成部分，是吸引客流和疏散客流，供乘客上下车、换乘和候车的场所；也是列车到发、通过及临时停车的地点；还是站务员、行车值班员及客运值班员等站务人员的工作场所；并具有良好的通风、照明、防灾和空调等设备，方便给乘客提供舒适、清洁的环境。车站的选址、布置和规模等不仅影响运营效益，而且影响城市文明建设和市容观瞻，车站往往是连接其他交通的枢纽，交通的方便必然促进城市的发展。车站的设置一般考虑以下几个目标：

① 外观的吸引力；

② 乘客的自由移动；

③ 紧急情况下的安全疏散；

④ 残疾人通道；

⑤ 各种应急服务的通道；

⑥ 人群的安全聚集与疏散；

⑦ 列车服务的可靠性；

⑧ 失效的恢复问题；

⑨ 投资的费用效益。

（二）站点设置及站间距

1. 站点设置的原则

站点选址要满足城市规划、城市交通规划及轨道交通路网规划的要求，并应综合考虑该地区的地下管线、工程地质、水文地质条件、地面建筑物的拆迁及改造的可能性等情况合理选定。

为方便乘客乘车，车站站点的设置应与城市其他路网规划相配合。车站是乘客办理各种乘车手续并完成乘降的主要场所，为了满足各种乘客流线方便快捷的需要，车站站点一般设置在市区居民集中的地点、沿城市主要交通干道的路口、商业繁华地段以及主要工业区等客流集中的地点。

2. 站点设置对乘客出行时间的影响

车站数目的多少，直接影响乘客乘地铁的出行时间。

车站多，乘客步行到站距离短，节省步行时间，可以增加短程乘客的吸引量。

车站少，则恰恰相反，其提高了交通速度，减少了乘客乘车的时间，可以增加线路两端乘客的吸引量。

3. 站间距

一条城市轨道交通线路上的各个车站的站间距往往是不同的。在市中心人口密集地段，站间距一般为 1km 左右，有的甚至为 600m 左右；郊区站间距一般在 2km 左右；区域快线站间距可达 4km 以上。图 5-1 所示为深圳地铁 1 号线一期工程及扩建工程线路车站布设概况。

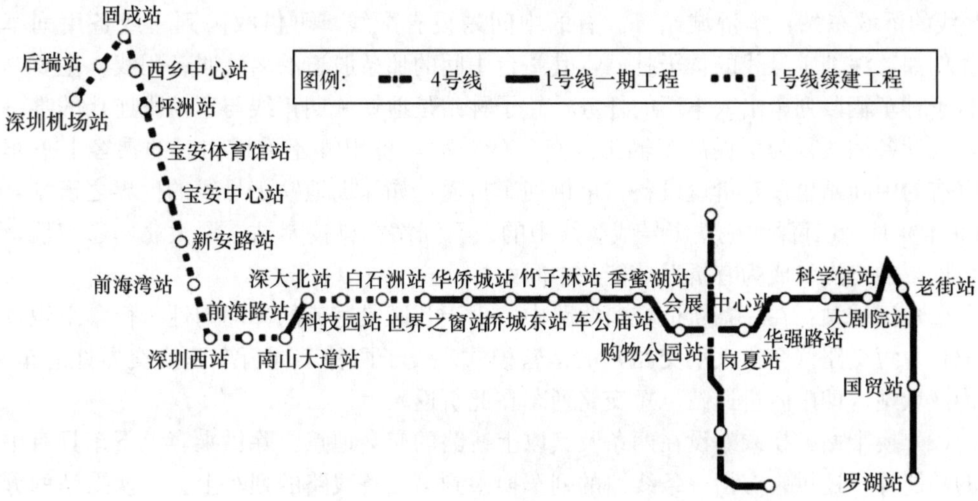

图 5-1　深圳地铁 1 号线一期工程及扩建工程线路车站布设图

二、车站的分类

1. 按车站设置的位置分类

根据城市轨道交通线路敷设于地面、高架或地下，车站也分为地面车站、高架车站和地下车站。其中，最常见的是地下车站。

设在地下的车站空间较小且封闭，乘客疏散不便。由于城市轨道交通运量大（一列A型地铁列车约相当于25辆公交车的运量），在城市轨道交通车站内很短的时间（特别是交通高峰时）就会聚集大量客流，在发生突发事件的情况下，如何最快地将乘客疏散到地面，是车站设计中必须考虑的问题。作为建筑物设计，除了交通功能需要外，高架车站、地面车站设计也需要考虑的问题和普通地面建筑物相仿，要能融合于城市建筑群中，因为其建筑品位直接影响城市的美观。深圳地铁1号线一期工程主要是地下站，深圳地铁3号线有高架站，如图5-2所示。

图5-2　深圳地铁3号线的高架站——木棉湾站

2. 按运营功能分类

城市轨道交通车站按运营功能的不同分为中间站、区域站、换乘站、交通枢纽站和终点站等。

（1）中间站：一般仅供乘客上下车，功能单一，是线网中数量最多的车站，如深圳1号线的侨城东站、华侨城站等。有的中间站设有配线，可供故障列车或备用列车停放。例如，深圳1号线的竹子林站，其站台中间的那条股道的名称叫备用线，主要是承担竹子林车辆段列车出入车厂的任务。竹子林站是地铁一期正线与车辆段连接的唯一车站，设计备用线是为了提高车辆出入车厂的效率，备用线还承担临时的乘客上下车任务。有的中间站也设有折返设备，可供列车折返，如深圳地铁1号线的世界之窗站，自2009年9月28日深圳地铁1号线续线中的白石洲站、科技园站、深大北站通车后，它就由原来的终点站成为有折返功能的中间站。

（2）区域站：在一条轨道交通线路中，由于各区段客流的不均匀性，行车组织往往采取长、短交路（亦称大小交路）的运营模式。设于两种不同行车密度交界处的车站，称为区域站（即中间折返站，短交路列车在此折返）。

（3）换乘站：换乘站设在两条及其以上线路的交会地点，除供乘客上下车具有中间站的功能外，还供乘客由一条线路的列车换乘到另一条线路的列车上去。换乘站的分布和换乘方式的灵活性，对整个城市轨道交通网络的功能发挥十分重要。根据线路交叉形式不同，有不同的换乘方式。

（4）交通枢纽站：单纯意义的枢纽站是指站内设有两种及以上不同的列车线路进行客流换乘的车站。枢纽站可以是中间站、换乘站或终点站。

德国柏林中央火车站，如图 5-3 所示，于 2006 年 5 月 26 日落成，被誉为世界上最漂亮的火车站。这座历时 10 年、耗资 130 亿欧元建成的多层钢结构玻璃建筑，占地1.5 万平方米，是欧洲最大的火车站，每天有超过 1100 列火车进出，其中远程列车 164 列，地方铁路区间车 314 列，城市快速交通列车 600 列，以及某些线路的地铁列车，每日可接送 30 多万名乘客。车站地面轨道长 320m，地下站台长 450m，连接巴黎和莫斯科的东西线列车从高出地面 12m 处进出，而连接哥本哈根和雅典的南北线则在地下 15m 深处通过，地铁 U5 线也在其中。

图 5-3　德国柏林中央火车站交通枢纽

（5）端点站（终点站、始发站）：端点站是指线路两端的车站，除供乘客上下车外，通常还具有列车折返、停留或临时检修等运营功能。

就列车上行、下行而言，终点站也是始发站。终点站设有可供列车全部折返的折返线和设备，也可供列车临时停留检修。如线路远期延长后，则此终点站即变为中间站。例如，深圳罗宝线的世界之窗站、深大北站，原本是深圳地铁1号线西行方向不同时期的终点站，随着续线段的建成通车成为中间站。

3. 按客流量大小分类

（1）大车站：高峰每小时客流量达 3 万人次以上。

（2）中等车站：高峰每小时客流量达 2 万～3 万人次。

（3）小车站：高峰每小时客流量达 2 万人次以下。

三、车站的组成

从使用功能来讲，车站的平面组成基本上分为两大部分：一部分是与客流直接有关的公共区域，包括站厅层、站台层及出入口通道；另一部分是涉及车站运行的技术设备用房及管理用房，一般分设于站厅和站台的两端部。

从建筑空间位置来讲，城市轨道交通的车站一般由四部分组成分别是：出入口及通道、车站主体、通风道及风亭（地下）和其他附属建筑，如图 5-4 所示。

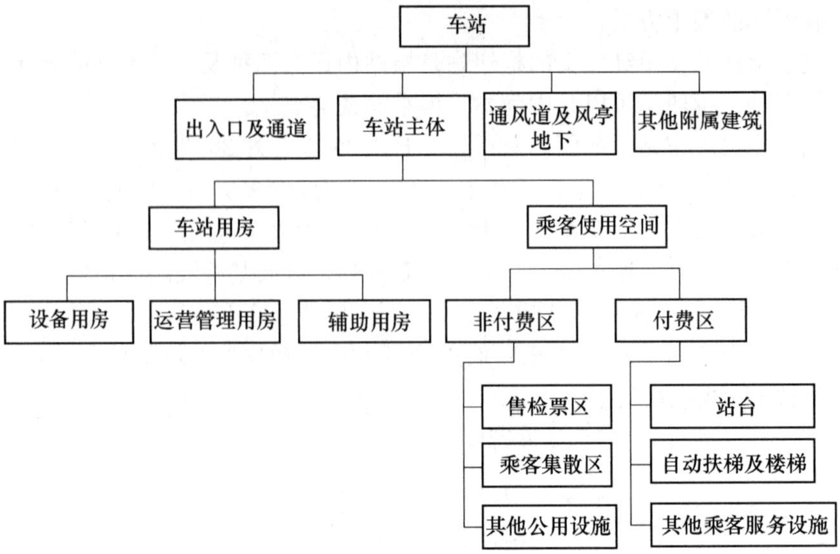

图 5-4 城市轨道交通车站组成示意图

1. 车站主体

车站主体是列车的停车点，它不仅要供乘客上下车、换乘和候车等使用，一般也是办理乘客相关业务和设置运营设备的地方。

车站主体根据功能不同，通常分为乘客使用空间和车站用房。

（1）乘客使用空间又可分为非付费区和付费区。

非付费区是乘客购票并正式进入车站前的活动区域，一般应有较宽敞的空间，根据需要可在这里设售检票设施、银行、公用电话和小卖部等。

付费区指乘客通过自动检票机后进入的区域，包括站台、楼梯、自动扶梯和导向标志等设备设施。

乘客使用空间在车站建筑组成中占有很重要的位置，它是车站的主体部分。乘客使用空间的布置对决定车站类型、总平面布局、车站平面、结构横断面形式、功能是否合理、面积利用率和客流路线组织等都有较大的影响。

（2）车站用房包括运营管理用房、设备用房和辅助用房三部分。

运营管理用房是车站运营管理人员使用的办公用房，主要包括值班站长室、行车值班室、车站控制室、广播室、会议室和公安保卫室等。

设备用房是为保证列车正常运行、车站内环境条件良好和在灾害情况下的乘客安全所需要的用房，包括通风与空调用房、变电所、综合控制室、防灾中心、通信机械室、自动售检票室和配电室等。

辅助用房是为了车站内部工作人员的正常工作生活所设置的用房，主要包括卫生间、更衣室、休息室和茶水室等。

车站用房应根据运营管理需要来设置，各车站要尽可能减少用房面积，只配置必要的房间，以降低车站投资。

2. 出入口及通道

出入口及通道是供乘客进出车站的外部建筑设施。

3. 通风道及风亭

通风道及风亭的作用是保证地下车站具有良好的空气质量。

四、车站的规模

在进行车站的总体布局以前，要确定车站的规模。车站规模直接决定车站的外形尺寸及整个车站的建筑面积、集散量和设备容量等。规模主要是根据车站的预计客流量来确定的，一般可以参照日均乘降客流量和高峰小时客流量综合确定。

地铁车站的规模主要根据车站远期预测客流以及所处位置确定，一般可分为A级、B级和C级。

(1) A级：适用于客流量大、地处大型客流集散点以及地理位置十分重要的车站。

(2) B级：适用于客流量较大、地处市中心或较大居住区的车站。

(3) C级：适用于客流量较小、地处郊区的各站。

任务二　城市轨道交通车站的布设

一、车站设计原则

车站设计应遵循符合规划、满足客流、换乘便捷、合理布局、适应环境、事故疏散迅速、装修适度、无障碍通行、地下车站兼顾人防和综合开发等原则，力求做到功能合理、布局紧凑、结构安全、经济美观、节能环保、以人为本。

1. 符合规划

站址的选择应满足轨道交通线路设计及运营的要求，并且同时考虑城市公共交通组织和城市规划要求。车站的总体布置应符合城市规划、城市交通规划、环境保护和城市景观的要求，特别是地下车站的风亭及高架车站和高架区间。要处理好与地面建筑（规划建筑）、地下管线（规划管线）、地下构筑物的相互关系，解决好车站施工时的路面交通组织，做好综合平衡。

2. 满足客流

车站规模必须满足远期客流的需要，保证乘客安全、迅速疏导，布置紧凑，并且有良好的乘车环境。车站通过能力应按该站远期超高峰客流量确定，超高峰设计客流量等于该站预测远期高峰小时客流量与超高峰系数（1.2～1.4）的乘积。

3. 换乘便捷

与其他轨道交通线交会的换乘站应选择便捷的换乘形式，最好形成付费区内换乘，以便实现公交一卡通的功能。不能同步实施时，也应预留好切实可行的土建接口。在选择站址时，应充分考虑与地面公交枢纽、火车站、港口和机场等的换乘问题。

4. 合理布局

车站布置要方便乘客使用，利于其迅速进出站，做到无障碍通行，且要有良好的通风、照明、卫生和防火等设备条件，以提供旅客安全和舒适的乘降环境，同时便于事故疏散。

5. 适应环境

地面、高架和地下站所处的位置不同，其建筑设计应各具特色，因地制宜地考虑建筑风格，力求兼顾人防和综合开发。

一般来说，车站总体布局应按照乘客进出站的活动顺序，合理布置进出站的流线，使其不发生干扰，要求流线简捷、通畅。地铁车站平面总体布置应贯彻紧凑、合理、适用的原则，能置于地面的辅助用房和设备尽量不放入地下，以有利于人员的健康并节约投资。

一般习惯将车站按照站厅层、站台层、出入口、通道以及技术设备及管理用房的顺序进行车站的布局。

二、车站站厅布设

1. 站厅层概述

站厅是指车站内供乘客购票、检票、安检的区域，主要功能是集散客流和提供客运服务，具体来说就是将乘客迅速、安全、方便地引导到站台乘车，或将下车的乘客引导至出口出站。对乘客来说，站厅是上下车的过渡空间，乘客在站厅内需要办理上下车手续。站厅内需要设置售票、检票和问询等为乘客服务的设备设施。因此，站厅一般还应有售检票、车站管理及小卖部等用房。

站厅层的大小、建筑特征要根据城市规划和交通的要求进行设计，并与地面建筑相协调，要具有特色，达到简洁、明快、开朗、流畅、富于时代感。站厅面积根据高峰小时最大客流量及集散时间的要求计算并确定。

根据站厅层的功能需要，可划分为公共区和设备区。公共区是乘客集散的区域，可以划分为付费区和非付费区两大区域。付费区是指乘客需要经购票、检票方可进入的区域，然后可由之到达站台。非付费区也称免费区或者公用区，乘客可以在本区域内自由通行。付费区与非付费区应设分隔设施。付费区内设有通往站台层的楼梯、自动扶梯、补票处。在换乘站，尚需设置通向另一车站的换乘通道。非付费区内设有售票与问询处、公用电话、车控室（也叫站控室）和车站设备房等，有的还设有金融、移动通信等机构。

2. 站厅层的布设

站厅的布设有以下四种。

（1）站厅位于车站一端。这种布设方式常用于终点站，且车站一端靠近城市主要道路的地面车站。

（2）站厅位于车站两侧。这种布设方式常用于侧式车站，在客流量不大时采用。

（3）站厅位于车站两侧的上层或下层。这种布设方式常用于地下岛式车站或侧式车站站台的上层，高架车站站台的下层，在客流量较大时采用。

（4）站厅位于车站上层。这种布设方式常用于地下岛式车站和侧式车站，适用于客流量很大的车站。

三、车站站台布设

车站站台是供列车停靠和乘客候车及上下车的地方。站台层分公共区和设备区，设备包括屏蔽门（或安全门）、站台监控亭、紧急停车按钮、消防设施、站台广播和电话等。

1. 站台的分类

城市轨道交通车站站台分为岛式站台、侧式站台、岛侧混合式站台 3 种。

（1）岛式站台。

岛式站台位于上行、下行两股正线中间，上行、下行到站列车上车与下车的乘客均在同一站台集散，两端都设楼梯或自动扶梯与站厅连接。岛式站台是常用的一种车站站台形式，常用于客流量较大的车站。深圳地铁一期工程共有车站 20 个，其中 13 个车站是岛式站台。站台上可设安全门，也可设屏蔽门，如图 5-5 所示，德国柏林地铁 U5 线的岛式站台如图 5-6 所示。

图 5-5　带安全门的岛式站台

图 5-6　德国柏林地铁 U5 线的岛式站台

岛式站台的优缺点有：站台利用率高，可起到分散客流的作用，在相反方向列车不同时到达时，可互相调剂，但若同时到达，容易交错混乱甚至乘错方向；对乘客中途改变乘车方向比较方便，不用通过楼梯或地道换到另一侧站台；车站管理比较集中、方便；站台空间完整，气魄大；今后站台延长工程困难；建筑费用多。

（2）侧式站台。

站台位于上行、下行行车线路的两侧，也是常用的一种车站形式。

侧式站台的优缺点有：两站台分别利用，利用率低，但相对方向的人流不交叉，可避免相互干扰，不致乘错车；对客流不能起调节作用；旅客中途折返不方便，须经天桥、地道或地面才能折返；管理分散、不方便，要增加工作人员；站台空间不及岛式宽阔；今后延长站台容易；节省建筑费用。

侧式站台有一个很重要的问题——安全问题。乘客改变乘车方向必须到另一侧站台，有的乘客为了图方便可能会横穿轨道，特别是在郊区的地面、高架车站，在这些车站设置站台安全门是必要的，如图 5-7 所示。安全门高约 1.5m，由固定墙、平移门和自动控制系统组成，它与地下车站的屏蔽门有很大的区别：屏蔽门有节能、安全、隔间、隔尘四重功效，开关都自动控制；安全门则用于对环境、温度要求不太高的地面、高架车站，由人工控制，主要起到保障乘客安全的作用，其造价也只有屏蔽门的 1/3。深圳地铁 3 号线的高架车站采用了安全门形式。

图 5-7　带安全门的侧式站台

深圳地铁一期中的国贸、老街，4 号线的会展中心、市民中心和少年宫等站都采用了侧式站台，图 5-8 为英国伦敦的侧式站台。

图 5-8　英国伦敦的侧式站台

（3）岛侧混合式站台。

在一个车站同时设有岛式站台及侧式站台时，称为混合式站台或岛侧混合式站台。深圳地铁罗湖车站具备两侧站台换乘及列车折返功能，因此采用一岛两侧混合式站台；上海地铁 4 号线临平路车站设有站修和临时停车线，所以采用了混合式站台；广州地铁 1 号线终点站西朗的站台为两岛一侧，公园前站的站台为一岛两侧；曾发生火灾事故的韩国大邱地铁站也是个混合式站台。混合式站台造价高，管理复杂，一般不宜采用。

2. 站台尺寸

（1）站台长度。

地铁站台长度由远期列车编组决定，即与列车的长度有关，同时附加一个司机确认信号的停车误差量（一般为 1～2m，有屏蔽门的误差值不按此计算）。站台有效长度可以从站台两端算起，对于编组 6～8 节的地铁而言，站台长度一般在 130～180m。例如，深圳地铁 1 号线一期站台的有效长度均为 140m，广州地铁 1 号线站台长 142m。

（2）站台宽度。

站台有效宽度应充分考虑的因素有：站台形式、楼梯形式、楼梯位置、高峰小时最大乘降人数和列车运行间隔时间等。同时，应扣除安全带及柱子、座椅等占用宽度。

站台需要面积为：

$$A=p\times a$$

式中　A——站台需要面积，m^2；

p——高峰时到达站台乘客人数，p 值通过预测每个高峰时站台集结人数最大值确定，人；

a——每一乘客占用站台面积，m^2/人。

站台宽度为：

$$b=\frac{A}{L_{计}}+0.45$$

式中　$L_{计}$——站台计算长度，其值为远期列车编组长度与停车误差之和；

b——单向一个站台宽度，m。

考虑乘客中尚有纵向流动客流，因此：

$$B_{侧}=b+b_0$$

$$B_{岛}=2b+b_0$$

$B_{侧}$——有纵向流动客流的侧式站台宽度，m；

$B_{岛}$——有纵向流动客流的岛式站台宽度，m；

式中　b_0——考虑旅客沿站台纵向流动宽度。

因各站的 p 值不会相同，为营造和运营方便，对站台的宽度可划分的等级为：一般规定侧式站台最小宽度为 4m（或 3.5m）；单拱岛式站台宽度最小为 8m；双排立柱框架岛式站台最小宽度为 10m。

（3）站台高度。

站台高度一般指站台台面至钢轨顶面的高度，与车型有关。站台与车厢地板面等高，称为高站台，一般为 900mm；站台比车厢面低一两个台阶，称为中站台、低站台，一般为 650mm、450mm。在车辆满载时，车厢地板下沉量一般在 100mm，故站台高度宜略低于车辆地板面，其相对高度差应控制在 100mm 以内。图 5-9 所示为南京地铁列车与站台的高度差。

（4）轨道中心与站台边缘的距离。

轨道中心与站台边缘的距离决定了车辆车门与站台边缘间隔的大小，直线地段站台与车门的间隙宜采用 100mm，曲线地段按加宽公式计算确定。

图 5-9　南京地铁列车与站台的高度差示意

四、车站出入口及通道

1. 车站出入口设置要求

车站出入口被视为“生命线”，《地铁设计规范》（GB 50157—2013）规定：车站出入口的数量，应根据吸引与疏散客流的要求设置；每个公共区直通地面的出入口数量不得少于 2 个，且必须位于车站两端；车站出入口布置应与主客流方向相一致；出入口通道应力求短、直，能满足消防疏散要求。

如果车站设在街道十字路口下方，出入口应分别设在十字路口的四个角。

如果车站位置在社区附近，则出入口位置尽量靠近社区出入口，最大程度方便居民乘车。

如果在大型购物中心，则出入口应设在与购物中心最近的地点，甚至可以直接设在购物中心一楼或地下一层，这样可极大方便乘客，减少路面露天走行距离，以便更多地吸纳地面客流。

车站设出入口位置一方面要考虑到地下通道的顺畅，同时又不能过长；另一方面要考虑能均匀地、尽量多地吸纳地面客流。

车站出入口也是车站与外界分隔的地方，必须设置安全隔离门，方便开关站时锁闭和开启，防止关站期间无关人员随便出入，造成车站安全隐患。此外，还必须设置防洪设施，避免地面积水涌入车站危及车站安全。

2. 车站通道

通道把站台、站厅和出入口连接起来，一般有斜坡式和阶梯式两种。

五、其他附属建筑

城市轨道交通车站其他附属建筑设施主要有风亭、风道及冷却塔等。风亭、风道及冷却塔是基于城市轨道交通地下车站通风等特殊要求而设置的不可或缺的建筑，其他高架及地面车站基本不需要该类建筑。

风亭的数量与采取的通风和空调方式有关。对于地面风亭的设置，一种是与地面开放建筑合为一体，建于地面开放建筑内；另一种是结合绿化及城市建筑小品独立设置。

冷却塔的主要作用是为车站环境控制系统散热，属于地上建筑。其原理是利用空气与水流动接触后进行冷热交换产生蒸汽，蒸汽挥发带走热量从而达到蒸发散热。

六、车站文化

城市轨道交通车站文化可以从车站的建筑形式和车站的艺术气息两方面体现出来。

1. 车站的建筑形式

车站是城市建筑的组成部分，车站建筑必须与城市建筑相协调，相辅相成。对于地铁而言，绝大多数车站位于地下。因此，车站的建筑形式单一。对于地面车站和高架车站而言，其建筑形式多样化，可以充分体现当地文化特色。

2. 车站的艺术气息

当前，作为城市公共交通运输系统中骨干地位的城市轨道交通系统是绝大多数居民首选的交通工具。在车站有限的空间内，如何让乘客不感到压抑、乏味、单调？越来越多的城市采用文化和艺术手法来装饰车站，如莫斯科地铁里的巨幅壁画、巴黎地铁里的文物和伦敦地铁里的现代艺术品等，城市轨道交通车站已成为一个集交通、商业和艺术于一体的“地下世界”。

任务三　城市轨道交通车站运营设备

城市轨道交通车站运营设备包含的范围比较广泛，具体包括：自动售检票系统、电梯系统、屏蔽门（安全门）系统、环境控制系统、乘客信息系统、给水排水系统、防灾报警系统、照明与低压配电系统等，下文摘其主要系统详细介绍。

一、自动售检票系统

城市轨道交通车站收费系统是以区段和限时的收费结构方式运行的。乘客进出站台由车站的出入口加以控制，形成一个封闭的收费系统，保证车站运营的正常进行。AFC（Automatic Fare Collection System，自动售检票系统）是由计算机集中控制进行自动售票、自动检票及自动结算的自动化管理系统，是地铁综合自动化管理不可缺少的重要组成部分。它基于计算机网络和多种形式的车票技术，对车票数据进行处理，实现自动发售车票，自动计费的功能；将采集到的信息和数据进行存储、计算、分析，达到随时查看数据，及时了解运营情况，妥善管理的目的。地铁 AFC 已有多年的历史，在世界各国地铁中广泛应用，对地铁现代化运营和管理起着十分重要的作用。

AFC 设备作为面向乘客的服务设备，主要设置在站厅层，按乘客进出站流向合理布置。

1. 自动售检票系统管理

自动售检票系统管理主要包括对票卡进行管理、制定票务系统规则以及对不同运营条件的模式进行管理。

（1）票卡管理。

票卡记载着乘客的出行和费用信息，是乘客乘车的唯一有效凭证。对于运营系统而言，票卡管理就是对票卡的发行、使用和更新的全过程管理。

自动售检票系统的车票媒介有几种类型，分别是：单程票、储值票、储值非接触式智能卡、出站票、员工票、测试票和测试非接触式智能卡。单程票和出站票在每次使用后重新编码，经再次售卖后进入流通；储值车票由人工售票机发售，并且在出口检票机上不被回收；非接触式智能卡可由乘客重复使用，当面值用尽时可再充值。深圳地铁单程票和出站票是由聚酯塑料制成的，在恶劣温度和湿度环境下经久耐用，能保持尺寸稳定。其宽度和长度符合 ISO（International Standards Organization，国际标准化组织）标准，约为 54mm×86mm，厚度为 0.25mm。单程票和出站票都可重复流通，由出口检票机回收，并由自动售票机或人工售票机重新发售。储值车票、员工票（若是磁卡车票而不是非接触式智能卡）以及其他特殊用途的磁卡车票都不被检票机回收，它们可具有和一般车票不同的外观形状。

（2）规则管理：规则管理的主要内容是确定票价策略，即在制定票价时需要遵循的原则。

首先要对轨道交通产品进行规范的定位，然后对轨道交通负担量进行分配，再制订合理的收费策略，最终确定最短计价里程和最低票价。

2. 自动售检票系统结构

车站自动售检票系统的结构如图 5-10 所示。

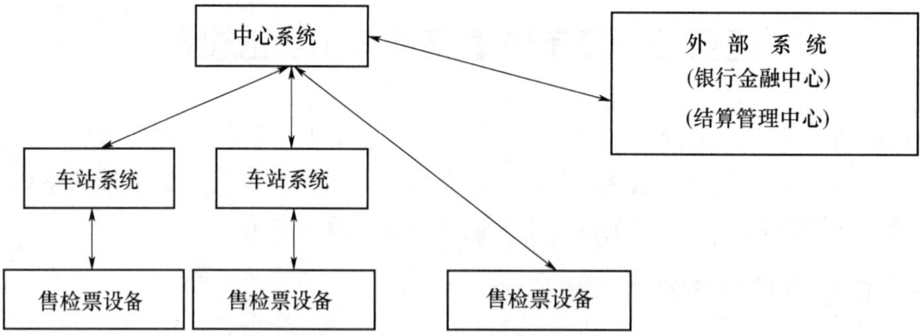

图 5-10 车站自动售检票系统结构

3. 自动售检票系统设备

自动售检票系统设备主要包括人工售票机、自动检票机、自动售票机、自动充值机、分拣编码机和半自动售/补票机等。

BOM（Booking Office Machine，人工售票机）安装在售票问讯处，可以对付费区和非付费区的乘客提供服务，主要由售票员处理与乘客相关的业务。它能实现多种业务，包括售票、充值、退票、挂失、车票异常处理、信用设置、卡内信息资料更改以及密码设置等功能，还能实现一些行政事务等业务处理，如图 5-11 所示。

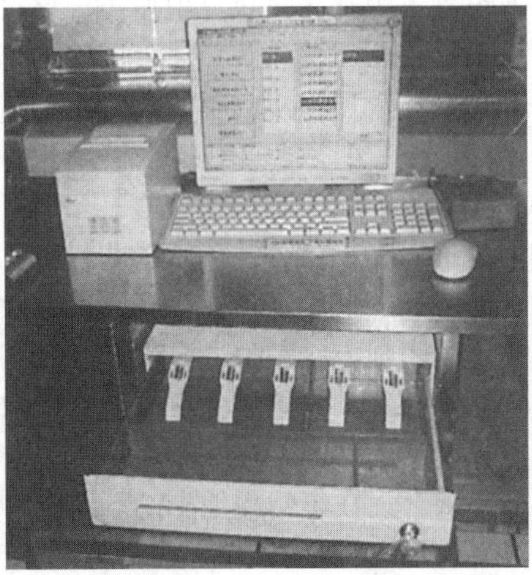

图 5-11　人工售票机

闸机（Gate）又称自动检票机，安装在车站付费区和非付费区的分界处，用于乘客自助检票通行，其能自动计算乘车费用并扣费，如图 5-12 所示。在国内，闸机的设计符合乘客右手持票的习惯。闸机按阻拦方式分主要有三杆式和门式；按安装位置和功能不同可分为入站闸机、出站闸机、双向闸机、特殊通道闸机；按方向分有单向闸机和双向闸机。

图 5-12　三杆闸机

TVM（Ticket Vending Machine，自动售票机）接收硬币，发售单程票。乘客可选择单程票的票价，然后按下相应的按钮。当投入硬币后，车票由票箱中售出。目前，国内外也有采用触摸式自动售票机的，在该自动售票机的轨道交通运行路线图上，乘客只要触摸一下想要到达的车站，相应的单程票票价就会显示出来，当投入硬币后，车票由票箱中自动发售。有的自动售票机不仅可接收硬币，还可接收纸币或银行发行的电子货币。自动售票机一般有找零功能。图 5-13 为深圳地铁自动售票机。

图 5-13　深圳地铁自动售票机

AVM（Adding Value Machine，自动充值机）安装在车站的非付费区，可接收纸币或银行卡为乘客提供充值服务。该设备能存储交易数据、工作状态记录和运营参数，通过网络和车站计算机实时上传工作状态和交易数据，接收车站计算机的控制命令并执行，如图 5-14 所示。

图 5-14　自动充值机

TCM（Ticket Checking Machine，自动验票机）是车站自动售检票系统中的自助查询设备，安装在地铁车站的非付费区内，为乘客提供车票自动查验服务。该设备可查询车票的有效性（包括密钥的合法性、车票锁闭标志、票种合法性和有效期等）；对有效的车票还可查询车票类型、剩余金额或剩余次数（仅对计次票）、车票使用有效期以及历史交易信息。

票务辅助设备是为了方便乘客，在车站内增加的一些辅助设备，如自动兑换机，乘客可使用它将纸币兑换成硬币；便携式验票机，为防止票务流失，供工作人员检查无票乘客。在票务室还有单程票清分机、硬币清点机、点币机。

二、电梯系统

（一）自动扶梯

在城市轨道交通车站中，自动扶梯的用途主要是解决乘客快速疏散问题，即列车到达后，大量的乘客从候车站台向地面站厅疏散。由于车站的候车站厅一般离开地面，乘客的上下只能依赖于楼梯，而自动扶梯则提供了一种自动输送乘客的能力，满足了乘客对乘降舒适度的要求，如图 5-15 所示。

图 5-15　轨道交通车站内的自动扶梯每天高峰时段满负荷运行

站厅层与站台层之间，要根据各站客流不同分设上行、下行自动扶梯。重要车站站台至站厅均设置上、下行自动扶梯；对于非重要车站或预测远期客流量不大的车站（且高差小于 5m 时），可用步行楼梯代替下行自动扶梯。

车站出入口均设自动扶梯。重要车站的所有出入口不受提升高度限制，均设上行、下行自动扶梯；非重要车站，出入口总提升高度大于10m，设上、下行自动扶梯，否则只设上行自动扶梯，且原则上1/2的车站出入口设置下行自动扶梯。

各楼层之间至少设一处楼梯，以便在自动扶梯因故障停止运作时供乘客使用。

自动扶梯踏步面到上部任何障碍物的最小高度为2300mm；自动扶梯穿过楼板处，洞口边缘与自动扶梯扶手中心线的水平距离一般不小于500mm，否则必须设置垂直防碰挡板，但是，侧式站台自动扶梯紧靠车站侧墙的布置形式以及出入口通道内自动扶梯紧靠通道结构侧墙的布置形式除外。

出入口自动扶梯桁架下部到结构底板的距离按制造商要求留段，但不得小于《地铁设计规范》（GB 50157—2013）规定的500mm。

自动扶梯工作点至前方障碍物或检票口的距离不宜小于8.5m。

出入口按非露天设计，以防自动扶梯被雨淋、日晒及沙尘污染，同时要便于管理，能有效防止设备被人为破坏。

（二）垂直电梯

每个车站至少保证有一个出入口设置垂直电梯，专为残疾人士和其他有需要的乘客服务。

三、屏蔽门（安全门）系统

（一）屏蔽门（安全门）系统的类型及特点

近几年的城市轨道交通新线，从站厅层到站台层，最引人瞩目的是屏蔽门或安全门。各国设置的屏蔽门（安全门）系统主要有两种类型。

第一类为全封闭的屏蔽门，是一道自上而下的玻璃隔墙和活动门，沿着车站站台边缘和两端头设置，把站台乘客候车区与列车进站停靠区域分隔开，这种屏蔽门系统的主要功能是增加安全性、节约能耗、减少粉尘、降低噪声及美观。

第二类为半封闭的屏蔽门，是一道上不封顶的玻璃隔墙和活动门或不锈钢篱笆门，其安装位置与第一种方式基本相同，造价比第一种要低，中国香港地铁的迪斯尼线就安装有这种类型的门，如图5-16所示。第二种类型屏蔽门比第一种类型屏蔽门简单，高度比第一种屏蔽门低，空气可以通过门上部流通。相对第一种屏蔽门来说，主要起隔离作用，以保障站台候车乘客的安全，从这个意义上可以称其为“安全门”。此外，它还能起到一定的降噪作用。

这两种屏蔽门系统只需要25～30cm的安装宽度，而在没有屏蔽门系统的车站，乘客候车的安全黄线距站台边缘的距离也有50～60cm，因此地铁车站安装屏蔽门后不会影响车站的有效候车面积。

（二）屏蔽门（安全门）系统的功能

1988年，世界上第一套地铁屏蔽门系统安装于新加坡地铁的NEL线。中国第一条有屏蔽门系统的线路是2002年12月29日开通试运营的广州地铁2号线，第二条有屏蔽门系统的线路是2004年12月28日开通试运营的深圳地铁1号线一期工程。屏蔽门设置于地铁站台边缘，将列车与地铁站台隔离开来，对屏蔽门的控制采用与列车信号联锁的方式，因此在列车到达和出发时屏蔽门可自动开启和关闭。图 5-17 所示为深圳地铁福民站的站台屏蔽门。

图 5-16　香港地铁迪斯尼线用的安全门

图 5-17　地铁站台屏蔽门

屏蔽门有以下优点。

(1) 提高安全性。

地铁列车在隧道内运行时会产生强烈的活塞效应，当列车进入站台时将会给站台候车的乘客带来被活塞风吹吸的危险。装设屏蔽门后，由于站台与隧道空间由屏蔽门隔离开，只有当列车停靠站台，并且列车门与屏蔽门完全对正时，屏蔽门才与列车门同时打开，从而避免了乘客探头张望和随车奔跑的现象，也避免了候车人员及物品跌落站台轨道的危险。有一则报道，韩国有一位老太太，听到预告地铁列车来了，站起来准备乘车，突然头晕，人失去了平衡，当时站台没有屏蔽门，她一头栽到站台下。

乘客会被屏蔽门夹住吗？为保证安全，屏蔽门上还安装了探测各种障碍物的传感器，一旦有障碍物存在，传感器发出的信息将使屏蔽门开闭机构动作 3 次，如果 3 次屏蔽门还没有关闭，门则处于开启状态，警示灯也会随即亮起。这时只能采取人工关闭的方法，即用屏蔽门的钥匙才能关闭，可有效地减少车门夹人、夹物的事故。因此，乘客一般不会被屏蔽门夹住。

（2）节约电能。

地下车站和区间隧道是长条形的地下建筑，除车站的出入口、通风亭和隧道洞口与室外沟通外，基本上与大气隔离，因此需要环控系统来保证乘客的安全、舒适和确保设备使用寿命。设置屏蔽门系统后，车站空间与列车运行空间完全隔开，避免了大量空调冷气进入隧道，减少了列车刹车时所散发出的热量进入站台区，并减少了站台出入口由于列车活塞作用吸入大量新风所形成的冷负荷。这样，一方面减少了冷能消耗，达到了空调节能的目的；另一方面减少了空调设备容量，相应地减少了空调机房土建面积与投资。

（3）减少粉尘。

通车一段时间后，地铁隧道内有许多细小的灰尘，列车进站时活塞风会将这些微尘带进站台，屏蔽门可以隔尘。

（4）降低站台噪声。

城市轨道交通噪声的形成主要来自内外部的振动和撞击，主要噪声源是轨道车辆运行时车轮在钢轨接头处与不平处的撞击和已磨损的车轮在钢轨上的摩擦，还有走行部分的撞击、制动拉杆与闸瓦的颤振和敲击、车厢壁与顶盖的振动、自动车钩的碰撞、制动以及发电机运转中的声音等。地铁屏蔽门的安装能减少这些噪声传入站台。

（5）美观。

屏蔽门可作为一道美丽的屏障给乘客带来良好的视觉享受。

（6）商业开发。

屏蔽门可作为运营公司商业开发的平台，为其带来收益。

四、环境控制系统

地铁车站仅有车站的出入口、通风亭及隧道口与大气相通，城市轨道交通运营后，随着客流量上升和行车密度加大，将在地下空间内产生大量的热量及有害气体，如不采取有效措施，必将造成地铁内环境的不断恶化。因此，需将地铁内的温度、湿度和空气流速等进行控制，为乘客提供适宜的乘车环境，并在紧急情况下保证乘客的安全，同时对车站建筑内通风空调系统的设备加以监控，以保证地铁正常运营。这就是车站环境控制系统（以下简称环控系统）所要解决的问题。

BAS（Building Automation System，环控系统）是一套可以对环境进行空气处理的系统，其作用是调节指定区域内的空气温度、湿度，并控制二氧化碳和粉尘等有害物质的浓度。环控系统涵盖的地点包括车站站厅、站台、隧道、设备及管理用房等。

环控系统的功能主要包括：保证空气质量，控制空气中污染物的浓度；保证热舒适性，保证适当的温度、湿度和空气流速；提高安全性，当列车阻塞时，提供一定的通风量等。

环控系统的组成：大系统由车站站厅、站台公共区的制冷空调及通风（兼排烟）系统组成；小系统由车站管理及设备用房空调通风（兼排烟）系统组成；水系统是冷水机组提供冷冻水、冷却水的系统；隧道通风系统是区间隧道机械通风（兼排烟）系统。

环控系统的种类：地铁环控系统一般分为开式系统、闭式系统和屏蔽门式系统。根据使用场所不同、标准不同又分为车站环控系统、区间隧道环控系统和车站设备管理用房环控系统。开式系统是应用机械或“活塞效应”的方法使地铁内部与外界交换空气，利用外界空气冷却车站和隧道。这种系统多用于当地最热月的平均温度低于25℃且运量较小的地铁系统。闭式系统使地铁内部基本上与外界隔断，仅满足乘客所需的新鲜空气量。车站一般采用空调系统，而区间隧道的冷却借助于列车运行的“活塞效应”携带一部分车站空调冷风实现。屏蔽门系统是在车站的站台与行车隧道间安装屏蔽门，将其分隔开，车站安装空调系统，隧道用通风系统。若通风系统不能将区间隧道的温度控制在允许值以内，应采用空调或其他有效的降温方式。

环控系统的运行模式包括正常运行模式、列车阻塞模式和紧急情况运行模式。其中，正常运行模式是一种占主导地位的运行方式；列车阻塞模式是指在阻塞期间维持列车空调装置连续运转的模式；紧急情况运行模式是指发生火灾时，开启通风设施，为乘客提供安全通道的模式。

五、乘客信息系统

PIS（Passenger Information System，乘客信息系统）利用网络技术、多媒体传输技术和显示技术，在指定时间将指定信息显示给指定人群。乘客信息系统具有信息发布和信息查询的功能。在正常情况下，乘客信息系统提供列车的时间信息、政府公告、出行参考信息、股票财经信息和广告等实时多媒体全资讯信息；在火灾、阻塞情况下，提供紧急疏散信息。

乘客信息系统中心子系统和广告制作子系统设置在OCC（Operation Control Center，运行控制中心）的乘客信息系统中央机房。机房内设置了数据视频服务器、中心数据服务器、中心播控服务器、中心网管服务器、中心操作员工作站、广告存储服务器、非线性编辑机、编辑合成工作站、PDP（Plasma Display Panel，等离子显示器）浏览工作站、PDP显示屏和LED（Light Emitting Diode，发光二极管）显示屏等设备。

PIS的主要功能：与列车信号系统连接后可为站台候车乘客及列车上的乘客提供准确的列车到站和出发的时间信息、目的地和下一站站名信息、事故灾难导向信息、一般站务和公共服务信息、商业信息；支持多种终端显示方式；支持多种数据输入接口；双向的数据传输功能；多区域屏幕分割功能；实时信息的显示功能（通过车站车控室的操作员工作站或中心操作员工作站，操作员可以即时编辑指定的提示信息，并发布至指定的终端显示屏，提示乘客注意）；时钟显示功能；完整地定时播出的功能；多语言支持功能；集中网管维护功能；扩容功能；全数字传输功能；广播级的图像质量；灵活多样的显示功能。

六、城市地铁标识

轨道交通标识是一个城市轨道交通系统的标示符号。每个城市的轨道交通标识都是不一样的，轨道交通标识既是一种符号也是一种文化，表达了这个城市的人们对于城市轨道交通的理解。图5-18所示为国内部分城市地铁的标识。

图 5-18　国内部分城市地铁的标识

为了方便市民乘坐地铁，在地铁车站附近设有地铁标识，这种传递信息的标记符号可起图像告示作用。作为一种视觉语言，地铁标识的设计风格各异，对地铁标识设计的基本要求是图案简练、清晰明了、色彩醒目、易认易记。

1. 北京地铁标识

外形呈圆形，由 B、D、G 3 个英文缩写字母组成，其含意为“北京地下公共交通”。

2. 上海地铁标识

由英文字母 S 和 M 组成，其中 S 代表上海，M 表示地铁，而圆弧状形似地铁的圆形区间隧道，M 又像在隧道内相向行驶的两辆地铁列车。图案抽象简练，寓意深远。

3. 深圳地铁标识

上、下两个半圆表示地铁运行的隧道；两条平行线表示地铁轨道，寓意城市轨道交通贯穿各区，四通八达、畅通无阻，地铁的发展前景广阔，永无止境。以绿色作为形象识别色，寓意地铁运行的安全、快捷、舒适，反映地铁绿色环保的产业特征，同时昭示着深圳地铁蓬勃发展的生命力。以圆为背景，寓意深圳地铁如朝阳一般，在全球经济一体化中喷薄而出，并预示一个跨世纪的交通之梦、现代文明之梦将圆满实现。整个标志既充分反映了地铁通畅的形象，又寄予了美好的愿望，充分展示了“稳重有力，简洁浑厚，特征鲜明，寓意深远”的地铁形象要求。

4. 南京地铁标识

梅花五瓣象征着五福：一是快乐，二是幸运，三是长寿，四是顺利，五是和平。正是因为梅花具有这样的寓意，加上南京有梅园新村、梅花山等具有历史意义的梅花基地，在 1982 年 4 月 19 日南京市人大常委会八届八次会议上，梅花被定为市花。南京地铁标识的主体也是梅花。

5. 香港地铁标识

香港地铁标识表示：香港本岛与九龙半岛之间有地铁贯通；轨道交通的两个车站与一个区间；其字型类似中国“寿”字的古体，寓平安吉祥之意。

七、引导标志

（一）标志的定义

标志是为引导乘客方便、快速、安全地进站乘车，下车出站，换乘，使用车站设施，观光等而连续设置于城市轨道交通车站外、车站内、列车上的各类标志，以及为紧急情况下进行客流疏散所设的紧急疏散标志。

（二）标志的类型

1. 进站乘车标志

进站乘车标志是将乘客从地面经由出入口、通道、站厅非付费区、进站检票口、楼（扶）梯、站台引导至所乘目的列车的标志系列。

（1）站外路引标志：在沿地铁方向距车站300～500m的范围设置，同一直线方向不宜少于3块；在垂直地铁方向设置范围为500～800m，主要设置在十字路口道路的一边或两边，在人流密集的风景区、居民区也可设置。

（2）地铁形象标识及车站名标志。

（3）去城市轨道交通车站的导向标，按40～50m距离连续设置。

（4）售票导向标志（售票定位标志）。

（5）进站闸机定位标志。

（6）乘车导向：行车方向导向，分别设置在侧式站台的站厅付费区、岛式站台的楼（扶）梯上方。

（7）PIDS（Passengers Information Display System，列车到达时刻信息）：屏蔽门上方的行车方向标志。

2. 下车出站标志

下车出站标志是将乘客从地铁列车上引导至目的地车站，并经由站台、楼（扶）梯、出站检票口、站厅非付费区、通道、出入口直至地面目的地的标志系列。

该系列主要设以下标志：楼（扶）梯导向、出口导向（换乘导向）、补票导向、站域街区图（还有其他的交通系统联络线路及地面主要建筑物地标图）和出口导向（按40～50m连续设置）等。

3. 紧急疏散标志

（1）站内紧急疏散标志系列：从站台沿屏蔽门地面（包含设备、管理用房）到所有楼（扶）梯隔30～40m距离连续设置（贴附自发光材料），或站台柱上设灯箱；从站厅楼（扶）梯地面至所有闸机连续设置（贴附自发光材料），或站厅柱上设灯箱；从闸机出口正对站厅墙上至所有通道墙上（距地面1m处，间隔30～40m）连续设置蓄光材料灯箱或插电灯箱，至出入口地面。

（2）隧道内紧急疏散标志系列：紧急疏散标志距地面1m处，隔30～40m连续设置蓄光材料灯箱或插电灯箱；设两端车站站台标志（间隔100m连续设置至两端车站端门）。

八、其他

给排水系统用来提供地铁运营中生产、生活和消防用水，搜集并排除地下渗透水和生产、生活产生的废水、污水。地铁给水系统的水源一般取自城市自来水。

地铁消防系统分中央和车站两级。中央级的主要功能是：监视全线消防设备状态；火灾时，指挥全线消防抢险活动；控制全线有关消防设备的运行。车站级的主要功能是：监视车站消防设备运行情况，接收各类报警信息；控制车站及相邻区间内消防设备的动作，实施灭火活动；与中央级间进行必要的信息传输。

车站内的其他设备从略。

任务四　城市轨道交通车站换乘

随着城市区域的不断扩大和社会经济的持续发展，单一的、独立的、未成体系的城市轨道交通线路已不能满足居民出行需求，只有能在线路间互通互换的、基本覆盖城市主要区域的轨道交通网络形成后，才能充分发挥轨道交通作为城市公共交通骨干作用的优势。

一、车站换乘概述

城市交通问题是一个系统工程问题，在发展及布局地面、地下、空中、立体城市公共交通时，要从建设系统、网络出发，并考虑地铁、轻轨、公共汽车、水上巴士及出租汽车等各种公共交通手段网络节点的连接方便，以及各种交通方式之间的便捷换乘、接驳。

广义上的城市轨道交通换乘指地铁等城市轨道交通与其他交通方式换乘，狭义上的城市轨道交通换乘特指城市轨道交通线路间的换乘。

换乘是指乘客在不同路线之间，在不离开车站付费区及不另行购买车票的情况下，进行跨线乘坐列车的行为。具体来说，就是乘客在某个车站下车，无须另行购票，即可由原本乘坐的路线，转换至另一条路线继续行程，而车费则按总乘坐里程计算。

根据进出站是否检票，换乘可分为有标记换乘和无标记换乘两种，有标记换乘需要多次购票、多次进出站检票；无标记换乘也称为无缝换乘或一票换乘，只需一次购票、一次进出站检票。

二、城市轨道交通车站换乘方式

换乘站是线网中各条线路的交织点，是提供乘客转线换乘的车站，乘客通过换乘站及其交通设施，实现两条或以上线路之间的换乘。换乘点的分布和换乘方式的灵活性，对整个城市轨道交通网络的整体功能是十分重要的。

1. 站台换乘

站台换乘指乘客在站台通过楼梯、自动扶梯等换乘到另一车站的站台。这种换乘方式线路短，换乘高度小，换乘方便，可节约换乘时间。根据站台的布置形式又可分为平行换乘、“T”形站台换乘和“十”字形站台换乘。

(1) 平行换乘：两个车站站台可平面平行或上下重叠。平面平行设置，两站台面一般通过天桥或通道连接；上下重叠设置一般构成“一”字形组合，站台上下对应，便于布置楼梯、自动扶梯，换乘方便，如图 5-19 所示。

(2)“T”形站台换乘：两个车站上下立交，其中一个车站的端部与另一车站的中部相连接，在平面上构成“T”形组合。

(3)“十”字形站台换乘：两个车站中部相立交，在平面上构成“十”字形组合，“十”字形换乘车站采用站台直接换乘的方式。

图 5-19　站台平行换乘效果

2. 站厅换乘

站厅换乘指设置两线或多线的共用站厅，或互相连通形成统一的换乘大厅，通过站厅进行换乘。乘客由某层车站站台经楼梯、自动扶梯到达另一车站站厅付费区，再经楼梯、自动扶梯到达站台，如图 5-20 所示。

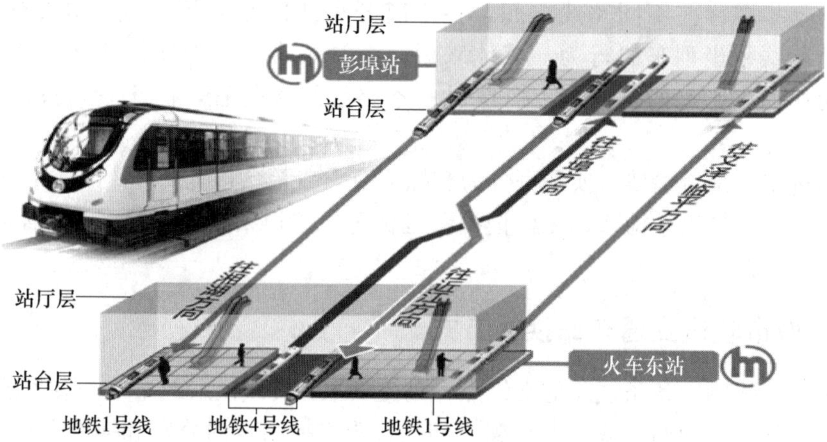

图 5-20　杭州地铁 1、4 号线站厅换乘效果

这种换乘方式线路较长，换乘高度较大，换乘时间较长。站厅换乘一般采用“L”形布置，即两个车站上下立交，车站端部相互连接，在平面上构成“L”形组合。在车站端部连接处一般设站厅或换乘厅，有时也可将两个车站相互拉开一段距离，使其在区间立交，这样可减少两站间的高差，减少下层车站的埋深。

3. 通道换乘

通道换乘是在两线交叉处，车站结构完全分开，用通道和楼梯将两车站连接起来供乘客换乘的方式。这种换乘方式换乘线路最长，换乘时间最长，乘客步行距离最长，对老弱妇婴等特殊群体不便，且既增加通道，又增加投资。通道换乘一般呈“工”字形或“L”字形布置，即两个车站在同一水平面平行设置，通过天桥或地道换乘，在平面上构成“工”字形或“L”字形组合。

4. 站外换乘

站外换乘是乘客在车站以外进行换乘，它实际上是没有专用换乘设施的换乘方式。站外换乘常见于因某种原因无法在付费区换乘，而进行的有条件换乘，就是使用一张公交卡在换乘站之间两条或多条线出站后在规定时间内换乘，而使用单程票卡则无法换乘。例如，上海轨道交通上海火车站、陕西南路站、虹桥 2 号航站楼站及香港地铁尖沙咀站、尖东站等就是典型的站外换乘。

【项目小结】

车站是城市轨道交通线的主要组成部分，又是吸引客流、疏散客流和为旅客乘车服务的基本设施，也是列车到发、通过、折返、临时停车的地点，同时它又集中设置了轨道交通运用中很大一部分技术设备和运营管理系统，它还具有购物、聚集及美化城市景观等一系列功能。本项目介绍了车站的不同类型及特征，车站的布设及功能分区，车站的运营系统及设施设备，是本书的重点章节。通过本项目的学习，要了解城市轨道交通车站的特点、车站的分类、车站的功能、车站的布局及功能分区、站台的类型、车站的主要设备。

【关键概念】

车站　　站厅层　　站台层　　自动售检票　　屏蔽门　　环境控制系统

【思考题】

1. 北京、上海、深圳、香港、南京地铁的标识各是什么？

2. 站厅层的布设种类及适用范围是什么？

3. 车站可分为哪些种类？

4. 请画出你熟悉的一个城市轨道交通站台的形式，并指出它的优缺点。

5. 屏蔽门有什么作用？

【自测练习】

一、单项选择题

1. 设于两种不同行车密度交界处的车站，称为（　　）。

A. 终点站　　B. 中间站　　C. 区域站　　D. 换乘站

2. 城市轨道交通中的大车站高峰每小时客流量达（　　）人次以上。

A. 0.5 万　　B. 1 万　　C. 2 万　　D. 3 万

3. 车站站厅层通常划分为（　　）。

A. 付费区和非付费区　　B. 购票区和候车区

C. 控制区和非控制区　　D. 隔离区和非隔离区

4. 非重要车站，出入口总提升高度大于（　　），设上、下行自动扶梯，否则只设上行自动扶梯。

A. 80m　　B. 10m　　C. 12m　　D. 15m

5. 在沿地铁方向设置站外路引标志，设置范围为距车站（　　）。

A. 100～300m　　B. 300～500m　　C. 500～800m　　D. 600～900m

二、多项选择题

1. 枢纽站具备多重功能，可以是（　　）。

A. 折返站　　B. 中间站　　C. 始发站　　D. 换乘站

E. 终点站

2. 站厅的布置方式主要有（　　）。

A. 位于车站一端　　B. 位于车站两侧

C. 位于车站两侧的上层或下层　　D. 位于车站上层

E. 位于车站下层

3. 下面关于岛式站台的说法中，正确的有（　　）。

A. 站台利用率高，可起分散人流的作用

B. 车站管理比较集中

C. 站台空间完整

D. 今后延长站台方便

E. 建筑费用多

4. AFC 系统设备包括（　　）等。

A. 自动售票机　　B. 自动检票机

C. 半自动售/补票机　　D. 自动充值机

E. 分拣编码机

5. 车站屏蔽门的优点有（　　）。

A. 提高安全性　　B. 节约电能

C. 减少粉尘　　D. 降低站台噪声

E. 增加站台可用空间

三、判断题

1. 有的中间站设有折返设备，可供列车折返。（　　）

2. 地铁车站的规模主要根据车站远期预测客流以及所处位置确定。（　　）

3. 乘客购票后进入付费区后才可以进入站台层。（　　）

4. 地铁车站安装屏蔽门后会影响车站的有效候车面积。（　　）

5. 在有屏蔽门的站台不需要黄线。（　　）

项目六　城市轨道交通车辆与供电牵引系统

【知识目标】

- 了解城市轨道交通车辆技术的发展历史
- 了解新型城市轨道交通车辆的特点、主要技术及其应用
- 熟悉城市轨道交通车辆机械及电气组成部分、功能
- 熟悉城市轨道交通车辆供配电与电力牵引系统组成、功能

【能力目标】

- 能熟练掌握城市轨道交通车辆转向架、牵引电机、制动装置和受流器等作用与功能
- 能识别列车编组表达式所代表的含义
- 能熟练掌握城市轨道交通供电系统组成、变电站（所）类型及功能
- 能熟练掌握接触网组成及功能、杂散电流概念及预防

【引导案例】

2003 年 3 月 20 日，上海地铁 3 号线因车辆闸门自动解锁拖钩故障，停运 1 个多小时；2008 年 5 月 23 日，广州地铁 1 号线一列从广州东站开往西朗的列车，运行至农讲所至公园前区间时，突然发生供电设备故障，农讲所站至长寿路站（往西朗站方向）的线路停电，故障造成停运 89min，数万名乘客受到影响。

作为运送乘客的载具，车辆的性能直接决定了运送乘客目标的实现质量。在轨道交通出行过程中，乘客除了在车站就是在列车上，乘客的途中安全依赖于列车的安全运行；列车行进速度的快慢决定了乘客能否快捷和准点到达；车厢载客量、车厢硬件设备则给乘客出行的舒适度带来直接影响。因此，了解城市轨道交通车辆的种类、列车编组情况、车辆构成和未来发展方向，就显得十分必要。

就像大部分小汽车需要燃料提供动力一样，城市轨道交通列车的运行需要电力提供保障。一辆小汽车半路上油尽抛锚影响的可能只是几个人，而一列城市轨道交通列车因断电中途停运，则可能导致整个运输网停摆、数万人的出行受阻，甚至引发地区交通的混乱。确保城市轨道交通的畅通、确保各项用电设备的电力供应，构成了轨道交通供电牵引系统的重要职能，也是本项目学习的重要内容。

任务一　城市轨道交通车辆

一、车辆的特点、技术发展与类型

（一）城市轨道交通车辆概念

城市轨道交通车辆是指在城市轨道交通系统中，由电力牵引搭载乘客，在固定导轨

上行驶的一种运输工具。

（二）城市轨道交通车辆的特点

一般来说，城市轨道交通车辆与铁道机车车辆结构及原理是一致的。采用双供电制式的城市轨道交通车辆或机车车辆，如果其车辆限界符合要求，可以实现接轨联运，最大限度地方便乘客，发挥轨道交通的优势。

城市轨道交通车辆是技术含量较高的机电设备，是城市轨道交通中最关键的设备，其选型和技术参数不仅是界定线路技术标准的基础，还是确定系统运营管理模式和维修方式的基本条件，更是系统设备选型和确定设备规模的重要依据。每座城市采用的轨道交通车辆的结构和性能不尽相同，其原因涉及多种因素，如城市轨道交通车辆提供商的技术背景，设计时考虑问题的角度，城市轨道交通车辆发展水平以及城市运用环境等。鉴于此，城市轨道交通车辆的设计和选择都尽可能结合城市自身的特点，满足其大客流出行的要求，体现高效、节能、美观和环保的理念，实现安全、快速、舒适的运营目标。

以地铁车辆为例，城市轨道交通车辆应具有以下特点。

（1）动力分散化。在构造上，列车采用动力分散布置形式。根据需要由拖车和动车组合成相对固定的编组，两端设置操纵台，无论是动车还是拖车都可以完成载客功能。

（2）服务人性化。在运用性能上，对其安全、正点、快速有很高的要求。因为地铁的服务对象是城市人群，要提供给乘客适当的空间、安静的环境及空调，使乘客感到舒适、快捷、便利，并能与城市公交系统、出租车系统形成互补和良性竞争。

（3）车体轻量化。在结构上，车体朝轻量化方向发展。车体材料采用不锈钢或铝合金，并采用大断面中空挤压型材全焊接或模块化车体结构设计、整体承载结构。

（4）运行自动化。在运行方式上，应用列车自动驾驶系统 ATO，列车具有先进的微机控制技术及故障自诊断功能。

（三）城市轨道交通车辆技术的发展演变

1. 世界城市轨道交通车辆技术发展概况

地铁发展至今已有 150 余年的历史，伴随着地铁的发展，城市轨道交通车辆的技术也在世界工业技术发展的基础上得到了持续的发展。这些技术的发展，突出体现在车体、车辆牵引、制动、车辆走行部和车辆控制及驾驶等技术上。

（1）车体：最初使用的是木制车体，20 世纪初采用钢制车体，1952 年伦敦地铁开始使用铝合金车体，1958 年采用不锈钢车体，目前车体已发展为铝合金大型挤压型材或不锈钢整体承载车体轻型结构。

（2）车辆牵引：最初在 1863 年由蒸汽机牵引，1876 年出现内燃机车，1890 年采用电力机车牵引，1896 年由安装在转向架的直流电机实现牵引，20 世纪 60 年代出现斩波调压车辆，1977 年柏林地铁开始使用交流电机传动，并发展成 VVVF（Variable Voltage and Variable Frequency，变压变频调速）技术。

（3）制动：最初采用车长手制动方式，1875 年采用真空制动机，1890 年使用威斯丁豪斯自动制动机，之后逐步发展为电气和空气的联合制动，继而电气制动实现了再生制动。近年来，空气制动进一步发展成计算机控制模拟制动机。

（4）车辆走行部：最初使用二轴或四轴轮对，1904年开始使用转向架，1950年开始采用螺旋弹簧和液压减振器的联合减振装置，20世纪50年代末出现了由压型钢板焊接成的轻型转向架构架，目前发展为焊接结构构架、二系悬挂采用空气弹簧、无摇枕转向架。

（5）车辆控制及驾驶：随着计算机技术的发展和应用，已经实现了对列车及车辆各个系统的计算机网络自动化控制和故障自我诊断。特别是自动驾驶技术的应用，使列车实现了自动驾驶。目前，法国、新加坡和加拿大等国家的部分城市已经实现了无人驾驶运营。

2. 我国城市轨道交通车辆技术的发展

我国自1962年开始研制，1967年试制成功第一列地铁列车车辆，1969年批量生产的DK2型地铁车辆于1969年10月1日开始在北京地铁运行，标志着我国现代城市轨道交通的开始。其后，我国又对地铁车辆进行了大量自主科技研究、技术开发和车辆的改进工作，从20世纪80年代起开展了多种形式的国际技术合作，进行了技术引进、合作生产和国产化工作，使我国的城市轨道交通车辆生产水平得到迅速提高。上述发展具体体现在车辆牵引技术、车体制造技术、车辆制动技术和车辆整体制造技术上，下文分别进行介绍。

（1）车辆牵引技术。

牵引技术走过了从直流牵引到交流牵引的历程，直流牵引控制技术又经过了凸轮变阻控制、斩波调阻控制和斩波调压控制阶段。目前，VVVF控制的交流牵引技术已经在我国城市轨道交通车辆中得到普遍应用。

20世纪90年代初，VVVF交流牵引技术被广泛应用，采用三相交流异步电动机作为牵引电机，牵引控制采用交流调频调压控制技术。20世纪90年代广州地铁1号线和上海地铁2号线引进的车辆都是采用VVVF调频调压技术的。

（2）车体制造技术。

我国地铁车辆开始生产时，主要采用碳素钢作为车体材料，造价低，但车体自重大、易腐蚀、维修成本高。20世纪80年代，耐候钢在国内地铁车辆中得到广泛应用，同时车体制造工艺不断提高、完善，与采用碳素钢相比，车体的自重逐步降低，寿命得到很大程度的延长。随着大型铝合金型材及其焊接技术、不锈钢点焊等生产工艺的成熟，铝合金及不锈钢轻型车体结构被大量应用。尽管其价格相对较高，但由于其具有质量轻、耐腐蚀和使用寿命长等优点，免除了大量日常维护保养工作。

上海、广州在20世纪90年代引进的车辆，均采用了铝合金车体。我国目前生产的城市轨道交通车辆，如武汉轻轨、重庆单轨、天津地铁车辆，都采用了铝合金车体。我国在引进不锈钢车体生产技术的基础上，由长春客车厂和北京地铁建设公司联合研制，自行设计、生产的DK26无涂装不锈钢车辆，采用高强度不锈钢材料和轻量化结构设计，已在北京轨道交通成功运行。

（3）车辆制动技术。

车辆制动系统是车辆运行安全的重要保证，我国地铁车辆最初采用DK型电空制动。空气制动和电气控制作用同时产生，在电气制动空走失效时，空气制动还能发生作用。之后研制、开发了SD数字制动机，该制动系统缩短了空走时间和制动距离，改善了车辆制动的一致性。1989 年，北京地铁在引进、吸收、消化国外模拟制动技术和装备的基础上，成功研制电气控制模拟直通电空制动系统，有制动力空-重车调整功能，可与 ATC（新型列车自动控制装置）配合，但没有采用微机控制技术。20 世纪 90 年代，上海地铁 1 号线、2 号线，广州地铁 1 号线引进的车辆以及目前国内生产的城市轨道交通车辆，都采用了微机控制的模拟直通电空制动系统。

（4）车辆整体制造技术。

我国在转向架、车钩缓冲装置、通风空调、内装饰和乘客服务设施等方面，多年来得到不断改进和完善，并逐步采纳世界先进技术。2005 年，由北京地铁运营公司、长春客车厂、株洲时代集团和北京大城轨道信号公司，使用完全自主技术，联合研制、开发、生产的地铁车辆正式投入运行，技术性能和技术水平接近世界现代化水平。

综上所述，不难看出我国城市轨道交通车辆的生产技术已经接近或达到了世界先进水平，为我国快速发展的轨道交通创造了十分有利的条件。

（四）城市轨道交通车辆的类型

目前，我国城市轨道交通建设处于迅速发展阶段。城市轨道交通车辆的提供商较多，各城市的要求也不一样。因此，车辆品种较多，规格各异。为促进我国城市轨道交通车辆制造、运营、维修的良性发展，车辆类型的规范化及主要技术规格的统一是十分必要的。

住房城乡建设部 2008 年颁布的《城市快速轨道交通工程项目建设标准》（建标 104—2008）中规定："车辆类型应根据当地的预测客流量、行车密度、线路条件、供电电压、车辆与备品来源、技术发展、产品价格和维修能力等因素，综合比较而选定。"

依据不同的分类标准，城市轨道交通车辆可按以下几个方面进行分类。

1. 按适用范围和车体宽度分类

按适用范围和车体宽度，可分为以下类型（表 6-1）。

表 6-1　城市轨道交通车辆分类

系统	分类	车辆和线路条件	客运能力 N（人次/h） 运营速度 v（km/h）	备　注
地铁系统	A 型车辆	车长：22～24m 车宽：3m 定员：310 人 线路半径：≥300m 线路坡度：≤35‰	N：4.0 万～7.5 万 v：≥35	高运量，适用于地下、地面或高架
	B 型车辆	车长：19.52m 车宽：2.8m 定员：230～245 线路半径：≥250m 线路坡度：≤35‰	N：3.0 万～5.0 万 v：≥35	大运量，适用于地下、地面或高架
	直线电机 B 型车辆	车长：16～17m 车宽：2.8m 定员：215～240 线路半径：≥100m 线路坡度：≤60‰	N：2.5 万～4.0 万 v：≥35	大运量，适用于地面高架或地下

续表

系统	分类	车辆和线路条件	客运能力 N（人次/h） 运营速度 v（km/h）	备　注
轻轨系统	C 型车辆	车长：18.9m 车宽：2.6m 定员：200～315 线路半径：≥50m 线路坡度：≤60‰	N：1.0 万～3.0 万 v：25～35	中运量，适用于地下、地面或高架
	直线电机 C 型车辆	车长：16.5m 车宽：2.5m 定员：150 人 线路半径：≥60m 线路坡度：≤60‰	N：1.0 万～3.0 万 v：25～35	中运量，适用于地面高架或地下
有轨电车	单车或铰接车	车长：12.5m 车宽：≤2.6m 定员：110 人/260 人 线路半径：≥30m 线路坡度：≤60‰	N：0.6 万～1.0 万 v：15～25	低运量，适用于地面道路混行
单轨系统	跨座式 单轨车辆	车长：15m 车宽：3m 定员：150～170 人 线路半径：≥60m 线路坡度：≤60‰	N：1.0 万～3.0 万 v：≥35	中运量，主要适用于高架
	悬挂式 单轨车辆	车长：14m 车宽：2.6m 定员：80～100 人 线路半径：≥60m 线路坡度：≤60‰	N：0.8 万～1.5 万 v：≥20	中运量，主要适用于高架
磁浮系统	中低速 磁浮车辆	车长：12～15 车宽：2.6～3.0m 定员：150 人 线路半径：≥70m 线路坡度：≤70‰	N：1.5 万～3.0 万 最高运行速度：100	中运量，主要适用于高架
	高速磁浮车辆	车长：24～27m 车宽：3.7m 定员：100 人 线路半径：≥300m 线路坡度：≤100‰	N：1.0 万～2.5 万 最高运行速度：430	中运量，主要适用于郊区高架
自动导向系统	胶轮导向车辆	车长：8.4m 车宽：≤2.4m 定员：75 人 线路半径：≥30m 线路坡度：≤60‰	N：0.6 万～1.5 万 v：≥25	低运量，主要适用于高架
区域快速 轨道系统	特型车辆	车长：22～25m 车宽：≤3.4m 定员：≥120 人 线路半径：≥400m 线路坡度：≤30‰	日单向客运量：50 万～80 万 v：120～160	大运量，适用于城市区域交通

2. 按车辆的牵引控制系统分类

按车辆的牵引控制系统，车辆可分为交流变压、变频车。

3. 按车体材料分类

按车体制作材料，车辆可分为不锈钢车、铝合金车和耐候钢车。

4. 按受电方式分类

按受电方式，车辆可分为受电弓车、受流器车、受电弓加受流器车。

5. 按电压等级分类

按电压等级，可分为直流1500V和直流750V车辆。

6. 按车辆规格分类

按车辆规格分类，可分为轴重较大、载客较多、车体较大的重型车，如地铁等；轴重较小、载客较少、车体较小的轻型车，如有轨电车。

7. 按牵引动力分类

在《地铁车辆通用技术条件》（GB /T7928—2003）中，对地铁车辆按车辆牵引动力配置情况，分为动车（M）和拖车（T）。动车是指自身具有动力装置，即动轴上装有牵引电动机，具有牵引与载客双重功能的车辆，动车又分为带有受电弓的动车（M_p）和不带受电弓的动车（M）；拖车是指不装备动力装置，需动车牵引拖带的车辆，仅有载客功能，拖车可分为设置司机室的拖车（T_c）和不设司机室的拖车（T）。

为了规范车辆限界制定和满足相关设计要求，需要各类车型的计算车辆参数。《城市快速轨道交通工程项目建设标准》（建标104—2008）中规定：“制定限界的计算车辆应采用无驾驶室车辆的基本参数，进行车辆限界和设备限界计算；车站限界（站台）应满足列车停站、开门状态时的车辆限界，且满足列车过站时的车辆限界。”各类车型计算车辆参数见表6-2。

表6-2　各类车型计算车辆参数　（单位：m）

项目名称	A型车	B型车	C型铰接车	D型铰接车	L型车	单轨车
车长	22.1	19.0	—	—	17.08	14.8
车宽	3.0	2.8	2.6	2.6	2.8	2.98
车高	3.8	3.8	3.7	3.7	3.625	3.84/5.3
转向架中心距	15.7	12.6	—	—	11.14	9.6
固定轴距	2.5	2.3	1.9	1.9	2.0	2.5
车厢地板高度	1.13	1.10	0.95	0.35	0.93	1.13

二、列车编组

（一）列车编组简介

按照预期目的，将各独立的车辆连接起来，成为一个运行体，就称为车辆编组。

车辆在运营时，一般采用动拖结合，固定编组，形成电动列车组。列车的编组辆数可按下式计算确定：

$$N=\frac{Q_{\max}T}{60D}$$

式中 N——每列车编组辆数，辆；

Q_{max}——最高峰小时单向最大客流量，人/h；

T——最小行车间隔，min；

D——每辆车的定员数，人。

列车编组主要考虑车辆形式、编组辆数、编组车辆动车与拖车比例的因素，即车型、辆数和动拖比3个要素。城市轨道交通的规模取决于高峰小时客运量，而小时客运量取决于编组列车的载客量及行车间隔。目前，城市轨道交通系统大多采用加大行车间隔来调节运量，而较少采用分解列车编组（使之由大变小）的方法。

（二）车辆编组类型

1. 按照车辆有无动力编组划分

根据列车编组中的动车数量，车辆编组可分为全动车编组和动、拖车混编两类。

全部由具有动力的车辆连接而成的列车，称为全动车编组列车。这种编组的优点是摘编方便、编组灵活，可以充分利用黏着以发挥再生制动或电阻制动的作用，减少基础制动带来的粉尘污染。由于整车功率大，提高了列车启动加速度和制动加速度，缩短了启动和制动时间，有利于提高列车运行效率和运行图兑现。北京地铁就有全动车编组的运行列车，但是全动车编组列车的投资相对较高。

由具有动力的动车和不具有动力的拖车混合连接而成的列车，称为动、拖混编组列车。这种编组形式，虽然由于动车数量减少而降低了列车的整体功率，但启动和制动的加速度仍能满足客运量及行车间隔的要求。换言之，动车数量的减少，是以能满足客运组织要求为前提。然而，由于动车数量的减少，可以有效节省投资、降低运行成本和维修费用。一般动、拖混编采用“四动加两拖”或“六动加两拖”的连接方式。上海、北京和广州等城市的轨道交通，基本上都采用动、拖混编的列车编组方式。

2. 按照车厢数量编组划分

一组能独立运行的列车编组，至少应该包含满足客流的运载空间，足够的运行动力，驾驶控制室，列车受流器，制动系统等单元。目前的城市轨道交通，大都采用3节以上的编组。

目前，国内城市轨道交通列车编组多为4～8节车辆，如广州地铁13号线采用8节编组，6节编组最为常见。无论采用8节编组、6节编组或4节编组，带驾驶室的T_c车，始终编在列车的两端，其他车型在列车中的位置则可以互换。例如，6节编组的形式可以是T_c—M_p—M—M_p—M—T_c，也可以是T_c—M_p—M—M—M_p—T_c；8节编组的形式可以是T_c—M_p—M—M_p—M—M_p—M—T_c，也可以是T_c—M_p—M—M—M_p—M_p—M—T_c等。

（三）多车连挂运行

当某列电动列车在运营中因突发故障而无法自行运行时，一般就需要由另一列完好列车或特种车辆对其进行救援，以“顶”或“拖”的运行方式使故障列车脱离正线，以保证正线运营畅通，这种形式的连接就称为多车连挂。在行车过程中遇突发故障时，多车连挂对尽快恢复正常运营是十分重要的。

1. 列车连挂运行

列车编组和连挂的前提是各车型间的电气、风管路、控制电缆和传递牵引力的车钩等尺寸相同、能可靠连接。在一条运营线路上运行多种车型的情况下，为了保证连挂后的运行功能正常，更需要确保相互连接车钩的机械尺寸相同、电气触头设置相匹配。

为了保证连挂后列车的正常运行及运营安全，连挂后的列车运行控制只能在救援列车的任一司机室内进行操作，因此要求其余各司机室的控制功能被锁闭。

连挂后的控制司机室，应可对两列车施加制动力或进行制动释放作业，可以向两列车进行客室广播和司机室间的通信。应特别注意的是，被救援故障列车的故障包括紧急制动故障等，都不应该影响救援列车的正常运行。

连挂列车的牵引动力必须满足在连挂运行时，一列空载的救援列车牵引一列超载的故障列车，仍能在线路最大坡道和最小供电电压条件下实现牵引启动运行。

列车连挂运行的速度一般不应大于 5km/h。

2. 特种车辆连挂运行

城市轨道交通系统中的特种车辆，是用于地铁线路及供电设备施工、维修的牵引动力设备，主要完成正线的列车救援及站场内的列车编组、解体、转线、摘挂和取送等相关作业。

特种车辆的主要类型有内燃机车（调机车）和轨道车两种。

内燃机车（调机车）的牵引功率大、运行稳定性好、造型美观、操作维护方便、司乘条件好、安全防护设施齐全，主要用于地铁列车、运输车辆及无动力轨道车辆的牵引、调车或救援作业，是理想的首选动力设备。

轨道车的运行稳定性好、造型美观、操纵轻便灵活、维护方便、司乘条件好、安全防护设施齐全，是主要用于地铁线路和供电设备施工、维修以及运输施工器材、人员的牵引动力设备。

三、车辆机械组成部分

城市轨道交通车辆由机械组成部分和电气组成部分构成，城市轨道交通车辆类型不同，技术参数也不一样，但其基本结构类似。一般城市轨道交通车辆机械组成部分由车体、转向架、车辆连接装置、制动装置及空调通风系统等组成。

（一）车体

车体分有司机室车体和无司机室车体两种。它主要是容纳司机驾驶和乘客的地方，又是安装与连接其他设备和部件的基础，传递垂向力、纵向力、横向力。垂向力：将车体内外各种设备和乘客的重量经车体传给转向架。纵向力：将转向架传来的牵引力、制动力等经车体传给车钩缓冲装置，作用在相邻车辆上。横向力：在运行中，车体要承受各种横向作用力，如离心力、风力等。现代城市轨道交通车辆车体均采用整体承载的钢结构或轻金属结构，在满足强度、刚度要求的同时，最大限度地减轻自重。由车顶、底架、端墙、侧墙、车窗和车门等组成。

车体的强度、刚度，关系到运行安全可靠性和舒适性。车体的防腐、耐磨能力、表面保护和装饰方法，关系到车辆的外观、寿命和检修制度。车体的重量关系到能耗、加减速度、载客能力乃至列车编组形式（拖动比），所有这些都直接影响到运营质量和经济效益。

1. 车体特征

城市轨道交通车辆的车体与一般铁路客车有许多相同之处，但由于其特殊的用途，又有其特有的特征，体现在以下几个方面。

（1）一般为电动车组，有头车（带有司机室车辆）和中间车，以及动车与拖车之分。

（2）由于服务于市内公共交通，在车内的平面布置上有其特征，例如，座位少、车门多且开度大、内部服务于乘客的设备较简单等。

（3）质量的限制较为严格，特别是高架轻轨车和独轨车，要求轴重小，以降低线路的工程投资。

（4）为使车体轻量化，对于车体承载结构一般采用大型中空截面挤压铝型材，或高强度复合材料，或不锈钢，构成整体承载筒形结构，车体其他辅助设施尽量采用轻型化材料。

（5）对车体的防火要求严格，特别是运行于地下隧道的地铁车辆，一旦发生火灾后果不堪设想，因而要在车体的结构及选材上采用防火设计和阻燃处理。

（6）对车辆的隔声和减噪有严格要求，以最大限度地降低噪声对乘客和沿线居民的影响。

（7）由于用于市内交通，对车辆的外观造型和色彩都有美化和与城市景观相协调的要求。

2. 车体材料

城市轨道交通车辆车体材料有碳素钢、不锈钢和铝合金三种，碳素钢结实坚固、成本低，但自重较重、易腐蚀、维修成本高；不锈钢和铝合金自重较轻、耐腐蚀、使用寿命长，可以免除大量日常维护保养工作量，但成本较高。现代城市轨道交通车辆车体材料多采用不锈钢或铝合金。

3. 车体制造工艺

一般采用焊接和铆接，焊接和铆接两种工艺交替使用，但大部件之间组装以铆接为主。

4. 车体承载方式

一般有底架承载和整体承载两种方式，地铁车辆由底架、侧墙、车顶和端墙等部件组成的封闭筒形结构共同承载，即采用整体承载方式。

5. 车体外形特点

城市轨道交通车辆断面形状类似鼓形，有利于提高车辆在圆隧道内获得最大的空间截面积，也有利于提高车辆在圆隧道内的“活塞效应”，加强隧道的自然通风能力。

6. 列车车门

城市轨道交通车辆车门为电动式，由电动机驱动开、闭，大多采用塞拉门，也有内藏嵌入式门，如图 6-1 所示。

图 6-1　地铁塞拉门

（二）转向架

转向架是车辆的走行装置，用来牵引和引导车辆沿轨道行驶，承受并传递车体与轨道之间的各种载荷，并缓和其动力作用。它是保证车辆运行品质、动力性能和行车安全的关键部件，一般由构架、弹簧悬挂装置、轮对轴箱装置和驱动装置等组成。城市轨道交通车辆转向架有动力（动车）转向架和非动力（拖车）转向架之分，动力转向架上装有牵引电动机及传动装置。图 6-2 所示为地铁车辆非动力转向架。

图 6-2　地铁车辆非动力转向架

1. 构架

构架是转向架的基础，它把转向架的零部件组成一个整体。它不仅承受和传递各种作用力及载荷，而且它的结构形状、尺寸和大小都应满足各零部件的结构、形状及组装的要求（图 6-3）。

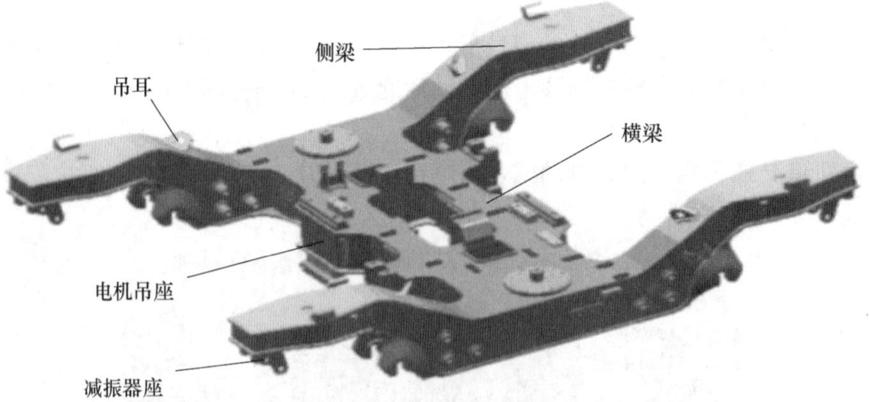

图 6-3　转向架构架

2. 弹性悬挂装置

为了减少线路的不平顺和轮对运动对车体的动态影响（如垂向振动、横向振动和通过曲线等），在轮对与构架之间、构架与车体之间设有弹性悬挂装置，前者称为轴箱悬挂（又称一系悬挂），后者称为构架悬挂装置（又称二系悬挂）。

3. 轮对轴箱装置

轮对沿着钢轨滚动，除了传递车辆重量外，还传递轮轨之间的各种作用力，包括牵引力和制动力。轴箱与轴承装置是联系构架和轮对的活动关节，使轮对的滚动转化为车体沿钢轨的平动。

4. 驱动系统

驱动系统是动车转向架所特有的，主要由牵引电动机、联轴器、齿轮箱、齿轮箱悬挂装置以及动力轮对等组成。该系统既提供牵引力，也提供制动力（电制动力）。

（三）车辆连接装置

车辆连接装置包括车钩缓冲装置和贯通道装置。车钩是连接车辆使其编组成列车，并传递牵引力、制动力和其他纵向冲击力的一套装置。通常在车钩的后部装设缓冲装置，在车钩传递纵向力时缓和车辆之间的纵向冲击，通过车钩还可将车辆之间的电路和空气管路进行连接。贯通道装置是车辆与车辆之间的客室连接通道，城市轨道交通车辆通常采用密接式车钩缓冲装置和宽体式贯通道装置。图 6-4 所示为密接式车钩。

图 6-4 密接式车钩

（四）制动装置

制动装置是保证列车运行安全所必不可少的装置。不管是动车还是拖车，都设有制动装置，它可以保证运行中的列车按需要减速或在规定的距离内停车。城市轨道交通车辆制动装置除常规的空气制动装置外，还有再生制动、电阻制动和磁轨制动等先进的装置。

（五）空调通风系统

空调通风系统是指城市轨道交通车辆中用来对车内空间进行通风换气、温度控制的装置，包括通风系统、空气冷却系统、空气加热系统、空气加湿系统和调节控制系统。

空调通风系统主要由压缩机、蒸发器、冷凝器和冷凝风机等组成，车厢内部分空气和车厢外新风混合，经空调机组处理后送入车厢。根据城市的自然条件和列车运行环境，一些车辆还设置了采暖装置，采暖一般采用电热器，安装在车厢的座椅或侧墙下。

四、车辆电气组成部分

城市轨道交通车辆电气组成部分主要由电力牵引系统、辅助供电系统、列车控制和故障诊断系统以及乘客信息系统等构成，包括车辆上的各种电气设备及其控制电路，按其作用和功能可分为主电路系统、辅助电路系统和电子与控制电路系统。

（一）电力牵引系统

1. 受流装置

从接触导线（接触网）或导电轨将电流引入动车的装置，称为受流装置或受流器。受流装置按其受流方式可分为杆形受流器、弓形受流器、侧面受流器、轨道式受流器和受电弓受流器 5 种形式，下面分别进行介绍。

（1）杆形受流器：外形为两根平行杆，上部有两个受电轨（导线），广泛用于城市无轨电车。

（2）弓形受流器：形状如弓，属上部受流，弓可升可降，其接触处有一根导线，下面有导轨构成电路，用于城市有轨电车。

（3）侧面受流器：在车顶的侧面受流，又称为“旁弓”，多用于矿山装货物的电力机车上。

（4）轨道式受流器：从底部导电轨受流，又称第三轨受流，空间可得到充分利用，多用于速度较高的隧道运行列车。北京地铁及目前欧美大部分城市地铁均采用这种受流方式。图 6-5 所示为第三轨受流器集电靴。

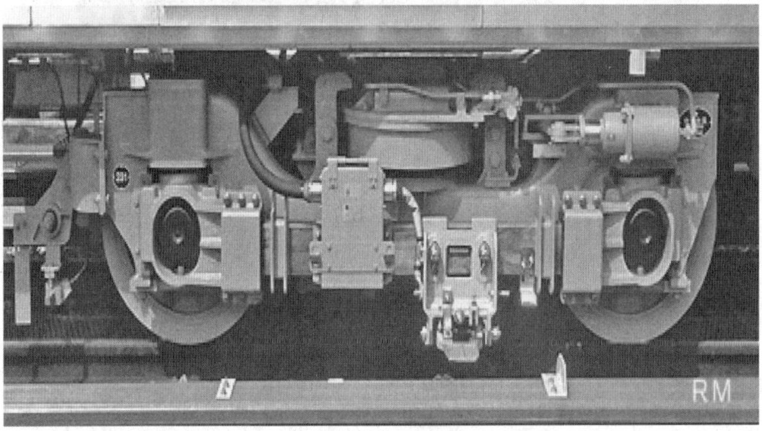

图 6-5　集电靴

（5）受电弓受流器：属上部受流，形状如弓可升可降，适用于列车速度较高的干线电力机车或城市轨道交通列车。

在受电制式上，目前世界上地铁发展较早的城市大都采用直流 750V，个别有采用 600V 的。北京地铁为直流 750V。上海地铁采用直流 1500V，它与直流 750V 比较有以下优点：可提高牵引电网供电质量，降低杂散电流数值，增加牵引供电距离，从而可减少牵引变电站数量；便于地铁线路实现地下、地面和高架的联动。

2. 弓网系统

由受电弓和接触网组成的电力系统叫作弓网系统，这个系统也可以用来控制列车的行、停。在弓网系统中，受电弓是移动设备，接触网为固定设施。弓网系统性能的稳定性和安全性十分重要，是列车能否实现快速、安全、高效运行的关键。弓网接触点是两者联系的纽带，接触线和滑板的磨耗以及接触点允许的电流在很大程度上依赖于两部件的材料组合。

（二）辅助供电系统

辅助供电系统适用于空调及牵引等系统设备、空气压缩机电机、照明（采用交流电源）、乘客信息系统、列车控制系统、车辆及其子系统控制系统、电动车门驱动装置、蓄电池充电器和照明（采用直流电源）等。

（三）乘客信息系统

城市轨道交通车辆乘客信息系统向乘客提供列车运行信息、安全信息和其他公共信息，如列车的终点站、停车车站和换乘信息等；在列车发生故障或事故时，向乘客提供回避危险的指挥、指导信息等。

乘客信息系统包括广播、列车运行线路电子显示图、LED 显示器、VCD 显示器，以及各种文字、图示固定信息等。

五、车辆参数

（一）车辆主要技术参数

自重、载重及容积：自重为车辆本身的全部质量；载重即车辆允许的正常最大装载质量，以 t 为单位；容积以 m^3 为单位。

（1）构造速度：车辆设计时，按安全及结构强度等条件所允许的车辆最高行驶速度。车辆实际运行速度一般不允许超过构造速度。

（2）轴重：按车轴形式及在某个运行速度范围内，该轴允许负担的包括轮对自身在内的最大总质量。轴重的选择与线路、桥梁及车辆走行部的设计标准有关。

（3）每延米轨道载重：它是车辆设计中与桥梁、线路强度密切相关的一个指标，同时又是关乎能否充分利用站线长度、提高运输能力的一个指标，其数值是车辆总质量与车辆全长之比。城市轨道车辆该参数按设计任务书规定。

（4）通过最小曲线半径：配用某种形式转向架的车辆在站场或厂、段内调车时所能安全通过的最小曲线半径。当车辆在此曲线区段上行驶时，不得出现脱轨、倾覆等危及行车安全的事故，也不允许转向架与车体底架或与车下其他悬挂物相碰。

（5）轴配置或轴列数：例如，4 轴动车，设两台动力转向架，则轴配置记为 B-B；6 轴单铰轻轨车，两端为动力转向架，中间为非动力铰接转向架，其轴配置记为 B-2-B。

（6）制动形式：有摩擦制动、再生制动、电阻制动以及磁轨制动等多种形式。

（7）车辆最大宽度、最大高度：车辆最大宽度指车体最宽部分的尺寸；车辆最大高度指车辆顶部最高点与钢轨水平面之间的距离。这两个尺寸均需符合车辆限界的要求。

（8）车体长、宽、高：有车体外部与内部之别，车体内部的长、宽、高必须满足货物装载或旅客乘坐等要求。

（9）车钩中心线距轨面高度：简称车钩高。它是指车钩钩舌外侧面的中心线至轨面的高度。列车中机车与各车辆的车钩高基本一致，是保证正常传递牵引力及列车运行时不发生脱钩事故所必需的条件。

（10）地板面高度：地板面距轨面的高度与车钩高一样，均指新造或修竣后空车的数值。它受到两方面因素的制约：一是车辆本身某些结构高度的限制，如车钩高及转向架下心盘面的高度；二是与站台高度的标准有关。

（11）车辆定距：车辆两相邻转向架中心之间的距离。

（二）深圳地铁一期列车介绍

为了更好地理解车辆构成及有关技术参数，以深圳地铁 1 号线一期列车为例，进行较为完备的介绍。

1. 车型

使用铝合金 A 型车。用铝合金制造的车厢体质量轻、强度高，具有隔音、隔热作用，可减小车厢内列车运行时产生的噪声。每列车由 6 节车辆组成，列车全长 140m，最大宽度 3100mm，高 3855mm。设座位 270 个，轮椅位 6 个，列车额定乘客人数 1920 人，最大乘客人数 2502 人。最高运行速度为 80km/h，平均运行速度不低于 35km/h。

2. 列车使用寿命

每年运行距离 125000km，设计寿命为 30 年。在 30 年的寿命期内，车体结构件无须重修或加固，30 年后车辆经重新装配，仍可使用。

3. 驾驶方式

列车既可由司机驾驶，也可实现全自动驾驶。

4. 车门系统

按照车门的运动轨迹以及安装方式的不同，车门可分为内藏对开式双滑门、外挂式移动门、塞拉门和外摆式车门 4 种。4 类车门具有各自不同的特点，分别介绍如下。

（1）内藏对开式双滑门，简称内藏门。

在车门开、关时，车门在车辆侧墙的外墙板与内饰板之间的夹层内移动。一方面，该类门的隔声、保温性能比较差，由于为内藏式，因此会受到风的阻力影响，并且乘客的可用空间也有所减少，它的维修非常复杂和不便；另一方面，由于其成本低，性价比高，并且客流量对其关门影响程度最小，因此特别适合客流量大的线路采用。

（2）外挂式移动门。

该门与上述内藏对开式双滑门的主要区别在于车门和悬挂机构始终位于侧墙的外侧。它的隔声、保温性能更差，由于为外挂式，因此会受到风的阻力影响，并且外形不太美观。但是，由于它的维修比较方便，成本较低，并且客流量对其关门影响程度较小，因此也有一定的市场。

（3）塞拉门。

该门在开启状态时，车门贴靠在侧墙的外侧，车门在关闭状态时外表面与车体外墙成一平面。它的隔声、保温性能好，外观平整、流线型好，受风的阻力影响最小；它的维修最方便，但成本也最高；由于该车门关门的动作是先在外侧横向平行移动，然后向车厢内纵向移动收紧锁闭，当车厢内乘客非常多而且紧顶住车门时，车门可能无法向内纵向移动关闭，因此塞拉门不适合客流量大的线路，这也是塞拉门最大的缺点。

（4）外摆式车门。

开门时通过转轴和摆杆使车门向外摆出，并贴靠在车体的外墙板上，门关闭后车门外表面与车体成一平面。这种车门结构的特点为：门在开启的过程中，车门需要较大的摆动空间。

深圳地铁 1 号线一期的车门采用电动塞拉门，如图 6-6 所示。

此外，还设置了乘客紧急疏散门。与国内大部分地铁列车一样，在列车两端的司机室装设有可开启的乘客紧急疏散门，因此司机室有 4 扇门。在区间有紧急情况时，此门可向前放倒在路轨上，作为通向路轨的踏板，用于疏散乘客，如图 6-7 所示。

图 6-6　电动塞拉门

图 6-7　用于逃生的司机室前门

5. 列车空调

在每节车厢两端设有空调机，由微型计算机等组成的空调控制单元进行自动控制，通过设在车厢两侧的纵向通风带，使客室内保持足够的新鲜空气和适宜的温度、湿度。

6. 报警装置

深圳地铁 1 号线一期每节车厢内有 3 个报警按钮（图 6-8），有的城市的地铁车每节车厢内设有两个报警按钮，乘客可通过按钮告知司机有异常情况发生，司机可通过它与乘客对话，并利用每节车厢内的摄像头观看现场情况，决定如何处理。

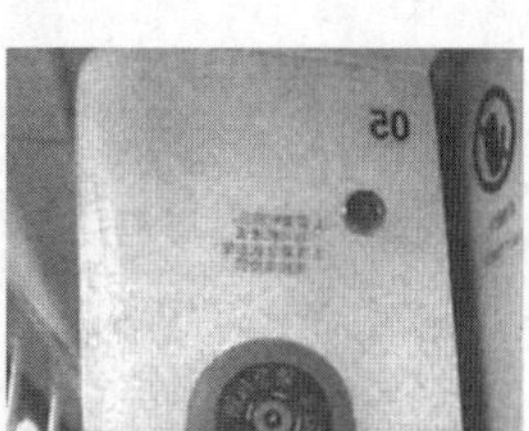

图 6-8　报警按钮

7. 备用电源

车内还设有备用电源，当失去外部供电时，车上的备用电源可提供照明和通风达 45 min，保障有足够的时间处理事故或疏散乘客。

8. 列车车厢编号

各市地铁的列车车厢编号是不同的。深圳地铁 1 号线一期列车编号由 4 位数字组成，从左边数第一位数字代表一期工程，从左边数第二位数字和第三位数字代表列车序号，即购买到货的第几列车，从左边数第四位数字代表该车厢是本列车的第几节车厢。

9. 维护与保养

除了整备作业和车辆司机的日常检查，列车还要到车辆段内进行各种定期检修，如双周检、双月检、定修和架修和大修等。总之，是有一套完整的维护、保养制度和程序，可以确保地铁列车以最良好的状态投入运行。

六、直线电动机轮轨交通

直线电动机轮轨车辆的核心是直线电动机。直线电动机是在传统旋转电动机的基础上发展起来的，具有完全不同的驱动特色，一般情况下具有传统旋转电动机不可比拟的优势，在轨道交通领域已得到了成功的应用。

（一）直线电动机的驱动原理

通常，电动机是旋转型的。定子包围着圆筒形的转子，定子通电后形成旋转磁场，使转子产生旋转力矩。直线电动机由旋转电动机转变而来，可以认为是半径无限大的旋转电动机，也可以认为是把旋转电动机展开成平板状而成的，其基本构造和工作原理也与旋转电动机类似。把定子和转子这两个圆筒展开成板状，并相对合在一起，通电后定子旋转磁场变成了直线移动磁场，转子随之沿定子的长度方向移动。于是，相应的传动方式也由旋转运动变为直线运动。图 6-9 和图 6-10 分别给出了直线电动机横纵剖面示意图。

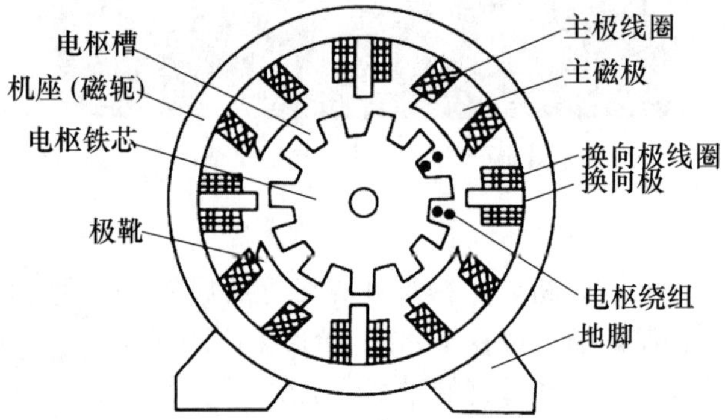

图 6-9　直线电动机横剖面示意图

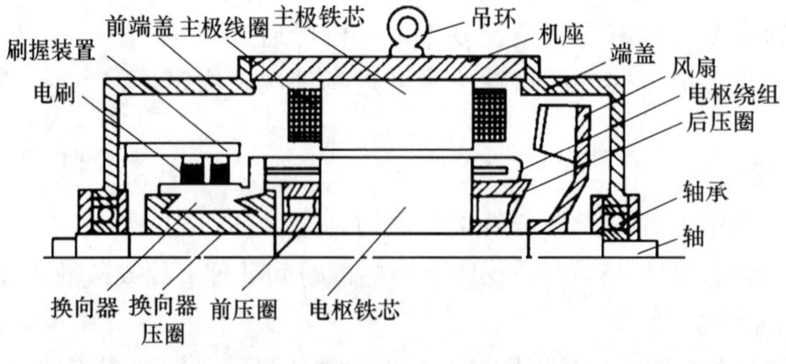

图 6-10　直线电机纵剖面示意图

（二）直线电动机的分类

直线电动机的分类方法很多，下面介绍几种与轨道交通有关的主要分类方法。

1. 按直线电动机的定子长度分类

根据直线电动机定子（初级线圈）长度的不同，直线电动机可以划分为长定子直线电动机、短定子直线电动机、分段长定子直线电动机和双侧式直线电动机。

2. 按直线电动机的磁场是否同步分类

直线电动机和旋转电动机的种类大体相同。导轨磁场与车辆可以同步运行，也可以异步运行。据此，直线电动机可以划分为直线同步电动机和直线感应电动机两种类型。

3. 按磁铁种类分类

根据电动机磁铁种类不同，直线电动机可以划分为电磁电动机与永磁电动机。电磁电动机根据线圈材质又分为常导磁铁与超导磁铁电动机，而永磁电动机的线圈材质为永磁磁铁。

德国的 TR（Transrapid，超高速磁浮交通）、日本的 HSST（High Speed Surface Transport，中低速磁浮交通）及直线电动机轮轨交通都使用常导磁铁。

超导磁铁只用于同步直线电动机。日本的 ML（Magnetic Levitation，超高速磁浮交通）属于超导磁铁的应用范畴。

4. 按驱动方式分类

列车的运行工况（启动、牵引、惰行、制动）及运行速度，完全由定子绕组中的移动磁场控制。按照直线电动机的初级线圈（定子线圈）的安设位置不同，直线电动机轨道交通可以划分为导轨驱动和列车驱动两种类型。

（三）直线电动机的技术特点

直线电动机是一种特殊电动机，在国内外的应用越来越广泛，它具有一系列特点，具体说明如下。

（1）直线电动机的气隙是指直线电动机定子、转子之间的间距。

气隙越大，电磁效率越低，故从改善直线电动机性能的观点来看，直线电动机初级线圈与次级线圈或感应板之间的气隙越小越好。但考虑车辆和线路的加工、制造、施工和养护维修工艺水平，考虑使用过程中由于列车运动及振动有可能使得定子、转子接触，电动机气隙又不能太小。在轨道交通中，通常将这个气隙设计为 8～12mm。该气隙可通过转向架上直线电动机的悬挂螺母、地面线圈或感应板进行调整。

（2）直线电动机的冷却。

直线电动机为扁平状结构，散热效果好，所需要的附加冷却能量较旋转电动机少。中小功率的直线电动机一般采用自然冷却方式，即利用车辆的走行风冷却定子绕组及铁芯。较大功率的电动机采用强迫通风的冷却方式。

（3）直线电动机的功率与功率因数。

一方面，由于直线电动机初级线圈与次级线圈或感应板之间存在较大的气隙，因此需要的磁化电流大，使无功损耗增加，从而也引起有功损耗增加；另一方面，由于直线电动机两端开断，产生了边缘效应，从而引起了波形畸变等问题，也使损耗增加。因此，直线电动机的功率和功率因数都较旋转电动机低，尤其在低速时较明显。

(4) 直线电动机的安装精度。

由于直线电动机气隙对电动机特性影响较大，因此对直线电动机初级线圈、次级线圈、感应板和轨道的设计与安装精度都提出了较高要求。

(四) 直线电动机轨道交通的分类

由直线电动机驱动的轨道交通，统称为直线电动机轨道交通。

由直线电动机驱动的轨道交通，根据支撑与导向方式不同，目前已投入运营的主要有磁浮交通、直线电动机轮轨交通和直线电动机单轨交通三大类，而直线电动机气浮轨道交通则处于试验阶段。

需要说明的是，目前直线电动机轨道交通的定义比较混乱，有人将直线电动机轮轨交通称为直线电动机轨道交通，这是不太合适的。这是因为磁浮交通、直线电动机单轨交通都是由直线电动机驱动的，都属于直线电动机轨道交通的范畴。

(1) 磁浮轨道交通采用直线电动机牵引、电磁导向、电磁悬浮或电动悬浮技术，使列车沿着轨道无接触运行，简称磁浮交通、磁轨交通或磁轨，也称磁浮铁路，目前主要包括超高速磁浮、中低速磁浮交通两种类型。

超高速磁浮交通一般采用长定子直线同步电动机牵引、导轨驱动技术，目前比较成熟的技术有日本超导磁浮技术 ML（采用电动悬浮技术）和德国常导磁浮技术 TR（采用电磁悬浮技术），主要用在长大干线和城际交通，其典型代表为上海磁浮线。

中低速磁浮交通的典型代表为日本东部丘陵线，其采用短定子直线感应电动机驱动、电磁悬浮的 HSST（高速地面运输）技术，这是为城市轨道交通和机场交通开发的磁浮交通技术。

(2) 直线电动机轮轨交通，一般指采用短定子直线电动机感应驱动、依靠钢轮与钢轨系统进行支撑和导向的轨道交通，也可简称为直线电动机地铁、直轨交通或直轨。直线电动机轮轨交通的轨道上敷设感应板（或称为感应轨、反力板），使其与安装在车上的直线电动机定子相互作用产生电磁力，驱动列车运行。在加拿大，一般称之为 ART（Advanced Rapid Transit，先进的快速交通）；在日本，一般称之为直线电动机地铁或线性地铁（Linear Metro）。

目前，在加拿大、日本、美国、马来西亚、中国 5 个国家已建成十几条采用短定子直线感应电动机驱动的轮轨交通线路。

另外，国外正在研究分段长定子直线电动机驱动的轮轨交通，已在美国国会地铁、休斯敦机场线、加州迪斯尼乐园内建起了相应的运营线。因为这些线路也是钢轮钢轨式轨道交通，所以也包括在直线电动机轮轨交通范畴之内。但由于上述线路比较短、列车长度短、载客量少、速度较低且大都不对外营业，目前不是直线电动机轮轨交通的主流技术。因此，除特别指出外，本教材所论述的直线电动机轮轨交通，一般是指短定子直线感应电动机驱动的轮轨交通，目前不包括分段长定子直线电动机驱动的轮轨交通。

(3) 直线电动机单轨交通是指依靠直线电动机驱动、橡胶轮胎支撑、侧向导向轮进行导向的轨道交通。该种交通方式目前主要采用直线感应电动机驱动，一般采用跨座式单轨方式，其橡胶车轮不再具有驱动功能。该种方式的典型代表是莫斯科直线电动机单轨交通。

(4) 直线电动机气浮轨道交通指依靠直线电动机驱动、气垫支撑的轨道交通，也称为直线电动机气垫轨道交通，简称气轨。

气垫悬浮采用气垫船的原理，用压缩机把空气吹向地面，通过提高出口处空气流速得到浮力，也可以使车辆悬浮起来。因为气垫自身具有支撑功能，所以没有必要再装备支撑车轮。导轨断面为槽形，导轨侧壁可以作为导向轨。在线路区间中部加宽导轨宽度，就能实现车辆的双向通行了。

美国运输部主导开发了气垫悬浮、直线电动机驱动的试验车辆 TLRV，搭载燃气轮机，不靠外部能源供给就能运行，1973 年实现了 480km/ h 的运行速度纪录。英国、法国、意大利也有过计划并进行过类似的车辆运行试验。将导向车轮导向、直线电动机驱动组合在一起的方式，也在美国一所大学作为校园交通系统投入使用。

（五）直线电动机轮轨交通在中国的应用

20 世纪 80 年代，北京曾对西直门至颐和园线采用直线电动机轮轨交通方式进行过初步研究，由于当时条件的限制，其研究还不够深入，在线路设计、施工、运营中的许多关键技术问题并没有完全解决，最终未选用直线电动机轮轨交通。

2000 年以来，随着广州地铁 4 号线及首都机场线方案的论证，直线电动机轮轨交通逐渐引起人们的关注。根据广州市城市轨道交通建设规划，其中的 4 号线、5 号线和 6 号线采用直线电动机轮轨交通。广州地铁 4 号线试验段琶洲塔站于 2003 年 1 月 28 日破土动工，2005 年 12 月 26 日大学城专线正式通车。二期新造至黄阁段已于 2006 年 12 月 30 日建成通车，三期黄阁至金洲段已于 2007 年 6 月 28 日建成通车，四期万胜围至黄村已于 2010 年全部建成通车。广州是我国第一个应用直线电动机轮轨交通的城市。

在广州地铁 4 号线的设计和建设过程中，广州地下铁道总公司组织广州地铁设计院、北京交通大学、北京城建设计研究院、中铁咨询公司等单位完成了“广州市轨道交通 4 号线工程直线电动机运载系统”科研项目，对直线电动机轮轨交通的系统集成、关键技术、重大装备等进行了系统的研究，内容包括系统适用性、直线感应电动机的设计、VVVF 变频器研制、转向架研制、车辆设计及系统集成、感应板、道岔研制、轨道结构设计、供电及配电系统、信号及列车运行控制等。在轨行系统及基础设施工程方面，相关单位重点研究了直线电动机轮轨交通限界、线路设计参数、轨道结构相关技术、混凝土板式道床振动控制与轨道动态平顺性控制，以及高架结构动力特性及车辆走行性等。通过这些研究，取得了一系列重要成果。同时，株洲时代集团公司、永济电机厂、四方机车车辆厂和长春轨道客车股份有限公司等企业对直线电动机轮轨交通的线路、车辆及直线电动机都做过前期研究。特别是永济电动机厂已完成了模拟联动试验站建设，为直线电动机的开发创造了条件。

北京市在对机场线轨道交通制式的论证过程中，曾对传统轮轨交通、中低速磁浮交通及直线电动机轮轨交通进行了大量对比。2003 年 5 月，北京交通大学和北京城建设计研究院共同完成了《直线电机系统在首都机场线的应用可行性研究》和《直线电机系统在首都机场线的应用系统研究报告》，并在 2003 年 8 月首都机场线制式选择会议上，向主管市长及专家进行了《直线电机轮轨交通系统及在首都机场线的应用》的汇报，提出了首都机场线采用直线电动机轮轨交通的方案。最终，首都机场线采用了直线电动机轮轨交通制式。2006 年 1 月，机场线地面段开工，8 月地下段隧道开通，2008 年 4 月 1 日首都机场线通车试运行，7 月 19 日，在北京奥运会开幕之前正式运营。

通过广州地铁 4 号线和首都机场线两个项目的工程实践，以及对国外技术的引进与消化吸收，我国在直线电动机轮轨交通车辆、供电和轨道等相关配套技术方面取得了长足的进步，并培养了一批设计、制造、施工及养护维修等方面的人才，基本掌握了直线电动机的成套技术，在直线电动机车辆国产化、工程设计和配套产品的研发等方面打下了坚实基础。

表 6-3 列出了美国、日本及我国直线电动机轮轨交通的主要技术规格。

表 6-3 美国、日本及中国直线电动机轮轨交通主要技术规格对比

项目 \ 国家		美国	日本	中国
代表线路		纽约肯尼迪机场线	东京大江户线	广州地铁 4 号线
运量		中等运量	中等运量	大运量
编组		小编组；高密度	小编组；中等密度	小编组；中等密度
驾驶方式		无司机全自动驾驶	有司机自动驾驶或无司机全自动驾驶	有司机自动驾驶
土建特点		高架桥和地面线为主，地下线为辅	地下线为主，隧道断面较传统的小	高架桥和地下线并重，有少量地面线
车辆尺寸	长（m）	17.602	16.0	17.2
	宽（m）	3.2	2.498	2.9
	高（m）	3.81	3.145	3.625
质量（t）		24（空车）	25（空车）	29（空车）
定员（人）		123	头车 90；中间车 100	头车 312；中间车 347
转向架		迫导向径向转向架	自导向径向转向架	自导向径向转向架
供电方式		DC（直流电）750V 三轨受流，四轨回流	DC1500V 受电弓受流	DC1500V 三轨、架空网受流

七、车辆段

（一）车辆段的概念

车辆段是车辆的维修保养基地，也是车辆停放、运用、检查、整备和修理的管理单位，一般情况下，一条线路设一个车辆段，也可以多线共用，如图 6-11 所示。

图 6-11 车辆段效果

（二）车辆段的功能

（1）车辆停放及日常保养功能：包括车辆的停放和管理；司乘人员每日出勤、退勤前的技术交接；对运用车辆的日常维修保养及一般性临时故障的处理；车辆内部的清扫、洗刷及定期消毒等。

（2）车辆检修功能：依据车辆的检修周期，定期完成对车辆的计划性修理（包括定修、架修和大修）。

（3）列车救援功能：列车发生事故（如脱轨、颠覆）或接触网中断供电时，能迅速出动救援设备起复车辆，或将列车牵引至临近车站或车辆段，并排除线路故障，恢复行车秩序。

（4）设备维修功能：对城市轨道交通各系统，包括供电、环控、通信、信号、防灾报警、自动售检票、给排水和自动扶梯等机电设备和房屋建筑、轨道、隧道、桥梁和车站等建筑物进行维护、保养和检修等。

（5）材料供应功能：负责城市轨道交通系统在运营过程中所需各种材料、设备器材、备品备件、劳保用品以及其他非生产性固定资产的采购、储存、保管和供应工作。

（6）技术培训功能：负责对城市轨道交通系统的员工和技术人员进行技术培训。

根据城市轨道交通线路情况，有时可以另外设置仅用于停车和日常检查维修作业的停车场或检车区，在管理上一般附属于主要车辆段，规模较小，其功能如下。

① 列车的停放、调车编组、日常检查、一般故障处理和清扫。

② 车辆的检修，包括月检与临修。

③ 附设工区的管理站务人员出乘、备乘轮班。

（三）车辆段的构成

车辆段主要分成三大部分：停车库、检修库和办公生活设施。

1. 停车库

停车库兼有停车、整备、清扫、日常检查和驾驶员出乘等多种功能。

为了实现这些功能，停车库除设有停车线外，还设有运用车间、运转值班室、驾驶员待班室等驾驶员出乘用房，以及列车和列车承载信号检修用房。列车本身价格昂贵，在地铁运行中占据重要地位，因此在停车库都设置了自动防灾报警设备，并与整个地铁消防系统联系在一起。按要求，架空接触网或接触轨应进库，接触轨应加防护装置，每条库线两端和库外线之间及停车台位之间设置隔离开关，可以对每条停车线的接触网（接触轨）独立停、送电，每条停车线还应有接触网、接触轨送电的信号显示和列车出入库的音响报警装置。停车线兼做车辆列检线，应有检查地沟。

2. 检修库

城市轨道交通车辆的计划维修是按车辆的运营里程数或运营时间，对车辆进行不同等级的周期性维修。计划维修一般分为日检、双周检、双月检、定修（运营 1 年或 100000km）、架修（运营 5 年或 500000km）、大修（运营 10 年或 1000000km）6 级修程。各级修程内容的制定应遵循高一级修程包含低一级修程内容的原则，且在各类磨损件限度标准的制定上，必须保留足够的使用余量至下一修程。

检修库的平面布置主要取决于车辆的配属量、车辆的修程、检修方式及其工艺流程，同时要综合考虑自然地形条件，工件运输线路以及安全、防火和环保要求等因素。

（1）双周、双月检修库。双周、双月检都要在库内对列车走行部、车体及车顶设备进行检查。为便于作业和保证安全，线路应采用架空形式。除线路中间设置地沟外，在检修线两侧应设3层立体检修场地，地层地坪低于库内地坪，可以对走行部以及车体下布置的电气箱、制动单元、蓄电池进行检查。另外，要对车辆顶部的受电弓、空调设备进行检修，车顶平台设有安全栏杆。

双周、双月检修库根据作业的要求可设悬臂吊，以便对需要进行拆、装作业的受电弓和空调设备进行吊装。还可以配置液压升降车、蓄电池电气箱搬运车等运输车辆。

为了对车辆进行双周、双月检以及定修等，还应设置受电弓、空调装置、车载信号和试验设备等辅助工间以及备品工具间。

（2）定修库。定修库和双周、双月检修库一样，线路采用架空形式，线路中间设检修地沟，线路两侧设置3层检修场地。车库设起重机。车辆的定修和临修有时也可以在一个车库进行，合并为定修、临修库，这时必须根据列车编组在库内设置架车机组，在列车解钩后可以同步架起一个单元的车辆。车库内设有10t的起重机，其起重量大，可吊装车辆的大部件。其辅助工间应和其他检修库统一考虑。

（3）架修、大修库。架修、大修的布置应根据车辆检修工艺流程确定。车辆设备和零部件的检修方式以互换修为主。作业流程根据实践情况，一般采用流水作业和定位修方式相结合。采用部件互换修可以减少列车的停库时间，并可以合理安排计划，做到均衡生产，避免因某一部件检修周期长，影响整列车的检修进度。联合检修厂房内设置车辆的待修、修竣部件和部件存放场地。

3. 办公生活设施

办公生活设施主要包括信号楼，管理人员和司机站务人员的工作、休息场所。

（四）车辆段主要设备

1. 不落轮镟床

不落轮镟床，即在不需要任何拆卸的情况下，对车辆的轮对进行镟削外廓操作，并可对单个转向架或单个轮对进行镟削外廓的操作，如图6-12所示。

图6-12　不落轮镟床

2. 转向架提升机

转向架提升机如图 6-13 所示。

图 6-13 转向架提升机

3. 轮对压装机

轮对压装机如图 6-14 所示。

图 6-14 轮对压装机

任务二 城市轨道交通供配电与电力牵引系统

一、城市轨道交通供配电系统概述

城市轨道交通供配电系统是城市轨道交通系统的重要组成部分，它不但为列车提供牵引动力，而且为城市轨道交通运营的辅助设施提供电力，如照明、通风、空调、排水、通信、信号、防灾报警、自动扶梯、直梯、屏蔽门和自动售检票设备等。在运营期间供电一旦中断，不但使列车运行瘫痪，而且有可能危及乘客生命安全，造成财产损失。因此，城市轨道交通供配电系统是确保城市轨道交通正常运营的重要设施。

（一）供配电系统的概念

城市轨道交通供配电系统指由电力系统经高压输电网、主变电所降压、配电网络和牵引变电所降压、整流等环节，是向城市轨道交通系统输送电力的能源系统。

（二）供配电系统的组成

城市轨道交通供电电源取自城市电网，通过城市电网一次电力系统和城市轨道交通供电系统实现输送或变换，最后以适当电压等级、一定的电流形式供给用电设备。

城市电网一次电力系统由发电厂、传输线和城市电网区域变电站组成，发电厂是发出电能的中心，经过升压变压器升高电压，然后远距离输送到区域变电站。该部分为城市电网一次电力系统。

城市轨道交通供配电系统大体可分为牵引供电系统和动力照明供电系统两部分。牵引供电系统提供驱动车辆的用电负荷，动力照明系统提供车站内的动力、照明、通信、信号、防灾装置等用电负荷和区间的用电负荷。

城市轨道交通供配电系统由主变电站、牵引变电站、降压变电站、馈电线、接触网、走行轨、回流线、杂散电流防护系统和电力远动监控系统等部分组成。

主变电站将城市电网的三相 110kV 电压，降压为 35kV 的电压，配送给城市轨道交通线路的牵引变电站和中心降压变电站。牵引变电站将其整流、变换成 1500V 的直流电，再经馈电线输送到接触网，提供给电动列车作为牵引电源。中心降压变电站经动力变压器将电压降至 10kV 后，以两路电源配送到各个降压变电站，降压变电站将电压降至 0.4kV，配送给各车站用户用作动力照明供电。电力远动监控系统对变电站内的供电设备进行实时监控和数据采集。图 6-15 所示为城市轨道交通供电系统。

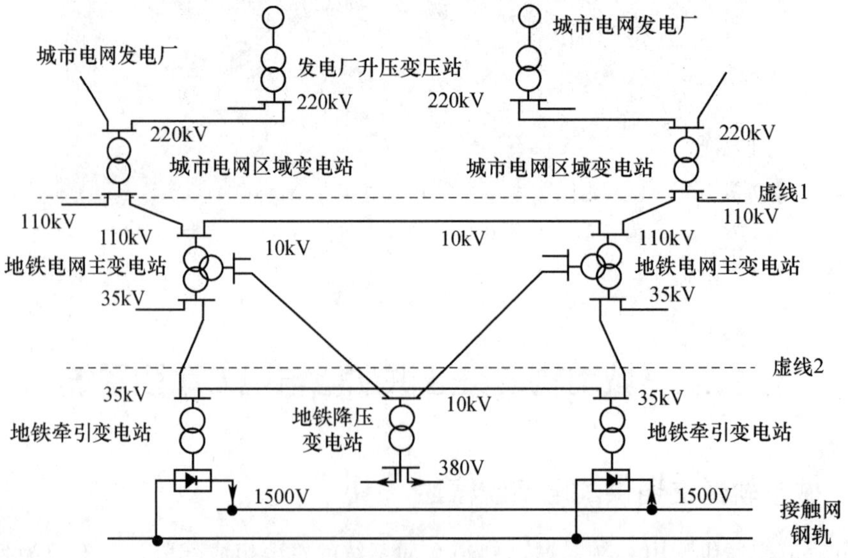

图 6-15　城市轨道交通供电系统示意图

（三）对供电系统的基本要求

一般来说，城市轨道交通供电系统必须满足下列要求。

1. 供电系统必须可靠

城市轨道交通电动列车和车站设备都是为乘客提供服务的设备，在运营过程中，一旦供电中断，受影响最大的是行车和客运两个部门。因此，城市轨道交通供电系统必须具有高度的可靠性。为此，各变电站采用两路进线，并互为备用；电源容量设计时应为发展留有余地；应选用先进、可靠的电气设备，采用模块化的计算机控制系统，实现实时监控、调度自动化的运行模式；以专人定时巡视检查为辅助手段。

2. 供电系统必须满足不同用户的需求

城市轨道交通系统内各用电单位对供电有不同的需求，为了满足各单位的用电要求，首先要对供电负荷进行分类。

按供电对象的重要性，将供电系统分成以下三级。

（1）一级负荷。城市轨道交通电动列车、通信设备、信号设备、消防设备等用户，必须确保不间断供电。为此，必须采取两路电源供电，当任何一路电源失电后，应自动、迅速地切换至另一路电源。

（2）二级负荷。城市轨道交通空调、自动扶梯等用户，应确保连续供电，万一停电会影响客运服务质量，但并不影响列车运行安全。设计时，可以采用一路供电。

（3）三级负荷。城市轨道交通的商业、广告照明等用户，应确保其正常供电，这些用户并不直接影响客运服务质量，其用电可根据电网负荷情况进行调整。

按用户负荷变化及用途，可分为以下五类。

（1）负荷变化不大的低压交直流供电。此类负荷要求有很高的供电可靠性和良好的供电质量，如变电站控制设备的低压交直流负荷。

（2）负荷变化大的直流供电。它们对供电、供电设备的可靠性要求高，用电量随客运的高峰低谷变化而变化。例如，客运列车是城市轨道交通供电系统中最主要的负荷，而且是直流负荷。在夜间列车停运时，负荷为零。

（3）负荷变化大的交流供电。车站用户多为低压用户，如车站电梯和自动扶梯、环控设备、照明、售检票系统、消防报警系统、给排水系统、通信和信号等。这些用户，在客运时段是用电高峰，列车停运时段是用电低谷。必须向通信、信号专业设备提供不间断的连续供电。

（4）夜间用电。在白天列车运行的时间段，由于绝大部分的电动列车都在正线运行，因此，列车检修用电处于低谷；反之，在夜间，客运终止，回库列车的检修作业用电处于高峰时段。

（5）非重要用户。车站商业等不直接影响运营质量的用户，尽管其用电量较大，但与列车运营没有直接关系，将这些用户归类为非重要用户。

综上所述，城市轨道交通供电系统，必须依据不同用电需求区别对待，才能满足和保障用户的用电要求，实现城市轨道交通运营的正常。

（四）电力牵引的电流制

城市轨道交通线路一般运行电力牵引的列车。从列车运行的技术要求来看，牵引列车的电动车辆或电力机车应具有的特性有：启动加速力（度）大而平稳；列车轻载时速度高，重载时速度低，使得列车无论是轻载还是重载都可以充分利用牵引电动机的功率；列车运行时容易调速，且由此引起的能耗较小。

电力牵引的技术质量和经济性，在很大程度上取决于电流制的选择。电流制的选择还影响电气化轨道交通的应用范围和规模。

现有的电流制按接触网的电流性质可分为四种：直流制、低频（率）单相交流制、工业频率单相交流制、三相交流制。各种电流制的频率与电压见表 6-4。

表 6-4　各种电流制的频率与电压

电流制		频率（Hz）	电压（V）
直流制		直流	600、750、1200、1500、3000
交流制	单相	16（2/3）	11000、15000
		25	66000、11000
		50	6600、16000、20000、25000
		60	20000、25000
	三相	16（2/3）	37000
		25	6000

世界各国城市轨道交通系统的列车牵引主要采用直流制，我国国家标准采用直流 750V 和直流 1500V 两种。

直流制的主要优点：电动车辆可以采用直流牵引电动机。直流牵引电动机构造简单，且运行可靠；采用再生制动也简单易行，更重要的是其牵引性能良好。现在广泛使用的直流串激电动机，在低速时牵引力大，高速时牵引力小，起动和调速均易实现，非常符合运营的需要。因此，各国城市轨道交通绝大部分采用直流制。

直流制的缺点：一方面，由于电压较低，在输送较大功率时，接触网需要很大的电流，这就会造成导线截面增大，牵引变电站间距缩短，变电站数目增加；另一方面，直流牵引变电站内机组设备复杂，单个变电站的造价较高，加上变电站数目增加、有色金属用量增加等因素，使得供电设施的工程造价显著增加。

二、变电站（所）

城市轨道交通供电系统的受电方式有集中式供电和分散式供电两种。城市轨道交通首先需要对来自电网的高压电进行降压，使之符合设备要求，负责进行电压变换的场所就是变电站（所）。

变电站是电力系统中变换电压、接受和分配电能、控制电流的流向和调整电压的电力设施，它通过降压变压器将电网和用户联系起来；变电站可以通、断用户电能的供路，改变或调整电压；变电站也是输电和配电的集结点。

城市轨道交通变电站有五种类型，它们是：主变电站、牵引变电站、中心降压变电站、降压变电站和混合变电站。将牵引变电站和降压变电站合建在一起就称为混合变电站。

变电站的设备有变压器，还有开闭电路的开关设备，汇集电流的母线，计量和控制用互感器、仪表，继电保护装置和防雷保护装置，调度通信装置等。变电站设备和连接方式，根据其功能而异。

（一）主变电站

主变电站简称主变，其作用是将城市电网提供的110kV三相交流电压，降压至35kV，然后配送到城市轨道交通沿线的各个牵引变电站和中心降压变电站。因此，主变电站承担着城市轨道交通所有用户的供电，一旦主变电站因故失电，将直接影响一、二级负荷的供电。所以要求主变电站的供电必须可靠，为此，主变电站设有两路以上的进线电源。

主变电站的主要设备及其作用如下。

1. 110kV开关

开关是通、断电路的重要设备。主变电站有两路110kV进线，每路设有3台110kV开关：两台设在进线侧，其中一台称为进线开关，作为从市网引入110kV电源的开关，另一台是其备用开关；设于主变电站侧的开关，称为主变压器开关，通过它将110kV电压送入主变压器。

2. 主变压器

主变压器将110kV的交流电降至35kV。另外，当市网电压发生波动时，可通过设置于主变电站的“有载调压开关”，及时调整产生输出稳定的电压。

3. 35kV开关

经主变压器降压后输出的35kV电压，通过35kV母线，将其配送至各个牵引变电站和中心降压变电站。35kV开关就是负责通、断该电路的开关装置。

35kV开关有分段开关、进线开关（或称母线进线开关）和出线开关（或称馈线开关）3类。

分段开关的作用是当某一段母线失电后，通过分段开关，将另一段没有失电的母线电源提供给失电母线，恢复其所辖负荷的35kV供电。进线开关和出线开关，分别负责通、断35kV变压器的输入或输出线路。

4. 各类闸刀（也称为隔离开关）

闸刀也是开关设备的一种形式，负责接通或切断所接入的电路，完成设备的倒闸操作。根据其作用，可分为隔离闸刀、接地闸刀、负荷开关等。

隔离闸刀，一般安装在设备的两端。与电源相连的一侧的隔离闸刀能使设备与高压电源之间构成电气隔离，便于设备的安全检修。接地闸刀的作用就是在检修时保证检修设备的可靠接地，保证检修人员和设备安全。

5. 自动监控设备

变电站自动监控设备用于对变电站电气设备的监测和控制，并能对其进行远程控制和数据采集，根据供电系统运行状况，自动切换电气设备和实施故障自动切除，为城市轨道交通供电系统的安全、高效运行提供保障。

6. 直流电源设备

所有的变电站都设有为监控设备提供直流电源的直流屏，在正常情况下，直流屏将变电站提供的交流电整流，输出稳定的直流电；该直流电也作为蓄电池的补充电源。当变电站两路交流电源都失电时，直流屏自动将输出切换至蓄电池，由蓄电池放电，为监控设备、车站应急照明及紧急疏散标志等提供不间断直流电源。因此，不间断供电电源都具有自动切换功能，在两路交流电失电后，至少有1～2h的直流供电，以便赢得故障抢修、乘客疏散或事故处置时间。

（二）牵引变电站

1. 牵引电力制式及受电方式

牵引变电站及其设置与牵引电力制式及受电方式有密切关系。牵引供电的制式有直流制和交流制两种。我国电气化铁路的牵引供电，采用单相工频（50Hz）25kV 交流供电电压。

城市轨道交通的运行环境与铁路不同，电气化铁路站间距离长，周围空间环境宽，绝缘安全距离大，可选用较高的触网电压；城市轨道交通的站间距离短，周围环境狭窄，绝缘安全距离小，触网电压不能选得很高。但考虑电压损耗，触网电压又不能太低，所以城市轨道交通采用直流供电较为妥当。因为直流电不产生电抗压降，在相同的电压等级下，在电压损失方面，直流供电优于交流供电，且触网结构也较简单。因此，城市轨道交通大都采用直流供电制式。

通常，城市轨道交通牵引供电系统有以下三种受电方式。

（1）架空线受电方式。

电流通过架空线向列车供电，电流经过架空线、列车电动机、行走轨、回流线、变电站整流器负极，构成一个完整的网路。

（2）三轨受电方式。

除两条列车轮轨之外，还有一条受电轨。电流经过第三轨（或称受电轨）、列车电动机、行走轨、回流线、变电站整流器负极，构成一个完整的回路。世界上许多城市轨道交通系统都采用这种方式，如纽约、伦敦和巴黎等，深圳的地铁 3 号线也采用这种受电方式。

（3）四轨受电方式。

除两条列车轮轨之外，还有一条受电轨，另一条是回流轨。电流经过第三轨（或称受电轨）、列车电动机、回流轨、回流线、变电站整流器负极，构成一个完整的回路。例如，一些使用橡胶车轮的列车（巴黎地铁的部分列车），因回流电流不能经行走轨流回变电站整流器负极，只能增加一条回流轨。这种受电方式的优点是牵引供电的可靠性较高，并且避免了对基于轨道信号系统的干扰。当然，一些使用普通金属轮轨列车的受电方式也为四轨受电方式，使供电用和行走用的轨道完全分开。例如，伦敦地铁就是最大的四轨受电系统。

上述三种受电方式中，架空线受电方式中带电的架空线远离乘客和行人以及检修人员，这种方式的最大优点是安全，但由于架空线结构较复杂，易受环境影响，因此其缺点是供电的可靠性较低；三轨和四轨受电系统的优点是建造成本较低，环境对它的影响小，带电轨比架空线更适合小半径轮轨弯道，不妨碍城市景观，其缺点是乘客、行人和检修人员有触电的危险，因此电压不能太高，只能适应短距离乘客运输，列车速度不高。

我国城市公共交通系统中，直流 600V 仅用于无轨电车的供电；北京、武汉和天津等城市的地铁采用直流 750V 供电，上海、广州和深圳等其他城市的城市轨道交通都采用直流 1500V 供电。

2. 牵引变电站的作用

为电动列车提供直流牵引电源而进行降压、整流的场所，就是牵引变电站（简称牵变），它是向电动列车提供直流牵引电源的重要设施。城市轨道交通电动列车，都由接触网或专用的供电线（俗称第三轨或供电轨）获取直流牵引电源。由于主变电站输出的是 35kV 交流电，因此需将此高压交流电降压、整流，变换成适合电动列车使用的直流电源。

为确保电动列车的可靠供电，通常每 2～3 座车站的两个区间就设置一座牵引变电站。万一发生局部供电故障，牵引变电站能进行跨区域的供电，冗余的供电网络确保了电动列车供电的可靠性。

（三）中心降压站

除电动列车的牵引电源外，其他设备和设施所需的电源均由中心降压站提供。中心降压站从主变电站引入两路电源，经动力变压器将电压降至 10kV 后，再以两路电源配送到各个降压变电站。中心降压站的输入和输出电路，都采用互为备用的冗余两路设计，以确保供电的可靠。

（四）降压变电站

从中心降压站输出的 10kV 电源，并不能直接提供给城市轨道交通系统内的设备使用，还必须进一步降压，经降压后再输出到不同的供电用户。城市轨道交通系统内，除电动列车外，专业设备都从降压变电站受电。图 6-16 所示为降压变电站主接线。

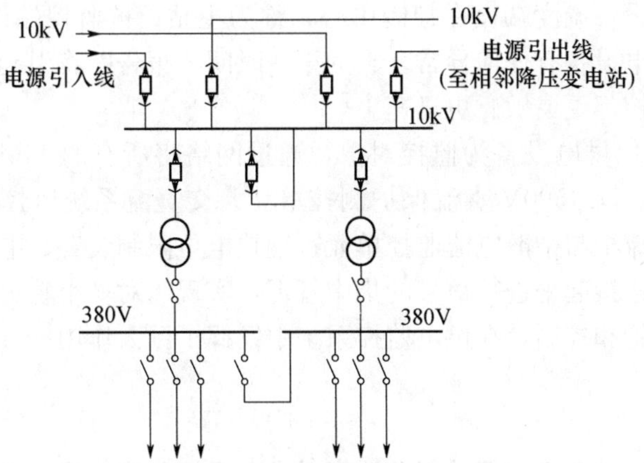

图 6-16　降压变电站主接线示意图

（五）单边供电、双边供电、越区供电

牵引变电所通过接触网向电动车组供电，每个牵引变电所负责向两侧区间供电。如果供电距离过长，牵引电流在接触网上的电压降就会很大，导致末端电压过低及电能损耗过大，直接影响电动车组运行；距离短，牵引变电所数量多，投资大。

根据牵引变电所对接触网供电距离的情况可分为单边供电、双边供电、越区供电。

1. 单边供电

两个牵引变电所之间将接触网分成两个供电分区（又称供电臂），正常情况两相邻供电臂之间的接触网在电气上是绝缘的，每个供电分区只从一端牵引变电所获得电能的供电方式称为单边供电。单边供电时，相邻供电臂电气上独立，运行灵活；接触网发生故障时，只影响到本供电分区，故障范围小；牵引变电所馈线保护装置较简单。

2. 双边供电

若两个供电分区通过开关设备，在电路上连通，两个供电分区可同时从两个牵引变电所获得电能，这种供电方式称为双边供电。双边供电可提高接触网电压水平，减少电能损耗。

3. 越区供电

越区供电是一种非正常供电方式（也称事故供电方式）。越区供电是当某一牵引变电所因故障不能正常供电时，故障变电所担负的供电臂，经开关设备同相邻的供电臂接通，由相邻牵引变电所进行临时供电。

三、电力远动监控系统

城市轨道交通运营调度是由运营控制中心来实现的，其中，电力调度室是供电系统的管理和调度部门。供电系统的各类变电所及其他主要设备是沿着线路分散设置的，要保证系统的安全、可靠和提高经济性，就必须对电力系统进行集中管理和调度，实现系统运行状态的监视和运行方式的控制。

PSCADA（Power Supervisory Control And Data Acquisition，电力远动监控系统），能够实现城市轨道交通电力系统数据收集和储存、故障分析和诊断以及系统修复与维护等功能。远动监控设备调度端设在控制中心，称为主站；被监控端设置在各变电所内，称为分站。一旦供电设备有任何异常，它的第一时间“报告”将引起供电专业人员的注意，比任何人为监控都更灵敏、更迅速。

PSCADA 系统以供电设备为监控对象，通过网络将所有的 110kV、35kV、0.4kV 交流保护测控单元、DC1500V 直流保护测控单元、交直流系统监控单元、变压器与整流器监控单元、排流柜与杂散电流监控单元、钢轨电位限制装置、电动隔离开关等分散布置的间隔层设备连接起来进行信号的集中管理，实现了对城市轨道交通运行的安全性和供电可靠性的监管和控制，在供电监控系统中发挥了巨大作用。

四、接触网

城市轨道交通运送乘客的电动列车从牵引供电系统获取电能。牵引供电系统主要由牵引变电所（站）、馈线、接触网、电动列车、轨道和回流线等构成。在这个闭合回路中，通常将馈线、接触网、轨道、回流线统称为牵引网。

接触网是牵引网的重要组成部分，是一个庞大的机械系统，它用零部件实现有序的连接和接续，形成一个能传递电能并且有支持功能，同时具备相应强度的机械性质的整体系统。接触网沿电动列车开行线路架设，通过电动列车受电弓（受流器）和接触网的滑动接触，向行进中或停站的电动列车供电。

架设在车顶上方的接触网称为架空式接触网，敷设在车厢地板以下部位的接触网称为接触轨式接触网，也可称第三轨供电网。

馈线是连接牵引变电所和接触网的导线，它把经牵引变电所整流后符合城市轨道牵引电压要求的电能馈送给接触网。

轨道在非电力牵引情形下只作为列车的导轨。在电力牵引时，轨道除仍具有导轨功能外，还需要完成导通回流的作用。

回流线是连接轨道和牵引变电所的导线，通过回流线把轨道中的回路电流导入牵引变电站。

（一）基本要求

电动列车运行中，受电弓受流过程伴随一定压力，并与接触线接触摩擦动态取流。电动列车在运行中不可避免地会产生受电弓离线而引起电弧，承受气温、风、潮气及大气污染的影响，使接触网昼夜不停地处于振动、摩擦、电弧、污染、伸缩的动态运行状态之中。这些因素对接触网各种线索、零件都会产生恶劣影响，使其发生故障的可能性增加。

接触网是一种既无备用又易损耗的供电装置，还受环境和气候条件的影响，一旦发生故障，整个供电区间即中断供电，在其间运行的电动列车失去电能，造成停运。因此，接触网应满足以下基本要求：在恶劣的气候条件下机械结构具有稳定性；设备及零件具有足够的耐磨性和抗腐蚀能力；设备结构简单，零部件互换性强；便于维护、抢修；电动列车受流器与接触网直接接触滑行面，保持平滑过渡无突变。

总而言之，无论是悬挂式还是接触轨式，接触网都必须确保能可靠地为电动列车供电。这就要求接触网无论在任何条件下，都能保证良好地供给电动列车电能，并在符合上述要求的情况下，尽可能地节省投资、结构合理、维修简便、便于新技术的应用。

（二）结构形式及悬挂类型

接触网按结构形式可分为架空式和接触轨式两大类型。

1. 架空式

架空悬挂式接触网将线索或导电排及零部件可靠连接，把导电体、支持装置、绝缘元件和电气设备等连接成一个能传递电能且有支持功能，同时具备相应强度的整体系统，以确保牵引电流的不间断供给。图 6-17 所示为地面架空式接触网。

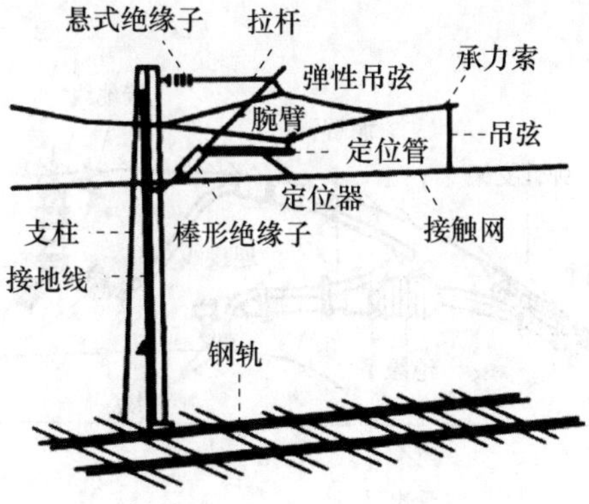

图 6-17　地面架空式接触网示意

架空悬挂式接触网在地面与地下隧道内的架设方法是不同的。隧道架空式接触网，分为柔性悬挂接触网与刚性悬挂接触网。柔性悬挂接触网采用弹性支架、链形悬挂形式；刚性悬挂接触网采用刚性汇流排悬挂形式。地面架空式接触网采用腕臂与软（硬）横跨相结合的悬挂形式。

(1) 柔性悬挂的特点是受电弓与接触悬挂接触良好，适应较高速运行。柔性悬挂分为地面架空式和隧道架空式。

地面架空式主要由接触悬挂、支持装置、定位装置、支柱和基础等组成。

接触悬挂的作用是直接供给电动列车电流，使其正常运行。与电动列车受电弓直接接触的是接触线。接触悬挂方式很多，地面段主要有简单链形悬挂、简单悬挂。简单链形悬挂包括承力索、吊弦、接触线；简单悬挂包括吊索、接触线。

支持装置用以支持接触悬挂，并将其负荷传给支柱或其他建筑物的机构。

定位装置包括支持器、线夹和定位管。定位装置固定接触线的平面位置，保证接触线与受电弓的相对位置在受电弓滑板运行轨迹范围内，并将接触线水平负荷传给支持装置。

支柱是接触网中最基本、应用最广泛的支撑设备，承受接触悬挂、支持装置、定位装置的负荷，并将接触悬挂固定在规定高度。

地面架空式接触悬挂由相隔一定距离的悬挂点架空悬挂。地面架空式接触网支柱与支柱之间悬挂点的水平距离，称为跨距。接触线等线索只悬挂于两支柱上，由于接触线等线索本身的重量影响，在跨距内接触线等线索不能保持在悬挂点水平连线上而形成悬弧形状。接触线等线索在跨距中间位置与悬挂点水平连接的距离，称为弛度。张力表示接触线所受到的拉力。弛度和张力是随着跨距、接触线重量、气温变化而变化的量值。弛度和张力随气温变化引起接触线的热胀冷缩而变化，气温上升，张力下降、弛度增大；反之，气温下降，张力增大、弛度减小。若弛度大，则接触线对走行钢轨高度的一致性差。地面架空式接触网的弛度和张力还受到风力大小、结冰多少的影响。

隧道架空式的悬挂方式与地面架空式有所不同。一方面，隧道内不能立支柱，支持装置直接设置在洞顶或洞壁；另一方面，又必须考虑隧道断面、净空高度、带电体对接地体的绝缘距离、导线的弛度等因素的限制。根据隧道断面和净空高度的不同，接触悬挂有多种方式。合理选择和确定悬挂方式，才能充分利用有限的净空高度改善接触网的工作性能。隧道架空式的接触网悬挂方式主要有弹性支架和链形悬挂两种形式。图 6-18 所示为隧道架空式接触网。

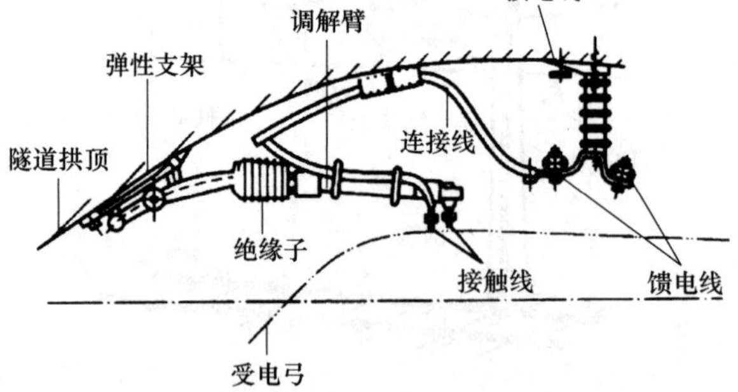

图 6-18　隧道架空式接触网示意图

弹性支架形式是指一根或几根相互平行的接触线直接固定在支持装置上，支持装置采用弹性元件的悬挂方式。隧道内悬挂即为简单弹性悬挂。安装在绝缘子上的馈电线通过电连接线与接触线连接，使装在弹性支架上的接触线受电，弹性元件一端与弹性支座相连，弹性支座固定安装在隧道洞顶的一侧。弹性元件可用来调整接触线相对走行轨道面的高度，弹性支座通过弹性元件使接触线与受电弓之间保持足够的弹性，保证它们之间的良好接触。

链形悬挂形式：在隧道内，车辆限界、带电体与接地体的绝缘距离、弛度和安装误差等因素，对接触悬挂高度有影响，在有限的净空高度内，欲使悬挂高度降低，可通过缩短跨距、减小弛度来调整。在有条件采用简单链形悬挂的隧道内，也可采用简单链形悬挂，以增加弹性，用具有张力补偿作用的装置实现张力补偿，以减小弛度及其变化。

（2）刚性悬挂是指固定的导电体受流过程中，在受电弓或集电靴的作用下基本不变形。汇流排是刚性悬挂的关键部件，一般用铝合金材料制成。刚性悬挂接触网将传统的接触线夹装在汇流排中，用汇流排取代了承力索和馈线，并靠它自身的刚性保持接触线的固定位置，使接触线不因重力而产生较大弛度。刚性悬挂主要由铝合金汇流排、接触线、绝缘元件和悬挂装置组成，一般用于隧道段。

刚性悬挂接触导线一般采用铜银导线，与柔性接触悬挂所采用的接触导线相同。刚性悬挂最大的优点在于可以取消柔性悬挂中的承力索和辅助馈线，使接触网的结构变得简单紧凑，极大地方便运营管理和维修。

城市轨道交通接触网因牵引电流大，地面架空式接触网的主线采用简单全补偿链形悬挂双接触线及双承力索。双接触线、双承力索分别由安装在各自电杆上的自动张力装置进行补偿，使承力索、接触网导线在整个工作温度范围内承受固定张力。辅助馈线与接触线和承力索平列布置；主线的隧道段接触网由 2 根接触线、4 根平行的馈线和 1 根接地线组成。接触线的张力通常由张力补偿装置产生，2 根接触线连接到同一个张力棘轮以保证在温度范围接触线有同样的张力。为了保证受电弓炭条平滑磨损，接触线呈“之”字走向。刚性悬挂采用汇流排、单接触线布置，无补偿；调节所有导线间的连接使整个系统具有适当的电流分配。

2. 接触轨式

在城市轨道交通牵引供电系统中，直流 750V 供电一般采用第三轨。它的优点是隧道净空高度低、结构简单、造价低；缺点是人身和防火方面的安全性差，与架空式接触网难以衔接。接触轨系统主要由接触轨、接触轨支架或绝缘子、绝缘防护罩、弯头、连接板、膨胀接头、锚结、隔离开关和电缆等主要零部件构成。其中，接触轨、弯头、连接板、膨胀接头、锚结一般由接触轨厂家配套。

接触轨通过绝缘子固定。接触轨弯头可使受流器完好地导入、导出接触轨。接触轨膨胀接头用来满足由于环境温度改变和电流通过接触轨导致轨温升高，而使接触轨产生的热胀冷缩的需要。接触轨锚结固定于接触轨锚段中间，从而使接触轨的热胀冷缩能够均匀朝向接触轨两端或膨胀接头的工作行程方向。连接板分为供电点连接板和接触轨连接板，供电点连接板用于馈出电缆与接触轨的过渡连接；接触轨连接板用来连接接触轨。接触轨支架、支座的作用是将接触轨固定于走行轨一侧的特定位置，对接触轨进行支撑和定位，能够承载系统中所有可能出现的静载和动载。

接触轨按与接触靴的摩擦方式，分为上磨式和下磨式两种。

（1）上磨式接触轨：安装在专用绝缘子上，“工”字形轨底朝下。接触靴自上与之接触受电。上磨式的优点是固定方便，缺点是接触靴在其上面滑行，无法加防护罩。

（2）下磨式接触轨：底朝上，由绝缘体紧固在弓形肩架上，肩架固定装在轨枕一侧。下磨式的优点是可以加装防护罩，对工作人员较为安全。图 6-19 所示为上磨式和下磨式的接触轨结构。

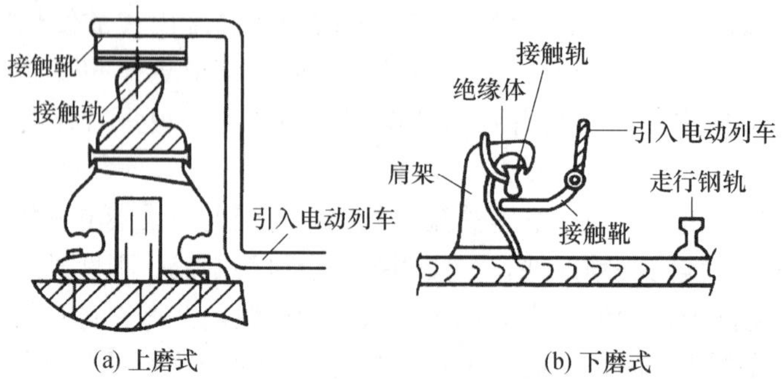

图 6-19　接触轨结构示意

五、杂散电流的产生与处理

（一）杂散电流的产生与危害

在直流牵引供电系统中，设计电路时以架空接触网或第三轨为馈电线，以走行轨为回流线。实际上，电动列车在运行时，牵引电流并非全部由走行轨流回牵引变电所，总有一部分回流电在通过走行钢轨时，杂散流入大地，再由大地流回走行轨或牵引变电所，这种杂散电流由于分布在地面以下，也常被称为地下杂散电流。走行轨中的牵引电流越大或走行轨对地绝缘度越差，地下杂散电流就越大。

牵引直流电由高电位向低电位单向流动的特性，必然会造成电流向电阻小的方向失散，并使失散区域内的金属物体产生电腐蚀。这种失散的电流就是杂散电流，也称迷流。需要指出的是，迷流不是迷失方向的电流，只是不完全依照规定的回路流动的电流，当然，这些失散的电流最终还是要回到电源的。

既然流动的直流电会产生杂散电流，而从牵引站输出的正是直流电，因此牵引变电站在对外供电的同时，自身也在不断地产生着杂散电流。它会不断地、缓慢地腐蚀建筑物结构中的钢筋、预埋件等金属物体，因此对杂散电流流经的范围内的城市建筑物、地下隧道，尤其是城市轨道交通车站等建筑物构成了巨大危害。为此必须予以足够重视，采取各种措施进行防护。

为防止杂散电流，在走行轨与轨枕间敷设了绝缘垫，但因尘土、雨水、绝缘材料自身性能和大地导电性等因地而异的因素，地下杂散电流的产生不可避免。

（二）杂散电流的处理

从杂散电流产生的原因可以得到治理的方向，即按照“以防为主、以排为辅、防排结合、加强监测”的原则进行处理。

“防”：隔离、控制所有可能的杂散电流泄漏途径，减少杂散电流进入轨道交通系统的主体结构、设备及沿线附近的相关设施。例如，适当限制供电区段长度就可减少区段内的开行列车数，降低供电区段内的负荷和走行轨电位；设置走行轨均流线和走行轨电位限制器，也可降低走行轨电位；直流供电设备和回流走行轨采用绝缘安装等措施，可以有效减少杂散电流。

“排”：设置杂散电流搜集系统，此搜集系统为杂散电流从回流轨上泄漏后遇到的第一道电阻较小的回流通路，可将杂散电流尽量限制在本系统内部，防止杂散电流继续向本系统以外泄漏。例如，利用杂散电流的首经通路即道床内的结构钢筋良好连通，形成第一道屏蔽网，防止杂散电流向道床外部泄漏；将隧道结构钢筋连通形成第二道屏蔽网，既可保护自身免受腐蚀，又可防止杂散电流向隧道外部泄漏，危及市政公共设施；在牵引变电所内设置排流装置，构成排流通路，既可保护自身免受到腐蚀，又可防止杂散电流向隧道外部泄漏。

“测”：设计完备的杂散电流监测系统，监测杂散电流的大小，为运营维护提供依据。

此外，在停车场由于列车集中度高，走行轨回流电流大，对道床的电阻较低，泄漏的杂散电流分布区段较大，需要设置单向导通装置，限制杂散电流的扩散；为防止隧道内的金属管线和其他金属设施受到电腐蚀，则可在材质选择和增强对地绝缘等方面采取措施，限制杂散电流向其泄漏。

应该看到，杂散电流的处理是一项综合治理性工程，涉及专业较多，需要各工种密切配合、有效协调，才能把杂散电流的危害降低到最小限度。

六、车站动力与照明系统

（一）车站动力设计

车站动力设备配电主要采用放射式配电。环控设备由环控电控室集中配电，特大负荷直接由降压变电站配电。

动力设备的启动要求要满足规范规定，否则采用软启动方式。区间和道岔附近每隔100～200m设维修用移动电器的电源插座箱，车站站厅和站台层每隔50～100m设清扫用移动电器的电源插座箱。

动力电气设备选用要能满足城市轨道交通环境要求，同时选用的设备应具备技术先进、工艺成熟可靠、结构紧凑、便于安装和维护的特点。在满足技术要求的前提下，优先选用国产设备。所选用设备应具备防火、防潮、防霉、低损耗的性能，并由国家认可单位生产，经有关部门检验合格。

车站动力设备的控制，根据需要可采用就地控制、距离控制、远程控制和自动控制等方式。例如，环控设备设置就地手动控制和集中控制，集中控制由环控电控柜或通过监控系统实现，就地控制优先；一般动力设备采用直接启动，大型事故风机等采用软启动；废水泵、污水泵采用就地手动及液位控制器自动控制，并可通过监控系统集中监控；自动扶梯采用就地控制，并可在车站控制室统一监控；消防泵等防灾设备除可就地控制外，在防灾控制屏上应能远程手动或自动控制；所有风阀均可在继电器屏上控制，也可在现场操作箱就地手动控制。

此外，在电缆选择及敷设方式上，应注意消防用的动力设备采用铜芯耐火电力电缆，其他动力设备采用铜芯阻燃电力电缆，必要时可采用低烟、低毒型电力电缆；从车站降压变电所及环控电控室配出的电力电缆，均沿电缆桥架敷设；电缆在隧道及车站内敷设时，各相关尺寸及距离应符合相关技术规范的规定。

（二）车站照明系统设计

城市轨道交通车站照明系统包括正常照明、应急照明和广告照明。地下车站和地面车站夜间照明均由车站正常照明提供光源；应急照明是指在车站正常照明发生故障时，为疏散乘客提供必要的照明，通常由蓄电池提供，当正常照明失电，应急灯立即启用，一般可维持 30min。

1. 照明器件

照明器件作为地下车站的唯一光源，对车站的正常运营具有重要的作用。照明按类型划分为一般照明和事故照明。一般照明要求达到一定的亮度和均匀度，普遍采用日光灯，局部也由节能灯作为一般照明；事故照明由于要求在事故状态下仍保持最低的照明要求，此时由直流电流供电，因此照明灯具应适应交、直流两种电源，一般采用白炽灯作为光源。随着技术的进步和节能要求的提高，半导体固体发光器件发光二极管（LED）已作为光源逐步进入车站。

2. 供电与配电方式的选择

（1）供电方式的选择。

供电方式主要考虑照明的类型，一般照明由降压变电站 400V 供电柜供电。但对于公共区域和设备房照明应尽可能分开供电，同时照明不宜使用大容量开关供电，而应采用小容量多回路供电，以减小设备故障引起的影响。事故照明的交流电源经直流屏切换回路输出供电。导向灯电源为防止交流换电后引起备用直流电源过放电，必须接入不断电电源，即一般照明中的节电照明回路。

（2）配电方式的选择。

照明回路在配电室设有双电源备用系统，采用在照明区域上解决双电源供电的方案。当某一回路故障或某一段电源失电时，在区域内仍有一半照明可以维持，只是照度降低，但照明的均匀度基本还可以保持。事故照明的配电方式是在一区域内由多个开关回路供电，在关键部位设置保证照明，一般区域发生事故时，只要达到最低照度即可。

3. 照明供电系统的控制方式

车站照明控制可分为就地控制和车站控制室遥控两种方式，分别说明如下。

（1）就地控制又分分散控制和集中控制。

分散控制是指各设备及管理用房进门处设有就地开关箱或盒，可控制相应设备及管理用房的一般照明，区间照明由隧道内照明控制箱控制。集中控制是指照明配电室内设有相应照明场所的照明配电箱，可在室内集中控制相应场所的一般照明、事故照明和广告照明，与此同时，在降压站内可对各类照明根据需要进行集中控制。

（2）车站控制室遥控。

车站控制室设有一般照明控制盘，通过按钮控制降压站内照明柜，实现对站台、站厅一般照明、节电照明和区间隧道照明的集中控制。在正常情况下，下级配电开关均全部处于合闸位置，通过车控室遥控方式实现对车站场所的照明控制。当需局部变动照明状态时，才对下级开关做相应调整。

通过对车站低压电器及照明系统各设备的正确操作和管理，可保障设备处于安全受控状态，使设备达到优质、高效的运行工况，实现系统的正常功能，为车站正常运营提供必要的基础条件。

【项目小结】

城市轨道车辆作为运载旅客的工具，不仅要保证运行安全、准点、快速，而且要为乘客提供良好的乘坐环境，使乘客舒适、方便，此外还要考虑对城市景观和环境的影响。为了保证车辆每天正常安全地运行，工作人员需要对车辆进行日常或者故障检修。同时，电力牵引供电系统是城市轨道交通系统的重要组成部分，相当于人体的中枢神经系统，没有可靠安全的供电系统供电，没有提供牵引系统足够的动力支持，就不可能有城市轨道交通的正常运作。本项目主要介绍了城市轨道交通车辆的种类、编组情况、构成和车辆段等内容，还介绍了轨道交通牵引供电制式、供电方式以及牵引供电系统结构组成等内容，并对杂散电流的防护和车站照明系统等相关内容做了简要介绍。要求重点掌握城市轨道交通车辆的主要构成部分及编组方法，了解城市轨道交通车辆的供配电系统的组成及功能，掌握车站照明系统的基本内容。

【关键概念】

车辆　　　直线电机　　　电力牵引　　　动力与照明

【思考题】

1. 城市轨道交通车辆一般由哪几部分组成?

2. 城市轨道交通车辆的类型有哪几种?

3. 直线电机分哪几类?

4. 城市轨道交通车辆的供电系统由哪几部分构成?

【自测练习】

一、单项选择题

1. 从结构上讲，轨道交通车辆车体朝（　　）方向发展。

A. 轻量化　　B. 重量化　　C. 小型化　　D. 大型化

2. 列车连挂运行的速度一般不应大于（　　）。

A. 4km/h　　B. 5km/h　　C. 6km/h　　D. 7km/h

3. （　　）从底部导电轨受流，又称第三轨受流，空间可得到充分利用，多用于速度较高的隧道列车运行。

A. 杆形受流器　　B. 侧面受流器　　C. 受电弓受流器　　D. 轨道式受流器

4. 下列属于一级负荷的是（　　）。

A. 普通风机　　B. 锅炉设备　　C. 信号设备　　D. 排污泵

5. 车辆制动系统是车辆运行安全的重要保证，我国地铁车辆最初采用（　　）。

A. SD 数字制动机　　B. 电气控制模拟直通电空制动系统

C. VE 型电空制动　　D. DK 型电空制动

二、多项选择题

1. 目前，地铁、轻轨、有轨电车上常用的车门可分为四大类，包括（　　）。

A. 塞拉门　　B. 外挂式移动门

C. 内藏对开式双滑门　　D. 外摆式车门

E. 外摆式移动门

2. 城市轨道交通车辆按黏着牵引系统可分为（　　）。

A. A 型车　　B. B 型车　　C. C 型车　　D. D 型车

E. 单轨胶轮车

3. 城市轨道交通车辆制动装置包括（　　）。

A. 液压式制动装置　　B. 再生制动装置

C. 电阻制动装置　　D. 磁轨制动装置

E. 空气制动装置

4. 现有的电流制，按接触网的电流性质可分为（　　）。

A. 直流制　　B. 低频（率）单相交流制

C. 工业频率单相交流制　　D. 三相交流制

E. 三相直流制

5. 通常将（　　）统称为牵引网。

A. 馈线　　B. 接触网　　C. 电动列车　　D. 回流线

E. 轨道

三、判断题

1. 目前，车体已发展为不锈钢车体轻型结构。（　　）

2. 1969 年 10 月 1 日北京地铁开始运行，标志着我国现代城市轨道交通的开始。（　　）

3. 多节编组时，无论采用 8 节编组、6 节编组还是 4 节编组，带驾驶室的 T_c 车，始终编在列车的两端，其他车型在列车中的位置不可以互换。（　　）

4. 深圳地铁 1 号线一期列车使用寿命为 30 年，设计寿命为 30 年。在 30 年的寿命期内，车体结构件无须重修或加固，30 年后车辆经重新装配，仍可使用。（　　）

5. 迷流是迷失方向的电流，是不依照规定的回路流动的电流，这些失散的电流最终不会回到电源。（　　）

项目七　城市轨道交通信号与通信系统

【知识目标】

- 了解信号与通信系统的组成
- 熟悉城市轨道交通列车自动控制系统的组成与功能
- 掌握城市轨道交通信号中“信、联、闭”的概念及功能

【能力目标】

- 能熟练说出列车自动控制系统组成及各子系统功能
- 能掌握联锁步骤、移动闭塞原理及应用
- 能理解基于无线通信的移动闭塞 ATP（列车自动保护装置）系统

【引导案例】

2009 年 12 月 22 日 6 时 54 分，上海轨道交通 1 号线发生两列列车侧面冲撞事故，造成高峰时间大量市民出行受到影响，并引起广泛关注。2010 年 1 月 22 日下午，上海市城乡建设和交通委员会公布了此次上海地铁冲撞事故原因的调查结果：因设计疏漏，信号系统发出错误指令，致使列车制动距离不足，发生冲撞。

城市轨道交通系统列车运行速度快、发车间隔时间短、车站站间距较短，这些运行特征对列车运行的安全和控制提出了较高的要求。因此，城市轨道交通系统的信号和通信的地位与作用十分重要。而城市轨道交通车辆在线路上如何有序安全地工作？又如何有效率地运行？城市轨道交通工作人员之间是如何联系的？乘客又如何知道列车要到什么地方？本项目将系统地介绍这些内容。

信号系统是城市轨道交通系统中重要的部分，包括信号设备、联锁设备、闭塞设备三部分，由各类信号显示装置、轨道电路和道岔转换装置等主体设备及其他附属设施构成一个完整的体系。信号设备传递轨道交通列车运行指挥命令；联锁设备保证轨道交通车站（包括车辆基地）列车运行的安全；闭塞设备则是保证区间内列车运行安全的专门装置。

任务一　城市轨道交通信号基础设备

城市轨道交通信号系统改变了传统的铁路以地面信号显示指挥行车的方式，实现了以车载信号为主体信号，用计算机系统实现了速度控制、进路选择和进路控制等，并逐步向无人驾驶的方向发展。

一、信号色及其意义

1. 基本色

(1) 红色：停车，禁止越过信号机，即信号处于关闭状态（信号熄灭或显示不明的情况，也视为停车信号）。

(2) 绿色：可按规定速度通过，即信号处于正常开放状态。

(3) 黄色：注意减速运行，即信号处于有条件的开放状态。

2. 辅助色

(1) 月白色：若作为调车信号，则表示允许越过调车信号机调车；若作为引导信号，应加上红色信号显示，准许列车越过红灯，以不超过 20km/h 的速度进站，并随时做好停车准备。

(2) 蓝色：调车信号，表示禁止越过调车信号机调车。

调车信号常设于折返站、区间站等有折返调车作业的车站，以及车辆基地等常进行转线、取送和解编等调车作业的地方。

二、信号种类

1. 视觉信号和听觉信号

视觉信号：以信号灯的颜色或信号装置的位置变化来显示信号意义，如色灯信号机、信号旗和信号牌等。

听觉信号：以声音的多少、长短等方式来显示信号意义，如口哨、口笛和响墩等。一般以视觉信号为主要信号，听觉信号为辅助信号。

2. 固定信号和移动信号

固定信号：固定设置在规定位置的信号装置所显示的信号，如地面信号机等。

移动信号：根据需要可以临时设置的信号装置所显示的信号，如信号牌、手提信号灯和信号旗等。

一般以固定信号为主要信号，移动信号为辅助信号。

3. 地面信号和车载信号

地面信号：设置在线路附近供司机辨识的信号。

车载信号：通过传输设备，将地面信号或其他方式传输的信号直接引入车辆，并能显示的信号。

城市轨道交通系统一般运用地面信号与车载信号结合的方式。

三、信号机的设置及其功能

城市轨道交通系统的信号机指的是设置在线路、车站和车辆基地等处，用于传递运行指挥命令的地面信号机，是一种昼夜均以信号灯的颜色显示信号意义的色灯信号机，主要指固定信号机。

常用的固定色灯信号机有以下几种。

1. 进站信号机

设置在车站入口（站界）外侧适当距离处，用来确保车站内作业安全，指示列车能否由区间进入车站的信号机。

进站信号机信号显示有两种：一种是红色灯光，表示不准列车越过该进站信号机（不准进站）；另一种是绿色灯光，表示允许列车按规定速度越过该进站信号机（允许进站）。

2. 出站信号机

设置在车站的出口，即列车由车站向区间发车处的前方，用来确保区间列车运行安全，指示列车能否由车站进入区间。

出站信号机信号显示有两种：一种是红色灯光，表示不准列车越过该出站信号机（不准出站）；另一种绿色灯光，表示允许列车越过该出站信号机（允许出站）。

3. 调车信号机

调车信号机有两种信号显示：一种是白色灯光，表示允许越过该调车信号机（调车进路空闲）；另一种蓝色（或红色）灯光，表示不准越过该调车信号机（表示调车进路未排列完毕或该调车进路无空闲）。

4. 防护信号机

设置在道岔处或进路的始端处，对通过道岔的列车显示信号，保障道岔开通的线路或进路的安全。

5. 出站信号机的复示信号机

当出站信号机因地形地物影响而观察不清时，需在出站信号机的内侧设置复示信号机，复示出站信号机的显示信号。

6. 遮断信号机

一般设在尽头线的终端，表示列车停车位置。

7. 引导信号机

当主体信号机因故障等原因不能正确显示信号时，通过人工办理手续，显示一个白色灯光加一个红色灯光（闪光），其显示意义为：准许列车以低速（不超过 20km/ h）越过该信号机进站，并随时做好停车准备。

与信号有关的设备还有列车速度表及信号表示器等。

速度表设置于司机室便于司机确认的合适位置，是一种双针数字速度计，其中，红针所指表示最大允许速度（带警示功能），黄针所指表示列车即时实际运行速度。

信号表示器有以下几种。

（1）道岔表示器：表示道岔的位置及其开通的方向。

（2）警冲标：安装在道岔附近，表示列车停车位置。

（3）进路表示器：表示股道上进路开通的方向。

（4）发车表示器：设置在车站站台上列车发车始端位置，向司机表示能否关车门及发车的时机。平时不亮灯。列车停靠后，其灯光显示如下：白色闪光表示离发车还有 5s，提示司机关车门；白色灯光表示可以发车；无显示表示不能关车门、发车。

信号显示距离一般由列车制动距离等综合因素确定。例如，某城市轨道交通列车制动的距离为 200m，则该系统地面信号机的位置距离不得小于 200m。地面信号装置根据列车运行准则来决定，如果是右侧行车，则设在线路列车运行方向的右侧或线路中心线上方。

四、转辙机

转辙机是用于转换道岔的装置，是道岔控制的执行机构，对于保证行车安全、提高行车效率具有十分重要的作用。在电气集中设备中，它接收到转换命令后即带动道岔转换；在道岔转换到位后，将道岔锁闭在规定位置上，从而确保安全；在道岔到位（或反位）的同时，向电气集中设备给出定位或反位的表示。转辙机的主要功能有转换、锁闭及给出表示。

转辙机按照用电性质分为直流电动转辙机和交流（三相）电动转辙机。国产 ZD 系列电动转辙机为直流电动转辙机。国外大多采用交流电动转辙机，国内新建线路也多采用交流电动转辙机，如广州地铁 2 号线的 S700K 电动转辙机就采用了三相交流电源。

五、轨道电路

轨道电路是利用钢轨线路和钢轨绝缘构成的电路，它用来监督线路的占用情况和传递列车的行车信息。以线路的两根钢轨作为导体，两端加以机械绝缘或电气绝缘，接上送、受电设备，即可构成轨道电路，如图 7-1 所示。

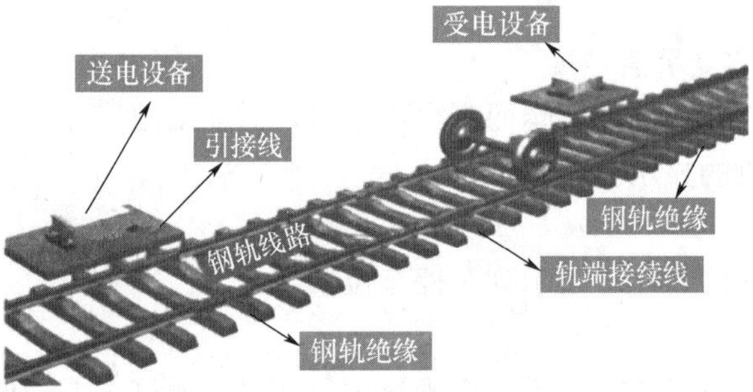

图 7-1　轨道电路原理

1. 轨道电路的组成与工作原理

轨道电路由送电设备、受电设备、传输线、电源和轨道继电器等组成。

当轨道上无车占用，且钢轨完好无损时，电路形成通路，轨道电路继电器励磁线圈有电通过，衔铁被吸起，中簧片连接前接点，绿灯或黄灯亮，表示该段轨道上无车占用，列车可进入该区段运行，这时轨道电路处于“调整状态”。

当轨道上有车占用时，由车轮形成了电路短路，使得轨道继电器励磁线圈失去电流，从而使衔铁落下，中簧片断开前接点、连接后接点，绿灯灭，红灯亮，表示该轨道段上有车占用，列车不准进入该区段（停车在区段防护信号外）。此时，轨道电路处于“分路状态”。当轨道发生钢轨断裂时，轨道电路形成断路，轨道继电器同样失去电流，导致亮红灯，从而形成了保护作用。

2. 轨道电路的种类

轨道电路可分为有绝缘轨道电路和无绝缘轨道电路。

（1）有绝缘轨道电路可分为直流轨道电路和交流轨道电路。交流轨道电路采用交流电源，在向轨道送电时需先降压，同时，轨道电路继电器需采用交流继电器。

直流轨道电路按照传输电流的形式可分为直流连续式和直流脉冲式。直流脉冲式包括极性脉冲、极频脉冲和不对称脉冲等制式。

交流轨道电路分为交流连续式和交流电码式。交流连续式常用高频 50Hz、低频 25Hz 和音频调制等方式。

在直流电力牵引区段，按照牵引电流通过钢轨的情况，可分为单轨条轨道电路和双轨条轨道电路两种。单轨条轨道电路是利用线路的一条钢轨作为传输通道，另一通道由电缆构成，如图 7-2 所示。

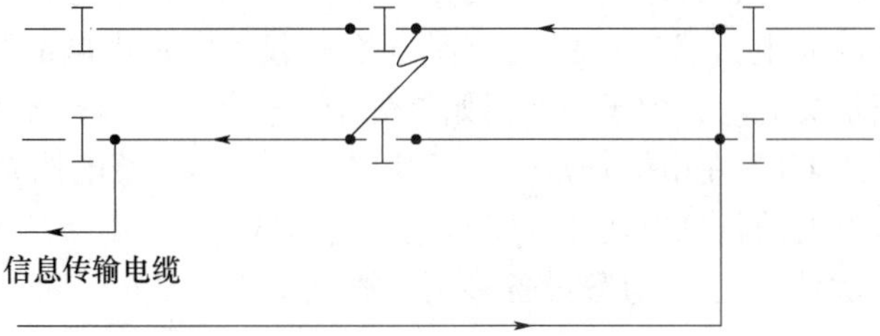

注：“→”表示信息电流

图 7-2　单轨条轨道电路示意（单轨条牵引回路）

（2）无绝缘轨道电路。对于有绝缘轨道电路而言，由于绝缘节容易破损，从而使轨道电路故障频繁；同时，在长钢轨（无缝线路）线路区段，因设置绝缘节而增加了钢轨的分割点，从而对高速运行的轨道交通列车的安全、行驶平稳等造成不利影响。绝缘节的存在，还对牵引电流的回流输送带来一定的难度。况且，大量使用绝缘节本身也是一笔相当大的投资（包括运营后的维修工作费用）。因此，众多国家均在研究使用无绝缘轨道电路。

在无绝缘轨道电路区段，轨道电路的分段由调谐阻抗连接变压器来完成。轨道电路发送器设置在列车运行方向离去的一端，用一台相当于轨道耦合变压器的阻抗连接变压器把已调制好的音频信号送入钢轨。在列车运行方向的接入一端设置接收器，也通过一台阻抗连接变压器接入轨道。如果发送器送出的检测频率载波信号未被阻断（能收到），轨道继电器呈吸起状态，表明轨道上无车占用，列车可以进入。如果有列车占用轨道电路区段，发送器送出的信号在中途被列车车辆短路（或因钢轨断裂被断路），将使接收器收到的信号电平低于预置值，从而使轨道继电器接点呈落下状态，轨道短路处于“分路状态”，同样可起到保障区段安全的作用。

对于无绝缘轨道电路而言，阻抗连接器就是轨道电路的分界点（无形的绝缘节），每个阻抗连接器既是前一段轨道电路的发送耦合变压器，又是后一段轨道电路的接收耦合变压器。因此，相邻轨道电路段采用不同的载波频率，同一个载波频率相隔 4 个轨道电路段才能重复出现，以保证轨道电路对信号的自然衰耗的识别，从而使轨道继电器不致发生错误动作。

六、UPS 电源设备

UPS（Uninterruptible Power Supply，不间断电源）是一种含有储能的装置，以逆变器为主要组成部分，提供恒定的电压和频率的电源设备。其主要的功能是在市电正常时，将市电稳压后供给设备使用，当市电中断时，由自身给设备供电，维持设备的正常运行。

UPS分为3种：后备式UPS、在线式UPS和在线互动式UPS。

（1）后备式UPS在正常供电时仅对市电起稳压作用，逆变器此时不工作，处于停机状态，并给蓄电池充电；正常供电异常时，迅速切换到逆变状态，将蓄电池的电能转为正常的交流电输出，对负载供电。

（2）在线式UPS的在线式逆变器始终处于工作状态，在市电正常时，UPS先将市电变成直流给蓄电池充电，然后逆变成交流电给负载供电；市电故障时，由蓄电池供电，逆变器输出正常交流电。由于逆变器始终处于工作状态，系统不存在中断。

（3）在线互动式UPS在市电正常时，逆变器反向工作给蓄电池充电；市电异常后，逆变器工作，将蓄电池的直流电转化为交流电并给负载供电。

城市轨道交通信号系统的UPS设备多用在线式UPS。

任务二　城市轨道交通联锁设备

城市轨道交通车站大多数仅有列车到达、停靠、上下乘客和出发等作业，没有调车作业，因而在车站线路设置方面比较简单，仅需两条运行线，无须配备其他线路。但在部分需要折返作业的车站（如终点站、区间站等），或需进行其他调车作业的车站（如配置出入车辆基地线路的车站、联络线出岔处车站和设有渡线可供转线的车站等），以及在车辆段、停车场等需要调车作业的部门则设有较多的线路。为保证调车作业的安全，不致形成正面冲突、追尾等，城市轨道交通系统采用联锁的办法来防护保障。

调车作业是列车在车站内有目的地移动位置的作业过程，即转线作业过程。城市轨道交通各条线路之间由道岔连接，因此，道岔是列车进入某一段线路作业的决定因素。有道岔区段的线路，城市轨道交通信号就要根据列车运行图，将道岔扳动到位，并锁定位置、给出信号，指示列车是走直股轨道还是走曲线股轨道，联锁设备解决了上述相关问题。

一、联锁基本概念

1. 联锁

为了保证站内作业安全，相关的道岔与信号机，信号机与信号机以及进路之间形成的互相制约、互为控制的连带环扣关系，称为联锁。

2. 进路

进路是列车在车站内（或车辆段、停车场等）运行的路径。

（1）列车进路是指列车在车站到达、出发、通过作业时运行的路径，主要包括以下3种。

① 到达进路：由进站信号机起，至接车线末端警冲标或出站信号机止的一段线路。

② 出发进路：由列车前端起，至相对方向进站信号机或站界标止的一段线路。

③ 通过进路：列车通过线两端进站信号机或站界标之间的一段线路。

（2）调车进路是指列车调车作业通过的路径，即由调车车列或单机运行方向的前端起至列车运行目的地或防护设备止的一段线路。

（3）敌对进路是指两条或两条以上会产生交叉、重叠的进路，即同时行车会危及行车安全的任意两条进路。

3. 联锁的实现步骤

（1）进路空闲的检测：检查进路空闲是保证行车安全的重要前提条件，目前主要靠轨道电路实现。

（2）道岔的控制：道岔是线路上的可动部分，如果控制不当，有可能造成列车脱轨或列车间相撞。

（3）信号的控制：只有在安全条件确认满足时才允许信号机开放，否则信号机必须处于关闭状态。控制信号机的开放与关闭，直接关系到行车的安全。

4. 联锁的要求

（1）在开通线路的道岔位置未确定到位之前，防护该进路的信号机不能开放。

（2）进路的道岔开通之后，即进入锁闭状态不能再转换，防护该进路的信号机能开放，敌对进路信号机不能开放。

（3）在主体信号未开放之前，预告信号和复示信号均不开放。

5. 联锁的种类

（1）电气集中联锁：通过继电器、轨道电路将道岔、信号机用电气回路集中控制与监督。

（2）微机联锁：由计算机控制系统来集中控制和监督道岔与信号机的动作状态。

二、联锁设备

联锁系统早期使用的是继电集中联锁，我国的6502电气集中联锁设备是其中非常优秀的一种联锁系统，它在我国铁路系统得到了广泛使用。现在大多为计算机联锁系统。

1. 6502型电气集中联锁设备

6502型电气集中联锁设备也称为大站继电电气集中联锁设备，其主要设备分为室内设备和室外设备。

（1）室内设备包括控制台和显示屏、区段人工解锁按钮盘、继电器组合和组合架、电源屏和分线盘等几部分。

① 控制台和显示屏：采用模块拼装式显示屏和进路按钮式控制台，主要用于集中控制和监督各条作业进路的道岔转换、信号开放与关闭、进路排列开通与锁闭。控制台与显示屏所在地一般就是车站（车辆基地）的控制中心。

② 区段人工解锁按钮盘：在道岔区段因发生故障导致进路无法解锁或关闭信号的设备发生故障时，可以采用区段人工解锁按钮盘上的相关按钮来解锁进路关闭信号。

③ 继电器组合和组合架：由于6502型电气集中联锁设备中继电器数量较多，为使组装及测试检修方便可靠，将相关的继电器集中安置组成继电器组合，并安装在不同的继电器组合架上。

④ 电源屏：为不间断地提供电气集中联锁所需的各种交流电源和直流电源而专门设置的电源供应设备。

⑤ 分线盘：作为室内与室外电缆连接的专门设备。

（2）室外设备包括色灯信号机、电动或气动道岔、轨道电路和室外导线等部分。

① 色灯信号机：在地铁上，安装有许多列车、调车信号机，为了节省电缆，一般采用透镜式色灯信号机。

透镜式色灯信号机是以凸透镜为集光器的色灯信号机。它的每一个灯位固定显示一个颜色的灯光，多种颜色的信号显示由多个灯位完成，因此又称为多灯型信号机。透镜式色灯信号机的机构有高柱二灯位、三灯位、引导机构；矮型二灯位、三灯位机构；遮断信号、复示信号和各种表示器机构等。通过这些机构的组合和不同颜色灯光的排列，可以组成各种用途的信号机。

为了增加信号机的显示距离，透镜式色灯信号机的透镜组由无色的外透镜和有色的内透镜组成。信号灯泡的灯座使用可调焦灯座，在灯光焦距恰当时，光源可得到充分利用，以增加信号显示距离。

② 电动或气动道岔：配置电动转辙机的电动道岔或配置有气动装置的气动道岔均可实现远程集中操纵、监督、控制。

③ 轨道电路：用于监督进路是否空闲，并传输相关信息。

④ 室外导线：分为信号电缆、道岔电缆和轨道电缆等，均采用地下电缆方式布置。

（3）6502 型电气集中联锁设备的特点：操作简便，可以满足联锁要求；显示清晰直观。

广州地铁西朗车辆段、深圳地铁竹子林车辆段都采用了 6502 电气集中联锁系统。

2. 计算机联锁

随着计算机技术的发展，现在新建的城市轨道交通线路几乎全部采用微机联锁。

计算机联锁设备主要由表示操作层、逻辑层、执行表示层、设备驱动层和现场设备层 5 层组成。

表示操作层是人机界面，将设备和列车运行情况进行图形化显示，可通过鼠标和键盘输入操作命令实现联锁命令操作，接收操作员命令给逻辑层处理。

逻辑层是系统的核心，对联锁进行逻辑的处理。

执行表示层是逻辑层和设备驱动层的接口，分解逻辑层的命令，控制设备驱动层驱动设备，并采集设备驱动层的表示信息给逻辑层。

设备驱动层是现场设备的驱动设备。

现场设备层含道岔、转辙机、信号机和轨道电路等。

3. 联锁系统的控制

（1）进路的建立指进路开始办理到防护该进路的信号机开放的阶段，主要经过进路元素的可行性检查、进路元素的征用、进路监督及开放信号等步骤。

（2）进路解锁分为取消进路和正常解锁两种。

取消进路是指进路建立后，因人为需要而取消进路的一种解锁方式。一旦进行取消进路的操作，进路始端信号机立即自动关闭；检查是否需要延时，如果不需要延时，立即取消进路；否则，延时 30s 后检查进路的第一个轨道区段是否解锁或被车占用，如已解锁或被车占用，终止解锁，否则立即取消进路。

正常解锁是指列车通过进路中的轨道区段后自动解锁。

（3）列车运行的三级控制分为中心级控制、远程控制终端的控制和站级控制。

中心级控制用于全自动列车监控模式，列车的进路设置命令由自动进路设定系统发出，其信息来源于时刻表和自动调整系统。

远程控制终端的控制是在控制中心故障或控制中心与下级设备通信故障时，列车驾驶员输入目的码，列车发送系统发出列车信息，远程终端产生控制命令。

站级控制是指列车运行进路控制在车站值班员工作站执行，值班员选择通过联锁区的预期进路，联锁控制逻辑检查进路，确认其没有被占用并没有建立进路，然后自动排列进路。

任务三　城市轨道交通闭塞设备

一、闭塞的基本概念

1. 闭塞定义

为了保证区间内列车运行的安全和效率，防止列车发生对向冲突（单线）或同向追尾（单线和双线），而规定的区间两端车站在向区间发车前必须办理的行车手续，叫行车闭塞（以下称闭塞）。用于完成闭塞手续的设备即闭塞设备。

2. 闭塞方式

（1）时间间隔法：按规定的间隔时间向区间发车，以时间间隔作为闭塞条件的闭塞方法。该法不能保障在同一时间同一区间内只有一个列车占用的安全条件，适用于道路汽车交通的运行组织。

（2）空间间隔法：在同一时间、同一区间内只有一个列车占用，即前行列车与续行列车始终保持一定的空间间隔，适用于轨道交通。

3. 闭塞制式

（1）人工闭塞：采用电气路签（路牌）作为占用站外区间的行车凭证，由区间两端车站值班员确认区间空闲后，传递签发行车凭证。此法是一种依靠人工完成的闭塞制度，仅适用于行车密度低、速度较低的单线区间。在此闭塞条件下，两站之间只能运行一个列车。

（2）半自动闭塞：采用车站出站信号机的允许显示信号作为列车占用站外区间的行车凭证，区间两端的值班员通过专门的闭塞机来办理闭塞手续，即由发车站值班员请求占用区间，由接车站值班员来认可接车，发车站才能开放发车信号；当列车进入区间时，发车信号关闭，区间处于闭锁状态；只有当接车站值班员确认列车到达之后，才能使闭塞机处于解锁状态，才能办理第二次列车占用区间的闭塞手续。其中，办理手续由值班员人工完成，信号显示的转换则是由运行中的列车自动完成的，故称为半自动闭塞。由于半自动闭塞制度保障了两个车站之间区间仅有一个列车运行，因此，区间运行安全得到了保障，但线路通行能力较低，适用于单线铁路。

（3）自动闭塞：将站间区间划分为若干个小区间（称为闭塞分区），并设置通过信号机进行防护，由车站出站信号机和区间内通过信号机的显示共同作为列车占用区间的行车凭证；出站信号机的关闭与通过信号机的信号显示变化，均由行进中的列车自动完成（除了出站信号的开放仍由车站值班员在排列列车进路时完成，其余已包含在联锁环节中），故称之为自动闭塞。自动闭塞使站间区间可有多个列车同时占用（只要能保持安全间隔），同时对区间内有否列车占用的信息进行检查监督，是列车运行自动化控制的基础。

二、自动闭塞的显示制度

通过信号机显示灯光颜色及其意义共有以下几种情况。

1. 二显示自动闭塞

红色灯光：前方闭塞分区有车占用，停车，不准越过信号机。

绿色灯光：前方闭塞分区无车占用，按规定速度运行。

二显示自动闭塞在绿色灯光条件下，有可能仅有一个空闲区间可供列车占用。因此，列车在很多情况下是在红灯下运行，随时准备减速或停车制动，只适合于运行密度低、速度低的轨道交通系统。

2. 三显示自动闭塞

红色灯光：前方闭塞分区有车占用，停车，不准越过信号机。

黄色灯光：前方仅有一个闭塞分区空闲，减速通过。

绿色灯光：前方至少有两个闭塞分区空闲，按规定速度通过。

三显示自动闭塞在绿色灯光条件下，至少有两个闭塞分区空闲可供列车占用。因此，列车基本上是在绿色灯光或黄色灯光下运行，可以保持较高速度运行，或只需要短暂减速运行，适合于客货列车混行的铁路系统。

3. 四显示自动闭塞

红色灯光：前方闭塞分区有车占用，停车，不准越过信号机。

黄色灯光：前方仅有一个闭塞分区空闲，低速列车减速通过。

黄绿色灯光：前方有两个闭塞分区空闲，高速列车减速通过。

绿色灯光：前方至少有 3 个闭塞分区空闲，按规定速度通过。

4. 四显示带防护信号自动闭塞

（防护）红色灯光：前方闭塞分区有车占用，停车，不准越过信号机。

（停车）红色灯光：前方闭塞分区为防护空闲分区，停车，不准越过信号机。

黄色灯光：前方只有一个闭塞分区可以占用，减速通过。

绿色灯光：前方至少有两个闭塞分区空闲，按规定速度通过。

四显示带防护信号自动闭塞保证列车在绿色灯光下运行，可以充分提高列车的运行速度，比较适合较高速度的铁路区段或城市轨道交通系统。

四显示带防护信号自动闭塞是在三显示自动闭塞方式基础上进行改善后形成的，比三显示自动闭塞多了一个防护区间，安全性得到保障，但运行速度无法提高，仍处于三显示自动闭塞水平。

三、自动闭塞制式

前后列车在区间内运行间距越大，通行能力越差，但运行安全程度越高，列车的运行速度也可发挥到最佳点。同样，在自动闭塞区段，车站向区间按一定的间隔时间连续发车，发车间隔时间越长，线路通过能力就越低，但安全可靠性提高；发车间隔时间越短，则线路通过能力越大，但必须保证续行列车与前行列车有安全的间隔距离，这个安全距离可以由自动闭塞的制式来决定。

由于自动闭塞每个闭塞分区均装有轨道电路，因此，可以比较准确地表示前方列车的位置，继而向续行列车传输比较明确的速度指令，从而保证两个列车之间既有可靠的安全制动距离，又保持最短的空间间距，达到最大的通过能力。

从闭塞制式来看，装备列车运行控制的自动闭塞系统可分为三类：固定闭塞、准移动闭塞和移动闭塞。

1. 固定闭塞

传统的固定闭塞制式下，列车定位基于轨道电路，通过线路旁信号机显示、车站停车和司机告警等来确保后续列车不能进入被前一列车所占用的闭塞区间，从而保证一定的列车安全间隔。

2. 准移动闭塞

准移动闭塞在控制列车的安全间隔上比固定闭塞进了一步。它采用多信息轨道电路辅之大容量点式设备来判断分区占用并传输信息，告知后续列车继续前行的距离，后续列车可根据这一距离合理地采取制动措施，列车制动的起点可延伸至保证其安全制动的地点，从而可改善列车速度控制，缩小列车安全间隔，提高线路利用效率。但是，准移动闭塞系统中后续列车的目标制动点仍必须在前行列车占用分区的外方，因此它并没有完全突破轨道电路的限制。

3. 移动闭塞

随着城市轨道交通发展的日新月异，原有的自动闭塞、准移动闭塞信号系统已无法有效满足行车间隔对运送乘客的需求。移动闭塞信号系统在自动闭塞、准移动闭塞基础上发展而来，通过车载设备和轨旁设备不间断的无线双向通信实现对列车的安全控制，从而保证列车的运行安全，最大限度地提升行车能力。

移动闭塞技术则在对列车的安全间隔控制上更进了一步。移动闭塞系统独立于轨道电路，消除了以信号机分隔的固定闭塞区间，通过列车的精确定位来提高安全性和列车运行密度。通过车载和地面安全设备之间快速连续的双向数据通信，信号系统可以根据列车的实时速度、位置、线路和前行列车情况，动态计算列车的最大制动距离。列车的长度加上这一最大制动距离并在列车后方加上一定的防护距离，便组成了一个与列车同步移动的虚拟分区。由于保证了列车前后的安全距离，两个相邻的移动闭塞分区就能以很小的间隔同时前进，这使列车能以较高的速度和较小的间隔运行，从而提高运营效率。其原理如图 7-3 所示。

移动闭塞 ATC 系统是利用列车和地面间的双向数据通信设备，使地面信号设备可以得到每一列车连续的位置信息，并据此计算出每一列车的运行权限，动态更新发送给列车。列车根据接收到的运行权限和自身的运行状态信息，计算出列车运行的速度曲线，实现精确的定点停车，从而实现完全防护的列车双向运行模式，更有利于线路通过能力的充分发挥。

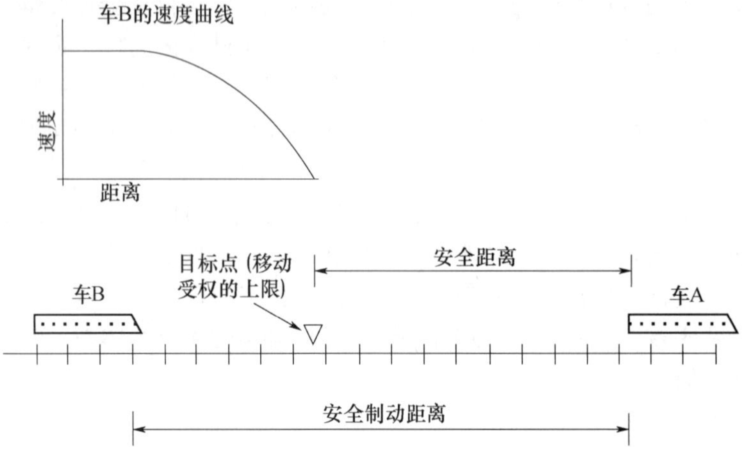

图 7-3　移动闭塞原理

资料卡：CBTC——基于无线通信的列车自动控制系统

CBTC（Communication Based Train Control System，基于无线通信的列车自动控制系统）其特点是用无线通信媒体来实现列车和地面设备的双向通信，用以代替轨道电路作为媒体来实现列车运行控制。CBTC 的突出优点是可以实现车-地之间的双向通信，并且传输信息量大，传输速度快，很容易实现移动自动闭塞系统，大量减少区间敷设电缆，减少一次性投资及减少日常维护工作，可以大幅度提高区间通过能力，灵活组织双向运行和单向连续发车，容易适应不同车速、不同运量、不同类型牵引的列车运行控制等。

四、调度集中

在自动闭塞区段，列车在区间运行的安全间隔由通过信号机的显示来保障（如三显示能保证两个或两个以上闭塞分区空闲的安全行车条件）。列车到达车站和从车站出发（包括从车站通过），仍然需要车站工作人员排列进路来实现。

城市轨道交通系统大多数车站是无联锁车站（无道岔无调车作业车站）。因此，车站的作业主要就是列车到达与出发。为了提高运行调度的效率，减轻工作人员的工作强度，加强运营管理，往往采用调度集中方式，将整个路线的列车运行指挥调度集中在线路的控制中心来完成。

1. 调度集中的意义

调度集中是利用遥信设备汇总线路上各车站的道岔和信号设备的工作状态和列车运行情况，利用遥控设备直接操纵控制线路上所有车站的道岔、信号，达到集中控制的目的。

调度集中系统是一种自动化、遥控化的远动系统，其功能是使调度控制中心的工作人员可以直观清晰地了解每列车的运行情况，可以直接对个别车站的调车作业（如折返、转线、出入段）安排进路，可以同步跟踪记录列车运行情况，完成实际运行图的绘制及相应的技术统计工作。

2. 调度集中的设备概况

（1）调度控制中心内设调度集中总机、调度集中控制台、表示盘和运行图记录仪等。

调度集中总机：汇总处理各车站道岔、信号机工作状态信息及列车运行状况信息，向各车站调度集中分机发布命令，是信息接收、译码和控制命令编制、发送的设备，是整个调度集中系统的核心。

调度集中控制台：调度控制中心工作人员直接操纵控制的设备，用来直接对各车站信号、道岔设备实施远程控制。

表示盘：各车站信号、道岔、股道的情况与工作状态和各个列车的运行位置的集中表示设备，表示盘上还设有车次窗口，可以直接表示列车车次号码。

运行图记录仪：将列车运行的信息汇总后，直接自动描绘出实际运行图。

（2）车站内设有调度集中分机和车站电气集中设备。

调度集中分机：既是对调度集中总机发来的控制命令接收、译码的终端设备，又是车站信息的编制、发送设备，与调度集中总机共同完成信息的双向变换、检出工作。

车站电气集中设备：在有联锁的车站，车站电气集中联锁设备是接收调度集中命令、完成进路排列的现场操作设备，包括室内设备和室外设备，如图 7-4 所示。

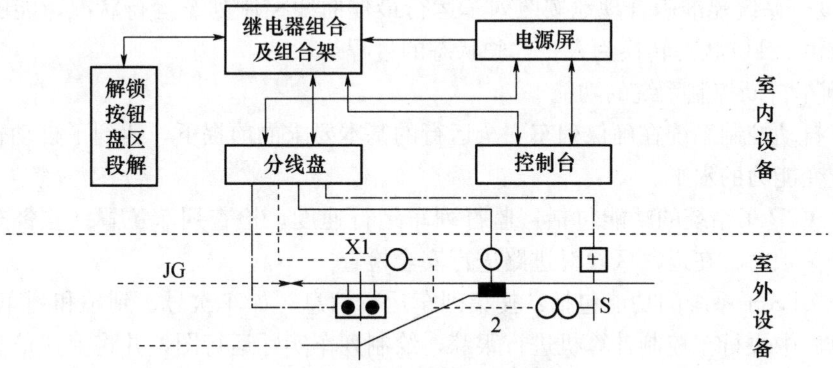

图 7-4　电气集中设备组成示意图

（3）传输线路：调度集中控制中心与各车站之间由传输线连接，距离较远时设置中继器。

五、列车自动控制系统

根据城市轨道交通系统列车运行的特征，既要保证列车运行安全可靠，又要尽量缩短行车间隔时间，利于提高轨道交通线路的输送能力，列车自动控制系统可以较好地达到上述目的。

1. 列车自动控制系统的构成

列车自动控制系统由列车自动保护（ATP）、列车自动监督（ATS）、列车自动运行（ATO）3 个子系统构成，其设备分别装设在中央控制室、车站和列车上。

（1）ATP（Automatic Train Protection，列车自动保护子系统）的作用是确保列车运行安全，通过强制规定列车运行的速度极限，达到既能保持前行列车和续行列车之间的安全间隔，又可以确保列车运行速度在不超过极限的条件下保持一个较优状况的目的。

在有联锁车站，ATP 子系统确保联锁的要求实现，即确保列车通过联锁车站的一条进路有效，且相应的道岔均已锁闭在正确的位置，进路才能开通，列车才能运行。

ATP 子系统确保在任何情况下，不会出现两列或两列以上列车同时占用一个轨道区段的可能，仅允许一个列车占用，其他列车将被锁在该区段外。

ATP 子系统监督列车停站时车门和站台屏蔽门的开和关的顺序，并确保其以安全准确的方式操作。ATP 子系统还有确认防淹门充分开启的功能。

（2）ATS（Automatic Train Supervision，列车自动监督子系统）完成自动转换道岔、排列进路等工作；根据列车运行计划与实际客流情况能够自动合理地调度列车运行，提供使列车响应中央控制中心的监督命令。

ATS 子系统由中心设备、车站设备和车上设备组成。

（3）ATO（Automatic Train Operation，列车自动运行子系统）完成各种类型列车的自动启动、自动调整、自动停车和定点停车等列车运行控制的主要工作。

ATO 子系统由轨旁设备及车上设备组成。

ATO 子系统采用闭环控制系统技术达到调速目的，将 ATO 参考速度与实际车速比较，两者之差就是自动调速的控制量，并不断修正。

ATO 子系统能准确合理地按照列车运行最佳曲线控制列车运行状况，能够非常方便地完成由 ATO 状态转换为人工驾驶状态的过程。

2. 列车自动控制系统的功能

列车自动控制系统在确保列车安全运行的基本要求的前提下，达到了自动化、高效率、强应变能力的水平。

（1）ATP 子系统的功能包括：监督列车运行速度，检查列车位置；监督车门与屏蔽门的开关顺序；在道岔区段对进路进行安全检查。

（2）ATS 子系统的功能包括：搜集列车运行信息，如车次号、到站和列车位置等。上述信息由中央行车控制计算机进行跟踪，绘制列车实际运行图，并将上述信息内容显示在线路表示盘上，供行车调度员监视，根据列车运行计划和列车实际运行图的比较及即时客流情况，指挥列车运行，包括办理列车进路、控制列车发车时间和改变区间运行模式等。在运行图紊乱时，可发布控制命令调整列车运行秩序。

（3）ATO 子系统的功能包括：对列车进行实时控制，当列车接近车站时，ATO 地面停车位置标识器向车上 ATO 发送指令，完成定点停车。ATO 车上设备在 ATP 监护下，完成开关车门的操作。

【实例介绍】

广州地铁正线的自动控制系统概况

广州地铁正线的信号设备采用西门子公司 ATC 自动列车控制系统，主要包括 SICAS微机联锁、LZB700 列车自动防护、ATO 列车自动驾驶等先进设备，车辆段采用国内领先的铁科研 TYJL-Ⅱ型微机联锁和 6502 继电电气集中联锁。

西门子公司的 ATC 信号联锁设备主要由 SICAS 微机联锁子系统、ATP（列车自动防护子系统）、ATO（列车自动驾驶子系统）、具备集中和本地操作能力的 ATS（列车自动监督子系统）等组成。室外设备中采用了西门子的 S700K 型电动转辙机和技术成熟的国产 ZD6-D 型电动转辙机、FTGS（遥控音频无绝缘）轨道电路等先进的设备。

任务四　城市轨道交通通信系统

城市轨道交通通信系统按其用途，可分为地区自动通信、地铁专用通信、有线广播、闭路电视、无线通信以及子母钟报时系统，会议系统，传真及计算机通信系统；按信息传输的媒介可分为有线通信和无线通信，有线通信又可分为光缆和电缆通信。城市轨道交通通信系统是既能传输语言又能传输文字、数据和图像等各种信息的综合数字通信网。

本任务主要介绍通信传输系统、有线电话系统、无线调度系统、广播系统、闭路电视系统、时钟系统。

一、通信传输系统

通信传输系统是城市轨道交通通信系统最重要的子系统，担负着城市轨道交通几乎所有通信系统信息传输的重任。通信传输系统是系统各站点与控制中心及站与站之间的信息传输和信息交换的通道。

通信传输系统由光纤骨干网、网络节点、用户接口卡和网络管理系统等组成。

（1）光纤骨干网：光纤骨干网有光纤、电缆两种传输介质。短距离连接使用电缆或多模光纤和 LED 光源，长距离只能使用单模光纤。

（2）网络节点：网络节点是用户访问网络、使用网络的途径。网络节点可为用户接口卡提供电源，可接收用户接口卡的信息并将其发送到光纤网络，还接收光纤网络信息并将其传送到用户接口卡。

（3）用户接口卡：用户接口卡是用户接入系统的硬件工具，其功能是使自身系统无限向外延伸。用户接口卡有硬件和软件两种形式。

（4）网络管理系统：网络管理系统通常基于主流、成熟的操作系统，具有友好的操作界面，其功能是负责对传输网络进行配置、扩展、管理和维护。

通信传输系统采用双环路运行方式：一个环路运行，负责传送信息；另一个环路备用。两个环路功能一致，同时运行，并不断监测备用环路，确保备用环路能随时启动。一旦主路故障，备用环路立即启动。

二、有线电话系统

轨道交通各职能部门所使用的有线电话系统从功能上可分为公务电话系统和专用电话系统两类。

从现有的交换网络来看，每条轨道交通线路都各自成网。由于轨道交通对语音通信的需求规模不大，因此专用电话系统由轨道交通自建交换网络；公务电话系统既可以采用轨道交通自建模式，也可利用公众电信运营商的交换网络的设置原则。

1. 公务电话系统

公务电话以数字程控交换机设备为核心，连接办公室、OCC（Operation Control Center，运行控制中心）、车站和设备室等电话分机，以满足城市轨道交通对内和对外的通信需求，为保证安全和减少成本使用专网网络构建。公务电话网由数字交换机通过传输系统构成环形结构，如图 7-5 所示。该网络是用 3 个数字交换机组成的网络，当任意两台交换机之间的传输中断时，可以迂回通过传输线路保证联络的畅通，从而保证通信的顺利进行。

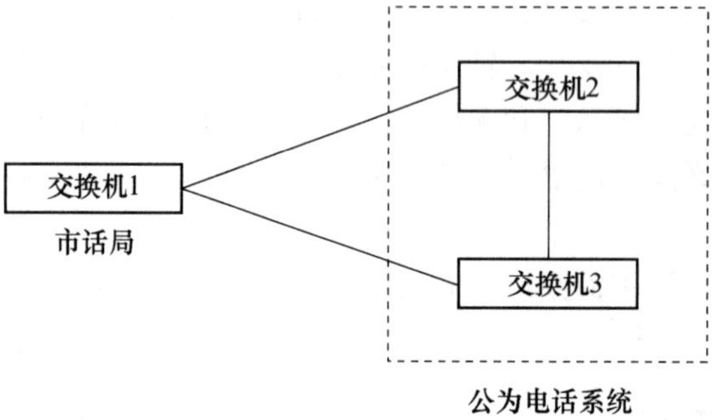

图 7-5　公务电话系统环形结构

2. 专用电话系统

专用电话系统主要供控制中心调度员及车站、停车场、车辆段的值班员组织指挥行车、运营管理及确保行车安全等工作使用，系统主要包括调度电话、站（场）内集中电话、站间电话、区间电话、紧急电话、接车电话和市内直线电话等。

（1）调度电话是控制中心调度员组织、指挥所辖范围内的值班员而设的一种专用通信设备，为控制中心调度员与各车站、车辆段（或停车场）值班员以及办理行车业务直接有关的工作人员专用的直达通信工具。必须迅速、可靠地直通电话，同时不应接入与本业务无关的电话。设有行车调度电话、电力调度电话、防灾调度电话、客运服务调度电话和总调度电话等。

（2）站（场）内集中电话是站（场）值班员与本站（场）其他有关值班人员进行联系的点对点直通电话。

（3）站间电话是保证安全行车的专用电话设备，供相邻车站值班员间办理有关行车业务联系时使用。在其回线上不得连接其他电话，应保证相邻值班员无阻塞地直达通话。

（4）区间电话是供驾驶员和区间维修人员与邻站值班员及相关部门联系的电话，区间内每隔 150～200m 安装一部电话。

（5）紧急电话是在紧急状态下供乘客或车站工作人员使用的，用户摘机即可与本站车控室值班员或具有车控功能的客服中心值班员进行通话。

（6）接车电话供站台值班员与控制中心行车调度员进行接发车通话时使用。

（7）市内直线电话是供轨道交通相关部门或人员与地方相关部门直接联系的电话。其中，主变电所至地方供电局，控制中心防灾救援中心至市消防局，防汛指挥中心、地震监测部门之间应设置成热线电话并具有录音功能。

专用电话系统在控制中心设置数字专用通信系统主系统设备，在各车站、停车场、车辆段设置数字专用通信系统分系统设备。数字专用通信系统主系统设备与分系统设备间通过传输系统提供的 2mb/s 通道连接。

三、无线调度系统

无线调度系统是调度与驾驶员通信的唯一手段，也是移动作业人员和抢险人员实现通信的主要手段。

根据行车组织、业务管理和指挥的需求，无线调度系统设置 5 个子系统。

(1) 行车调度子系统供行车调度员、列车驾驶员、车站值班员、站台值班员之间进行通信联络使用，满足行车要求。

(2) 事故及防灾子系统供环控调度员、车站值班员、现场指挥人员及其他相关人员之间进行通信联络使用，满足事故抢险及防灾需要。

(3) 车辆段/停车场调度子系统供车辆段/停车场信号楼值班员、列检库运转值班员、列车驾驶员、场内作业人员之间进行通信联络使用，满足段内调车及车辆维修需要。

(4) 维修调度子系统供维修调度员与现场值班员之间进行通信联络使用，满足线路、设备日常维护及抢修要求。

(5) 公安调度子系统供公安调度员与车站、车辆段或停车场公安人员之间进行通信联络使用，满足公安要求。

各调度员与无线用户以及无线用户之间具有通话呼叫功能，根据不同用户之间的业务联系，有选呼、组呼和全呼几种方式。

中心调度员对运行中的列车具有广播功能，对通话台的标志码、用户名和通话内容等具有显示功能，对通话台的通话内容可进行录音和检索；具有多级优先呼叫功能、数据集辅助功能、系统网络管理功能。

目前，用于专用无线通信调度的系统主要有专用频道、模拟集群和数字集群 3 种制式。

四、广播系统

1. 广播系统的作用

广播是城市轨道交通运营行车组织的必要手段，它的主要作用有两方面。

(1) 对乘客广播。

广播内容：通知列车到站、离站、线路换乘、时间变更表、列车误点、安全状况；播放音乐以改善候车环境。

广播范围：站厅、站台、列车车厢。

另外，可进行防灾广播，在突发或紧急情况下组织指挥事故抢险，提高应急响应能力。

(2) 对运营人员广播。

广播内容：发布有关通知信息，协同配合工作。

广播范围：办公区、站台、站厅、运用库、段内道床群附近和人行道。

2. 广播系统的控制策略

广播系统由控制中心和车站两级控制，正常情况下以车站广播为主；事故抢险及组织指挥时，以控制中心防灾广播为主。

为了运营防灾的需要，控制中心环控调度员有最高优先级。在优先级上，环控调度高于行车调度，行车调度高于维修调度，控制中心调度员高于车站值班员，站长广播台高于站台广播台。在同一广播优先级中，预存语音信息高于人工广播，通常预存信息防灾广播优先级最高。当多等级信息相继触发时，正在播放的广播中断，自动进入按序等待状态。

3. 广播系统的设置

广播系统主要由控制中心广播、车站广播和车辆段广播组成。

中心广播台设置在控制中心，具有语音和信号等控制功能，供环控调度、行车调度、维修调度使用，在紧急情况下，调度人员可对中心和车站任何区域广播；站长广播台设于车站控制室，具有语音、信号及各种控制功能，有人工广播、线路广播、预存广播，车站值班员可对站台、站厅、办公区广播；站台（轨旁）广播台是全天候、有防护门的对讲台，具有防水设置，在恶劣环境下使用，站台广播设于站台中部的墙上，每站台一个，用于站台定向广播；轨旁广播设于车辆段及地面站轨道沿线，对检修区域定向广播；桌面广播台设于车辆段范围的通号楼、检修楼、运用库，对车辆段道岔群、检修主厂房、运用库定向广播。

五、闭路电视系统

闭路电视系统是控制中心调度管理人员、车站值班员、站台管理人员和驾驶员实时监控车站客流、列车出入站和旅客上下车等情况，以提高运营组织管理效率，保证列车安全、正点运送乘客的系统。该系统借助录像还可以进行安全事故取证。

闭路电视的设备主要分为车站级和中心级。

车站级设备保证车站工作人员实时监视本车站情况，有摄像机、车站控制盘、监视器、视频交换矩阵、数字传输设备、视频插入分割器、视频均衡放大器和数字硬盘录像机等设备。车站级可以满足车站工作人员和驾驶员的以下要求。

（1）图像显示。车站工作人员可对本车站监视图像选择显示，自动循环设定的固定分组图像，人工单选一个车站的图像到任一显示器上。

（2）录像功能。录取车站的所有图像，所录制的图像可回放到显示器或远程调取。

（3）图像文字叠加。车站设备可叠加显示必要信息，如车站名称、摄像机位置编号和日期时间等，维护人员可更改叠加信息，中心设备也可叠加调度人员专用信息。

（4）驾驶员监视功能。为驾驶员提供当前站台监视，以保证乘客上下车安全；供驾驶员查看车门和屏蔽门的开关，防止夹伤乘客。

控制中心设备能帮助中心调度人员实时监控所管辖的车站，其设备主要有视频解码设备、数字硬盘录像机、中心网络管理终端、中心控制盘和监视器，可保证每个使用人员有一套独立设备，互不干扰。中心设备主要满足中心调度人员监视和录像的要求。

六、时钟系统

1. 时钟系统的功能

时钟系统是为运营准时、服务乘客、统一全线设备标准时间而设置的系统。系统采用 GPS 标准时间，使全线时间完全一致。

一级母钟能自动跟踪 GPS 接收单元来校准时钟。同时，一级母钟能分路输出，连接各车站、车辆段和停车场等各子钟驱动器及各系统设备的外时钟输入口。

2. 时钟系统的组成

时钟系统由一级母钟、分路输出接口、子钟驱动器及显示子钟等设备组成。其中，一级母钟、分路输出接口设备设于控制中心内，子钟驱动器设于车站通信机械室，显示子钟置于站厅、站台、值班室和调度室等现场。

【实例介绍】

深圳地铁一期工程通信系统简介

深圳地铁一期工程通信系统是指有关部门和有关工作人员为实现地铁行车指挥、运营管理和行政办公等功能使用的通信设施，以及支持这些设施所需的相关网络，也包括地铁通信网与深圳市电信局市话中继线联网工程，与供电、消防等指挥部门之间业务所需要的直通电话工程和沟通地面与地下之间的有线、无线传输通道等。

通信系统主要由传输子系统、专用电话子系统、电视监控子系统、广播子系统、时钟子系统、电源子系统、光缆与电缆和无线通信子系统等设施或设备组成。

传输子系统采用 OTN（Open Transport Network，开放式传输网络），它是行车调度指挥中心与车站、车站与车站之间信息传输的主要手段，传输子系统是组建深圳地铁一期工程通信网的基础。传输子系统除了提供公务电话、专用电话、无线集群电话、电视监控、音频广播和时钟等通信子系统的传输信道外，还为信号（ATC）、自动售检票（AFC）、设备监控（EMCS）、电力监控（SCADA）和防灾报警（FAS）等系统提供传输通道。

专用电话子系统是调度员和车站值班员指挥列车运行和指导设备操作的重要通信工具，它包括调度电话、局部电话、区间电话和站间行车电话。

电视监控子系统是调度员和车站值班员监视列车运行、掌握客流大小和流向、提高行车指挥透明度的辅助通信工具，是列车司机在车站停车后监视旅客上下车、掌握开关车门时间的重要手段。其主要包括前端摄像机、尾端监视器、视频切换与控制等设备，视频传输采用数字压缩编码方式。

广播子系统是车站值班员和 OCC 调度员对车站办公用房和站内旅客进行公共语音广播的主要设备，必要时也可用作消防广播、旅客疏导广播，在列车到达和进出站时可以实现自动广播，在车站可以为旅客播放音乐。广播子系统由车站广播和 OCC 广播两级组成，主要设备包括信源设备、功率放大器、扬声器、广播控制台、控制键盘和站台播音盒。

时钟子系统提供全线统一的时间信息，由设在全线各站、OCC、车辆段的指针式和数字式子钟显示。时钟子系统在 OCC 可向列车自动控制系统、自动售检票系统、车站综合监控系统、防灾报警系统和无线通信等相关系统设备提供标准及统一的时间信息。时钟子系统设备包括高精度石英母钟和交流驱动指针式石英子钟、交流驱动数字式子钟、标准时间信号接收装置、传输接口装置和维护工作站等。

电源子系统承担深圳地铁一期工程全线范围内所有车站、行车调度指挥中心、车辆段等地通信设备的供电。车站和行车调度指挥中心通信设备均采用不间断电源（UPS）集中供电。电源子系统设备包括交流配电柜、UPS 电源设备柜、电池柜和电力配电箱至交流配电柜之间的电源配线。

光缆与电缆。光缆用于 OCC 和车站传输设备之间的数字传输。光缆敷设方式为：隧道内采用电缆支架架设，车站内采用电缆桥架敷设，车辆段采用电缆管道敷设。电缆主要用于车站与车站之间及 OCC 与车站之间，车辆段等地的电话传输。电缆的敷设方式与光缆相同。

无线通信子系统主要用于解决固定人员（调度员、车站值班员）与流动人员（司机、维修人员、列检人员等）相互之间通话及数据传输的问题。无线通信子系统包括车辆段运用库无线系统和运营线路无线调度通信系统，前者采用同频单工对讲方式，后者采用 TET-RA 800MHz 数字集群通信方式，由单交换机、多基站和多中继站联合构成。它是一个有线与无线相结合的网络，从控制中心至各基站用传输子系统提供的传输通道连接，从基站到移动台用无线传输。在隧道内，电波传播用漏泄电缆覆盖，在地面站及车站站厅层用天线辐射。

以上通信系统是专门为地铁行车指挥使用的，称为专网。除了专网以外，地铁内还设公众通信系统，它包括公众无线通信系统和公众有线通信系统以及公安交警通信系统。公众无线通信系统把中国电信和中国联通的移动通信（GSM、CDMA 和第三代通信）和数字电视、市话引入地下，为旅客提供移动通信服务，公众有线通信系统为商业、银行等部门提供多种通信服务。公安交警通信包括无线、有线、电视监控和数据传输等多种通信手段，为公安部门提供多种通信服务。

【项目小结】

城市轨道交通信号系统以指挥行车、保证安全和提高效率为首要任务，在城市轨道交通的运营中起重要的作用。通信系统通过传输系统、电话系统、闭路电视、时钟系统、无线调度系统和广播系统等提供服务。本项目介绍城市轨道交通信号系统的信号种类及作用、轨道电路、联锁设备、闭塞设备、列车自动控制系统；城市轨道交通通信的种类及作用，通信传输系统、广播系统、闭路电视、无线调度系统等内容。要求重点掌握城市轨道交通信号与通信系统的概念，掌握信号与通信系统中各个不同功能的系统的作用，了解信号与通信系统中各系统的基本工作原理和相互之间的关系。

【关键概念】

信号　　自动闭塞联锁　　列车运行控制系统　　通信系统

【思考题】

1. 通信系统包括哪几部分？其功能分别是什么？
2. 闭塞有几种方式？闭塞的发展前景如何？

【自测练习】

一、单项选择题

1. 防护信号机中表示所防护的道岔开通折返线，准许列车按规定速度越过该信号机运行至折返点的是一个（　　）灯光。

A. 绿色　　B. 白色　　C. 红色　　D. 蓝色

2. 由进站信号机起，至接车线末端警冲标或出站信号机止的一段线路是指（　　）。

A. 到达进路　　B. 出发进路　　C. 通过进路　　D. 调车进路

3. 列车自动控制系统中的列车自动保护简称为（　　）。

A. ATP　　B. ATS　　C. ATO　　D. ATE

4. 区间电话在区间内每隔（　　）安装一部。

A. 150～200m　　B. 200～250m　　C. 250～300m　　D. 300～350m

5. 城市轨道交通信号系统的 UPS 设备多用（　　）。

A. 后备式 UPS　　B. 在线式 UPS

C. 在线互动式 UPS　　D. 离线式 UPS

二、多项选择题

1. 轨道电路由（　　）等组成。

A. 送电设备　　B. 受电设备　　C. 传输线　　D. 电源

E. 轨道继电器

2. UPS 分为（　　）。

A. 离线式 UPS　　B. 标准式 UPS

C. 后备式 UPS　　D. 在线式 UPS

E. 在线互动式 UPS

3. 移动闭塞方式的 ATC 系统通常采用（　　）等媒体，向列控车载设备传递信息。

A. 无线通信　　B. 地面交叉感应环线

C. 波导　　D. 表示盘

E. 信号机

4. 闭塞的制式分为（　　）。

A. 人工闭塞　　B. 半自动闭塞

C. 自动闭塞　　D. 自动加人工闭塞

E. 站间闭塞

5. 通信传输系统由（　　）组成。

A. 光纤骨干网　　B. 网络节点

C. 用户接口卡　　D. 网络维护系统

E. 网络管理系统

三、判断题

1. 信号显示距离一般由列车制动距离等因素综合确定。（　　）

2. 逻辑层是系统的核心，对联锁进行逻辑的处理。（　　）

3. 前后列车在区间内运行间距越大，通行能力越好，但运行安全程度越低，列车的运行速度也可发挥到最佳点。（　　）

4. 调度集中系统是一种自动化、遥控化的远动系统。（　　）

5. 城市轨道交通系统是一个封闭式运转链，单独完成运转指挥调度。（　　）

项目八　城市轨道交通运营管理

【知识目标】

- 了解城市轨道交通的运营管理特性与发展趋势
- 熟悉城市轨道交通行车组织、客运组织和票务管理等内容
- 掌握城市轨道交通运营管理相关规章制度、国家标准

【能力目标】

- 能初步理解城市轨道交通行车组织、客运组织和票务管理等领域知识
- 能大概了解国内外城市轨道交通运营管理模式
- 能熟练掌握《城市轨道交通运营管理规范》国家标准的相关内容

【引导案例】

2004 年 9 月 29 日 11 时许，吴某在北京地铁南礼士路站购票进入地铁车站乘车时，由于其奔跑速度快而掉下站台，被来自复兴门方向正常驶至南礼士路站的第 1601 次地铁列车轧断左腿和右脚，车站值守的站务人员立即采取了停电处理措施并随即通知了公安部门和急救中心，同时协助将吴某送往急救中心抢救。事后，吴某将北京市地铁运营有限公司告上了法院。吴某称，由于南礼士路车站没有履行《北京市城市轨道交通安全运营管理办法》关于城市轨道交通安全运营管理的规定，没有坚持“安全第一，预防为主”的方针，疏于管理，导致其在赶车的忙乱中失足掉下地铁站台，被行驶中的地铁列车轧断双腿。法院认为被告在事发地铁站内设置了保障城市轨道交通安全运营的各类安全标志，该起事故是由于原告赶车速度快不慎掉下站台而被地铁列车轧伤的意外事故，原告所受到的伤害是由于其自身行为的重大过失所致，被告对原告的伤害后果没有过错，于 2005 年 11 月 3 日判决驳回原告吴某的诉讼请求。

为了加强城市轨道交通运营管理，保证城市轨道交通正常、安全运营，维护城市轨道交通运营秩序，保障乘客和城市轨道交通运营者的合法权益，我国于 2005 年 8 月 1 日开始施行《城市轨道交通运营管理办法》（以下简称《办法》）。该《办法》在轨道交通运营方的责任义务及对危害轨道交通正常运营的人的约束等方面，有较为详尽的规定，尤其是对轨道交通的规划者、设计者、施工者、运营者在各自作业环节中未能履行相应义务时的罚则，有更细致的规定。

城市轨道交通运营管理是综合利用相关设施为旅客提供优质服务的保证。目前，高新技术设备的投入运用，客流增长与运能矛盾的凸显，各方面对服务水平、运营安全与经济效益的关注，以及网络化运营反映出来的诸多问题，使人们认识到运营管理的重要性和加强运营管理的必要性。

任务一 城市轨道交通运营管理概述

一、城市轨道交通的运营特性

城市轨道交通包括地铁、轻轨、单轨、自动导向交通系统、市域快线、市郊铁路、有轨电车和磁悬浮等形式。

从适用的范围而言，市区宜采用地铁、现代有轨电车、单轨铁路；近郊宜采用轻轨等；远郊区采用市郊铁路、城市快速铁路；机场联络线宜采用地铁延长线、轻轨、快速铁路和低速磁悬浮列车等。

从运量规模而言，大运量宜采用地铁、市郊铁路、城市快速铁路和磁悬浮列车等；中运量宜采用轻轨、跨座式单轨列车等；低运量宜采用现代有轨电车和悬挂式单轨列车等。

从列车运行速度而言，超高速（120～400km/h及以上）宜采用高速列车、高速磁悬浮列车；高速度（80～120km/h）宜采用地铁、高速轻轨（如天津滨海线快轨列车最高速度达100km/h）、市郊铁路、城市铁路、城市快速铁路和低速磁悬浮列车等；中速度（60～80km/h）宜采用轻轨、跨座式单轨列车等；低速度（60km/h以下）宜采用现代有轨电车。

城市轨道交通是一个庞大的复杂的技术系统，其领域覆盖了土建、机械、电机、电气、电子信息、环境控制和运输组织等各个门类；其主要系统包括承载基础与行车空间、车站、轨道、车辆、供电、通信、信号、自动售票、屏蔽门、导向和预报和车站机电设备等。从运营功能看，其大体分为三大系统。

（1）列车运营系统。例如，隧道、站台、线路、车辆、牵引供电、信号、通信、控制中心和车站行车等。

（2）客运服务系统。例如，车站及其照明、售检票及计算中心、导向及预告措施、消防、环控、自动扶梯、直梯和车站服务等。

（3）检修保障系统。为保障上述系统设备性能良好，能随时启动重新投入运行而具备的检修手段及检修能力，如车辆段、检修基地等。

三大系统的运行目的是不间断地运送乘客，并保证其安全、准时地到达目的地。它在为乘客服务的同时，也在不断地产生城市轨道交通唯一的产品——乘客人千米（数），这也是轨道交通运营企业的主要营业收入来源。因此，其运营管理的特性如下。

1. 系统联动性

城市轨道交通系统安全运行和优质服务的基础是城市轨道交通三大系统同时正常、协调地运行，确保系统各专业之间相互依托、相互渗透的联动性。要保证三大系统30余个项目和不同专业设施、设备每天18～24h正常而协调地运行，就必须从基础入手，以目标为依据，结合时间、空间等因素，系统而协调地运行。

2. 时空概念性

乘客人千米（数）是列车在不断地线路运行中，乘客在上车、下车完成旅行的过程中产生的运行指标之一。列车运行是根据乘客的出行需要安排的，而城市节奏又要求高速度、高密度的列车运行来为市民出行服务。现代城市轨道交通的运行速度在市中心一般为35～40km/h，在市郊可达到60km/h，最小行车间隔（密度）为2min甚至更小。要保证如此高速度、高密度的列车安全运行，要求城市轨道交通的三大系统与之适应，这就形成了城市轨道交通运营企业和一般的制造业不同的时间和空间的概念。

3. 调度指挥集中性

多专业、多工种联合运行，对时间、空间的要求很高，一旦发生故障其后果及影响都很严重。城市轨道交通系统需要严格的、高效率的、统一的指挥，这一功能的实现一般由运营控制中心（OCC）完成。

4. 优良服务

一座城市的轨道交通系统（网络）每天都要面对数十万乃至数百万的乘客，并负责将他们从其出发站输送到目的站，同时使每一位乘客从购票乘车到下车出站的全过程中都感到满意，这是轨道交通运营的宗旨。为此，运营企业必须在每一个环节均为乘客提供优质的服务。

5. 管理的严格性

对城市轨道交通运营企业而言，技术管理的核心是规章制度，它是规范人员生产活动的行为准则。各岗位人员只有严格执行规章制度，才能使得规模庞大而技术复杂的系统有序、安全而高效地运转；反之，系统运转就受到阻碍而降低效率，甚至发生事故、造成严重后果。

总之，三大系统组成的城市轨道交通运营系统是一个整体，是一个联合运输的大系统，其唯一的宗旨就是“安全第一，乘客至上”。

二、世界城市轨道交通运营管理模式

城市轨道交通的运营管理模式在世界各国出现了多样化的趋势。由于世界各地发展城市轨道交通的历史条件和经营环境不同，形成了各种各样的城市轨道交通管理模式。按资产属性及运营企业性质划分，世界城市轨道交通的运营管理模式主要有以下6种。

1. 有竞争条件下的官办官营模式

有竞争条件下的官办官营模式是指线路由政府负责出资建设，两家或两家以上的运营单位经过招标方式获得经营权。

韩国首尔的地铁运营管理就是采用这样的模式。

有竞争条件下的官办官营是一种带有计划性质的市场竞争。在此模式下，政府作为业主给企业的补助较为优厚，且官办性质的企业不能过分重视赢利，因此票价带有福利性；但是由于创造了一定的竞争环境，客观上提高了企业的主观能动性。其缺点是政府干预过多，可能存在效率低下等问题。该模式适用于有一定的客流量的区域，可以通过一定的财政补贴实现赢利。

2. 无竞争条件下的官办官营模式

无竞争条件下的官办官营模式是指线路为政府所有，一家单位独家经营，或两家以上单位按行政区域划分经营范围。

伦敦、纽约、巴黎地铁的运营管理都采用这种模式。该模式的特点是城市轨道交通的运营者由政府指定，政府给予相应的补贴。

欧美国家多采用无竞争条件下的官办官营的管理模式，主要是因为欧美国家的城市轨道交通系统客流密度比较低，系统赢利的可能性很低。这些城市一般由非营利性的公共团体代表政府管理城市轨道交通，票价带有极大的福利性，运营收入不能抵偿运营成本，主要靠补助金支持日常开销，由于没有市场竞争，效率低，政府财政压力大。

3. 官办半民营模式

官办半民营模式是指线路为政府所有，交由政府股份占主导地位的上市公司经营。

香港地铁就是这种运营管理模式。香港地铁公司是一家上市公司，它的第一大股东是香港特区政府。虽然实行市场化运作，但是香港特区政府为地铁公司提供担保，从多个方面干涉地铁公司的经营，因此香港地铁只能算半民营。政府委任有关人员组成香港地铁公司董事局后，就让其按商业原则运作，政府主要靠法律手段规范市场主体行为。2000 年，香港特区政府又对地铁公司进行股份改造，让高层主管及员工持股，使该公司 10%的股份通过上市私有化。这种模式适用于客流量小、经济实力强大的区域，着重体现福利性，也可在轨道交通建设初期采用这种模式，体现政府的支持。

4. 官办民营模式

官办民营模式是指线路由政府出资建设，交由民间股份占主导地位的上市公司经营。

新加坡地铁的运营管理就是采用的这种模式。新加坡快速城市轨道交通公司负责新加坡地铁的运营，公司的最大股东为一家私人企业；新加坡国土运输局拥有城市轨道交通的所有权和建设权并承担建设费用。

这种模式的优点是引入市场机制，既有竞争又可实现市场化的赢利，政府的财政压力也小；缺点是有时不能很好地反映轨道交通的福利性。这种模式适用于市场化程度高，市场环境和机制较好且客流量大的情况。

5. 公私合营模式

公私合营模式是指线路归政府和地方公共团体所共有，同样由政府和地方公共团体共同组织人员经营。

东京的城市轨道交通系统很早就引入了多种经济成分，如政府投资、商业贷款、民间投资和交通债券等，充分开拓了融资渠道。东京城市轨道交通是由帝都高速交通营团（2004 年营团的一切权利与义务由营团改组的东京地下铁株式会社承继）和东京交通局运营，其运营费用也是由运营公司自行融资解决，政府不直接干涉。

日本轨道交通系统建设由于有多种经济成分的参与，使东京轨道交通系统的建设模式具有自己的特点，即公私多元化投资，政府负责出资建设，私人企业运营；其缺点是产权难以分清，利益分配复杂，内部矛盾多。这种模式适合有很大客流量，混合经济较多，投、融资渠道通畅的城市地铁。

6. 私办私营模式

私办私营模式是指线路由私人集团投资兴建，由私人集团经营，政府无权干涉其运作。

曼谷轻轨就是采用的这种模式。曼谷轻轨的建设和运营由一家私人企业控股的公司负责，即曼谷大众交通系统公共有限公司（BTS）。泰国政府通过合同形式对轻轨建设和运营（BTS的股本结构）进行约束，如特许经营协议规定票价在10～40泰铢。

在这种模式下，能最大限度地激发私人投资者的兴趣，但在票价、线路走向等敏感问题上，政府和私人投资者不可避免地会发生冲突，政府难以保证城市轨道交通作为公共福利事业的本质。另外，城市轨道交通的投资回收期长，私人投资者要有在头几年亏损的情况下偿还贷款利息的心理准备，因此，这种模式会促使私人投资者严格控制建设和运营的成本。这种模式适合客流量大，政府财政很弱的城市地铁。

总体而言，西方国家的城市轨道交通线路几乎都是国家政府或市政府所有，由政府机构直接运营或是交给公有性质的企业运营，而东方国家城市的情况就比较复杂。

三、我国的城市轨道交通运营管理模式

1. 我国城市轨道交通运营管理的两种模式

目前我国城市轨道交通运营管理模式主要有一体化管理方式和专业化管理方式两种。

（1）一体化管理方式。

一体化的管理方式是集轨道交通工程的投融资、建设、运营、沿线商业开发为一体、统一运作的模式。其特点是根据每项职能设立部门，以地铁建设、运营为主要业务，房地产、广告等商业经营为辅助业务。香港地铁公司、广州地铁总公司就采用这一体化管理方式。

以广州地铁总公司为例，公司设立了八部、二室、一委员会的架构，总公司集建设、运营、沿线资源开发等各项职能为一体，根据每个职能设立部门。一体化管理方式有以下优势。

① 地铁各种资源高度集中，有利于各方面资源的共享，资源配置的成本低。

② 投融资、建设、运营作为公司内部的几项工作，便于协调、分工。

③ 客运主营业务与商业等辅助业务可以合并收入，实现合理避税。

但是，这种管理方式也有缺点：随着地铁规模的不断扩大，机构庞大，且企业管理成本不断增加，对企业管理水平有极高的要求，不利于大规模的地铁投资、建设、运营；资源、权力过于集中垄断，不利于地铁建设、运营的投资主体多元化运作，以及市场化竞争格局的形成。

（2）专业化管理方式。

专业化的管理方式是把地铁的投融资、建设、运营、沿线商业开发等业务分别交由专业化公司来承担的模式。各公司之间可以是以资产为纽带的企业集团形式，也可以是完全相互独立的市场化契约关系。这种方式有利于地铁建设及多元化的市场良性竞争格局的形成，代表了未来地铁管理的发展方向。深圳、上海、新加坡和日本等地铁公司就采用过此管理方式。此管理方式有以下优点。

① 将投融资、建设、运营分别成立专业化公司，结构清晰。

② 有利于集中精力完成大规模的建设、运营任务。

③ 有利于地铁建设、运营主体多元化的市场良性竞争格局的形成。

④ 在筹措建设资金、控制项目投资、降低运营成本和提高运营效率等方面发挥了积极的作用。

其缺点是虽然能合并报表，但各子公司要单独纳税，不利于各子公司之间的协调，分工难度较大。

2. 城市轨道交通两种运营管理模式的过渡

在目前城市轨道交通建设的规划中，一般会存在多条线路的建设，可以根据各条线路实施的先后顺序，分为1号线、2号线等。在轨道交通项目的前期阶段，往往只有1号线在建，此时管理工作量比较少；在后期阶段，可能会出现1号线运营的同时2号线在施工、3号线开始规划或者设计的情况，此时协调管理工作会变得纷繁复杂。因此，应该根据项目的具体情况来选择适合项目自身发展的建设运营管理方式，这对项目的顺利进行起着重要的作用。

在目前的城市轨道交通建设中，可以在只有一条线路建设的前期阶段采用一体化管理方式，即成立建设处（部）来负责此线路的建设管理工作。这种管理方式可以在1号线的建设中起到许多积极作用，并为1号线建设的顺利完工与运营打下坚实的基础。在城市轨道交通建设的后期阶段需要实行多点、多线建设。可是，在一体化管理方式中，投融资、建设、运营和沿线商业开发等都需要进行统一运作。从我国目前的国情来看，业主的管理能力不强，难以对多项目（线路）进行有效的管理，出现的局面往往是总公司机构庞大，管理成本增加，从而限制了轨道交通的大规模发展。可见，一体化管理方式不再适应多线建设的后期阶段，于是可以在多线路建设的阶段把一体化管理方式过渡到专业化的管理方式，即建设处（部）发展成建设公司、运营公司和资源开发公司。这样可以使建设公司集中精力搞建设，保质保量，按时竣工；使运营公司聚精会神地抓运营，确保安全，提高服务管理水平。各公司各司其职、权责分明、结构清晰，有利于轨道交通工程在短时间内筹措巨额资金，有利于项目的建设和运营主体多元化的市场竞争格局的形成，从而完成大规模的建设、运营任务。

由一体化向专业化管理方式转变可以取长补短，既发挥专业化管理方式有利于形成市场主体多元化的格局的优势，又避免一体化管理模式所造成的资源、权力过于垄断的局面。由一体化过渡到专业化可以采用两种方式。

（1）分别成立建设子公司、运营子公司和资源开发子公司，子公司和总公司之间以资产为纽带形成企业集团，总公司对其实行资本型控制。采用这种方式，子公司和总公司可以形成规模效应，节约资本占用，节约交易成本。

（2）分别成立建设分公司、运营分公司和资源开发分公司，分公司和总公司之间以完全相互独立的市场契约为纽带而形成企业集团的形式，总公司可对其实行行政管控。在这种形势下，分公司将资金纳入总公司统一控制，有利于资金的合理分配，方便总公司全局的投资计划、经营策略的统一安排，使分公司资金能够得到最大限度的合理运用。

子公司与分公司作为企业的分支机构，各有优势和弊端。具体采用哪种方式或是两种方式同时运用，可以根据企业的具体情况进行选择。

我国城市轨道交通运营管理模式的发展趋势表现在以下方面。

从运营管理而言，由一条线路独立运营向多线甚至网络化运营过渡；与铁路枢纽线路实行过轨运输，真正实现零转乘；与城市公共交通实行一体化管理，改善票务管理模式；站务管理设备综合自动化发展，运营管理向更高级的列车综合监控系统发展；运营管理逐步向数字化、智能化方向发展，不断促进科技进步，建成全自动化城轨运输系统等。

四、城市轨道交通运营管理的内容

城市轨道交通是一项系统工程，它必须遵循有轨交通的客观规律，在运输组织上，实行集中调度、统一指挥、按图运行；在功能实现上，车辆、车务、机电、通信、信号和工务等部门紧密配合，确保隧道、线路、供电系统、车辆设备、机电设备及消防设备系统状态良好，运行正常；在安全保证方面，主要依靠合理的行车组织规则和可靠的设备运行来保证行车间隔和正常的行车路径。而这一系列功能的正常发挥需要良好的运营管理。由此可知，城市轨道交通运营管理可分为行车管理、站台管理、票务管理、车站设备管理四大部分。

任务二　城市轨道交通行车组织

一、列车运行图

1. 列车运行图的作用

（1）列车运行图是组织列车运行的基础，如图 8-1 所示。列车运行是一个很复杂的环节，它要求各个部门、各工种、各项作业之间相互协调配合，保证列车安全和提高运输效率。列车运行图规定了各次列车在同区间的顺序、列车在一个车站到达和出发（或通过）的时刻、列车在区间的运行时分、列车在车站的停站时分、折返站列车折返作业的时间及电动列车出入场时刻。列车运行图在保证城市轨道交通运营各部门的相互配合和协调动作上起到了重要作用。

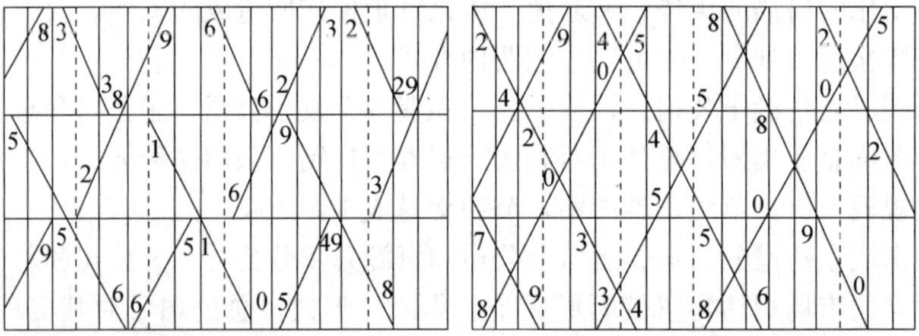

(a) 单线成对平行运行　　(b) 双线成对平行运行

图 8-1　列车运行

（2）列车运行图是运行组织的一个综合计划。运营生产是一个统一的整体，涉及城市轨道交通运营的各业务部门，各业务部门都需要根据列车运行图所规定的要求来安排工作。例如，车站根据运行图所规定的列车到达和出发时刻，安排本站信号组织和客运组织工作；车辆维修部门每天运营前要根据列车运行图的要求准备好运营需求的列车数；车辆运转部门要根据列车运行图的要求确定列车的派出时刻和乘务员的作息计划；工务、通信、信号、供电和机电等部门也要根据列车运行图的规定来安排施工计划和维修计划。因此，列车运行图是城市轨道交通运行组织的综合计划。

2. 列车运行图的图解表示要素

（1）横坐标：表示时间变量，按要求用一定的比例进行时间划分，一般城市轨道交通列车运行图采用 1 分格或 2 分格，即每一等分表示 1min 或 2min。

（2）纵坐标：表示距离分割，根据区间实际里程，采用规定比例，以车站中心线所在距离定点。

（3）垂直线：一组平行的等分线，表示时间等分段。

（4）水平线：一组平行的不等分线，表示各个车站中心线所在的位置。

（5）斜线：列车运行轨迹（径路）线，一般以上斜线表示上行列车，下斜线表示下行列车。

（6）在列车运行图上，列车运行线与车站的交点即表示该列车到达、出发或通过的时刻。由于城市轨道交通列车停站时间较短，一般不标明到、发不同的时间。

（7）在列车运行图上，每个列车均有不同的车号和车次。一般按不同的列车类别规定代号与列车号，如专用列车、客运列车和施工列车等；按发车顺序编列车车次，上行采用双数，下行采用单数。例如，上海目前使用的车次号由 5 位数组成。

3. 列车运行图的分类

（1）按区间正线数分：单线运行图和多线运行图。

（2）按列车之间运行速度差异分：平行运行图和非平行运行图。

（3）按上下方向的列车数分：成对运行图和非成对运行图。

（4）按同方向列车运行方式分：连发运行图和追踪运行图。

（5）按使用范围分：日常运行图、节假日运行图、其他特殊运行图。

城市轨道交通系统的列车运行图因其系统特征所致，一般为双线成对追踪平行运行图。

4. 列车运行图的组成要素

城市轨道交通列车运行图的组成要素有 3 类：时间要素、数量要素、相关要素。

（1）时间要素包括区间运行时分、停站时分、折返作业时分、出入车辆停车场作业时分、营运时间和停送电时间等。

（2）数量要素包括全日分时段客流分布、列车满载率、出入库能力和列车最大载容量等。

（3）相关要素包括与其他交通方式的衔接，与大型体育场所、娱乐商业街的衔接，列车试车作业，驾驶员的作息时间，车站的存车能力，电动车的能耗等。

5. 列车运行图的编制原则

（1）在保证安全可靠的条件下，提高列车的运行速度，缩小列车的运行时分。

（2）尽量方便顾客。

（3）充分利用线路的能力和车辆的能力。

（4）在保证运量需求的条件下，运营车数达到最少。

6. 列车运行图的指标计算

（1）旅客输送能力：

$$旅客输送能力=旅客列车数\times列车定员$$

（2）全日车辆总走行千米：

全日车辆总走行千米＝∑（旅客列车数×列车编成车辆×列车运行距离）

（3）车辆日均走行千米（千米/台日）：

$$车辆日均走行千米=\frac{全日车辆总走行千米}{全日车辆运用数}$$

其中，全日车辆运用数可近似地取早高峰小时的车辆运用数。

（4）车辆全周转时间：

$$车辆全周转时间=\frac{全日营业时间\times运用车组合数}{全日开行列车对数}$$

二、行车调度工作

城市轨道交通行车调度工作由调度控制中心实施，实行高度集中、统一指挥，以使各个环节紧密配合、协调工作，保证列车安全、正点运行。行车调度工作是城市轨道交通系统的核心，它的好坏直接影响乘客运输任务的完成情况。

1. 行车调度工作的基本任务

（1）指挥各部门、各工种严格按照列车运行图工作。

（2）监控列车到达、出发及途中运行情况，确保列车运行的正常秩序。

（3）当列车运行秩序不正常时，及时采取措施，尽快恢复正常运行秩序。

（4）及时、准确地处理行车的异常情况，防止行车事故的发生。

（5）随时掌握客流的情况，及时调整列车运行方案。

（6）检查监督各行车部门执行运行图的情况，发布调度命令。

（7）当发生行车事故时，按规定程序及时向上级主管部门汇报，并采取措施防止事故扩大，积极参与、组织救援工作。

2. 调度机构及其组成

城市轨道交通是一个复杂的、技术密集型的城市公共交通系统。为统一指挥、有序地组织运输生产活动，轨道交通系统设立调度控制中心。调度控制中心实行分工管理原则，按业务性质划分为若干部分，设置不同的调度岗位，如在运营控制中心经常设有行车调度员、电力调度员、环控调度员和维修调度员等调度岗位。

3. 行车调度工作的主要设备及功能

随着科学技术的发展，城市轨道交通运行控制设备正逐步向自动化、远程化、计算机化的方向发展，行车调度工作也从人工电话调度指挥的方式向电子调度集中和计算机调度集中控制设备发展。

（1）人工调度指挥系统（电话闭塞法）的设备组成情况如下。

① 调度控制中心设备：调度电话、无线调度电话、传输线路。

② 车站设备：调度电话分机、传输线路。

③ 列车上设备：无线调度电话。

该系统主要由行车调度员通过电话向车站值班员直接发布命令，由车站值班员安排列车进路。通过值班员报点，调度员掌握列车到达、出发信息，下达列车运行调整命令，并通过无线电话呼叫列车司机，发布调度命令。在该阶段，由调度员人工绘制列车运行图。

(2) 电子调度集中系统（自动闭塞法）的设备组成情况如下。

① 调度控制中心设备：调度集中总机、运行显示屏、运行图绘图仪和传输电路等。

② 车站设备：调度集中分机、传输线路等。

③ 列车上设备：无线调度电话。

电子调度集中设备实现了运行调度指挥的遥信和遥控两大远程控制功能（尚缺遥测这一基础功能）。它的特点是区间采用自动闭塞，车站采用电气集中链，并用电缆引接到控制中心，控制中心的行车调度员可以直接排列进路，直接指挥列车的运行调整，并通过列车显示屏监控列车运行情况。在必要时可将列车运行进路排列权限下放给车站，由车站值班员操作。

在电子调度集中控制下，列车进入区间的行车凭证为出站信号机的绿灯显示，如果出站信号故障，凭行车调度的命令发车；追踪运行列车的安全间隔由自动闭塞设备实现。

(3) 计算机控制的自动调度（ATC 系统与 CATS 系统）通常由列车自动保护（ATP）系统、列车自动驾驶（ATO）系统、列车自动监控（ATS）系统组成。

目前，ATC 系统已经被越来越多的城市轨道交通系统采用。

CATS 是 ATC 系统中央控制中的调度指挥系统，它是一个实时控制系统，由调度控制和数据传输电子计算机、工作站、显示盘和绘图仪等构成，其中电子计算机按双机备用。

4. 行车调度的调度命令

在组织指挥列车运行的过程中，行车调度员按规定在进行某些作业时需要发布调度命令，表示行车调度员在指挥列车运行过程中发布的对行车作业具有严肃性和强制性的命令。

行车调度员在发布调度命令前，应详细了解现场情况，并听取有关人员意见，调度命令发布后，有关行车人员必须严格执行。

行车调度命令分为口头命令、书面命令、口头通知三种。

5. 行车调度工作考核指标

(1) 列车运行图的兑现率：

$$列车运行图的兑现率=\frac{实际开行列车数}{计划开行列车数}\times 100\%$$

(2) 列车正点率：

$$列车正点率=\frac{正点运行列车数}{全部开行列车数}\times 100\%$$

(3) 平均满载率：

$$平均满载率=\frac{日客运量\times 平均运距}{输运能力\times 线路长度}\times 100\%$$

三、列车运行组织

列车运行组织是城市轨道交通运营管理的中心工作。城市轨道交通通常被称为一个大的联动机，因为它是集行车、车辆、机电、通信、信号和工务等各工种、技术于一体运转的系统。系统中任一环节出现问题，都可能对整个系统的正常运转带来严重的后果，而整个系统的正常运转则集中体现在列车的运行组织工作中，它是保证将乘客由出发站安全、准时、快捷地运送到目的地的关键。

1．列车交路计划

列车交路计划是根据运营组织的要求及运营条件的变化，按运行图或由调度指挥列车，按规定的区间运行、折返的列车运行计划。列车交路计划的确定应从经济合理的角度出发，既要保证满足乘客需求又要考虑如何利用运能，以提高经济效益。

（1）列车折返方式有站前折返和站后折返两种方式。

列车通过进路改变、道岔的转换，经过车站的调车进路由一条线路至另一线路运营的方式称为列车折返，具有折返能力的车站称为折返站。

（2）列车交路传统上分为长交路、短交路和长短交路三种。

长交路是指列车在两个终点站进行折返运行；短交路是指列车在指定的折返站折返，在一区间内运行；长短交路是指列车在线路运行中结合了长、短交路两种情况的运行模式，如图 8-2 所示。

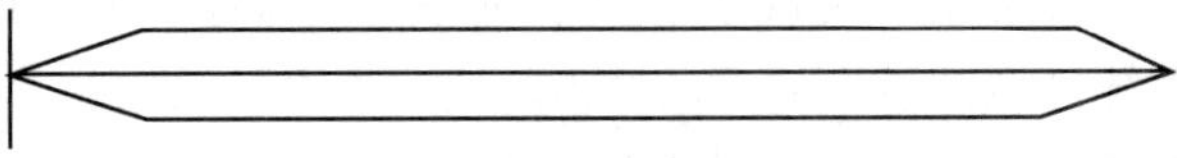

(a) 长交路列车交路

(b) 短交路列车交路

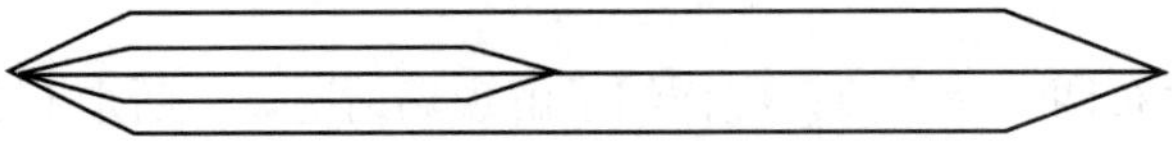

(c)长短交路列车交路

图 8-2　列车交路

2．正常情况下的列车运行组织

城市轨道交通由于行车密度高、间隔小，对安全运营要求高等特点，根据信号设备所能提供的运行条件，按照运行图规定的行车计划开行列车，进入列车运行模式，一般分为调度集中控制、调度监督下的自动运行控制和半自动控制三种方式。

调度集中控制的行车组织方式，是在调度中心行车调度员的统一指挥下，利用行车设备对列车的到、发和折返等作业进行人工控制和调整。调度集中控制下的行车组织的指挥人为行车调度员，车站不参与行车组织工作。

自动运行控制是当今世界城市轨道交通列车运行组织的发展趋势及主流行车控制方式。

许多早期建成轨道交通的城市，由于当时各方面技术条件的限制，曾采用半自动化和人工方式进行行车组织，近年来已逐步采用自动运行控制替代。自动运行控制利用计算机技术对列车运行进行自动指挥和自动运行监护，并由列车运行保护系统提高行车安全系数。

半自动控制是在调度中心的统一指挥和监督下，由车站行车值班员操作车站电气集中或临时信号设备控制列车的运行。在一些早期建成的城市轨道交通系统中，至今仍采用这种列车运行组织方式。在一些新线上，由于信号系统尚未安装调试完毕，在过渡期运营时也会采取这种方式进行行车组织。

3. 非正常情况下的列车运行组织

非正常情况下的列车运行组织是相对上述正常情况下的列车运行组织而言的，也就是在基本列车运行控制方式中，由于信号故障、道岔故障等原因而不能继续采用原行车控制方式的情况下的列车运行组织。电话闭塞法是在非正常情况下列车运行组织所采取的基本方法。对于一些由于特殊情况造成的、对原行车组织方式做出重大调整的行车组织，也属于非正常情况下的行车组织范畴。例如，列车救援，因故采用一线一车或分段运行等，都必须在行车调度员的统一指挥及确保安全的前提下组织列车运行。

4. 车站行车组织工作

车站行车组织工作在调度中心的统一指挥下，合理运用车站的各项技术设备，负责车站行车控制指挥、施工及其他作业，包括车站列车运行控制、车站施工组织和接发列车组织工作等。

任务三　城市轨道交通客运组织

轨道交通为城市提供了一种大容量、运送速度较快的交通工具，轨道交通的根本任务是运送乘客，与其他公共交通相比较，具有客流量大、以车站为集散地和线路固定等特点。因此，为完成城市轨道交通运送乘客的任务，客运工作是运营管理工作的一项重要内容，为乘客提供安全、迅速、便捷、舒适的服务是各城市轨道交通运营企业的宗旨。

一、客流组织

1. 客流组织的内容

城市轨道交通主要通过合理的客流组织来完成大量的客运任务，客流组织是通过合理布置客运有关设备、设施以及对客流采取有效的分流或引导措施来组织客流运送的过程。

客流组织的主要内容包括：车站售、检票位置的设置，车站导向的设置，车站自动扶梯的设置，隔离栏杆等设施的设置，车站广播的导向，售、检票数量的配置，工作人员的配备，应急措施等。轨道交通客运工作的特点决定客流组织应以保证客流运送的安全，保持客流运送过程的畅通，尽量减少乘客出行的时间，避免拥挤，便于大客流发生时的及时疏散为目的。

2. 车站的设置与客流组织的关系

城市轨道交通车站的选址、布置和规模等对运营效果具有决定性意义。优良的车站建筑既能为乘客提供安全、便捷、舒适的乘降条件，又能吸引更多的客流，获得更好的运营效益；同时，可以美化城市景观，以取得经济、社会和环境的综合效益。

城市轨道交通车站的设置，一方面要考虑客流的吸引，站距不能过长；另一方面要考虑保持一定的行驶速度，站距不能过短。轻轨路线的站距一般在 500～1000m，地铁线路站距一般在1000～1500m；市区的站距应当小一些，市郊可以相对大些。

城市轨道交通车站的规模应能满足远期预测客流集散量的需求，并设置与之相适应的出入口数，以方便乘客出入。车站的大小在很大程度上取决于站台的长度，而站台应满足远期预测客流的要求，且站台的宽度取决于高峰小时的客流量。

城市轨道交通车站的选址、规模在建设时已经确定，一般不能再改变，出入口及通道宽度、站厅及站台的规模一般在建设时根据客流量确定。在运营管理中，如何设置售、检票位置，合理布置付费区，进行合理导向对客流组织起着很重要的作用。在布置时一般以符合运营时最大客流量，保持客流的畅通为原则，因此要求：

（1）售、检票位置与出入口、楼梯应保持一定距离。

（2）保持售、检票位置前通道宽敞。

（3）售、检票位置根据出入口数量相对集中布置。

（4）应尽量避免客流的对流。

3．车站大客流的组织

城市轨道交通线路一般都是客流集中的交通走廊，连接着重要的客流集散点，如铁路车站、汽车车站、航空港和航运港等交通枢纽，大型商业经济活动中心，体育场、博览会场和大剧院等重要文体活动中心，以及规模较大的住宅区等。正因如此，某些特殊车站会不定期地遇到大客流。为了保证乘客的安全和正常的运营秩序，这些车站在客流组织方面应备有完善的运营组织方案和措施。在一定程度上，这些方案、措施可补救硬件设施的缺陷。

（1）大客流是指车站在某一时段集中达到的、客流量超过车站正常客运设施或客运组织措施所能承担的流量时的客流。大客流一般在大型文体活动散场时或重要枢纽的节假日期间发生。

（2）大客流的组织：应在保证安全的前提下，尽快地疏散客流。大客流组织的主要措施包括：增加列车运能，增加售、检票能力，采取临时疏导措施，关闭出入口或进行进出分流。

4．客流的特征与调查分析

客流是动态流，它随天、时、地的变化而改变，这种变化是城市社会经济活动、生活以及轨道交通系统本身特征的反映。表现在一日内每个小时的客流量的变化，一周内每日客流的变化，季节性或短期内客流的变化，各条线路客流的不均衡，各个方向客流的不均衡，各个断面客流的不均衡以及各车站乘降人数的不均衡。

断面客流目测调查是一种经常性的客流抽样调查，根据需要可选择一个或两个断面进行调查，一般是对最大客流断面进行调查，调查人员用目测估计各车辆的乘客人数。

二、客运服务

城市轨道交通是一个庞大和复杂的系统，最能反映其运营管理水平的就是客运服务工作。客运服务工作也是体现城市文明程度的一个窗口。

1．客运服务基本要求

（1）服务组织应以安全、准时、便捷、舒适、文明为目标，为乘客提供持续改进的服务。

(2) 服务组织应为乘客提供符合服务规范的服务设施、候车环境和乘车环境。

(3) 服务组织应为乘客提供规范、有效、及时的信息。在非正常运营状态下，应为乘客提供必要的指导信息。

(4) 服务组织应向残障等特殊乘客提供相应的服务。

(5) 为乘客提供的公益或商业服务应以方便乘客、提高服务质量为原则，保证客运服务质量不受影响。

2. 客运服务质量及控制

(1) 服务质量内容。根据国家标准《城市轨道交通客运服务》(GB/T 22486—2008)，客运服务，即为使用城市轨道交通出行的乘客提供的服务，服务质量包括票务服务、导乘服务、行车服务、问询服务、特殊服务、应急服务、服务用语及服务行为等。

(2) 质量控制。一方面，要对客运服务制定目标、各种规章制度及各岗位的工作标准；另一方面，要对客运服务进行现场管理。服务质量的现场管理是以满足乘客出行需求和精神需求为目的的，也就是尽可能满足乘客对功能性、经济性、安全性、实践性、舒适性和文明性的要求。

(3) 投诉及客伤处理。城市轨道交通行业作为一个服务性的行业以及公共交通手段，投诉和客伤是不可避免的。妥善接待、处理投诉及客伤，是良好的企业形象、企业管理水平的体现。

做好投诉的处理，需要建立相应的投诉处理制度，并可指定运营服务主管部门受理，也可设立服务热线接待乘客咨询和投诉，在处理过程中应认真受理、及时调查、按时回复。客伤是乘客在轨道交通管辖的运营区域内发生的人身伤害及伤亡事件的总称。客伤处理的原则是：真诚待人、实事求是、适时安抚、协商解决。

同处理投诉一样，能否妥善处理好客伤事件直接影响企业对外形象，企业应制定客伤处理的规则，指定特定部门和专人负责客伤事件，处理客伤的工作人员要了解企业的各项规章制度、设施设备的工作和使用要求，并掌握一定的法律知识。

3. 客运服务流程

(1) 引导乘客进站。在相关出入口设立明显的导向标志，方便识别，利于引导。

(2) 问询服务。分为有人式服务和无人式服务。

(3) 售检票服务。目前，世界各国城市主要采用人工发售方式或自动为主、人工为辅的方式，且后者已形成主流形式。

(4) 组织乘降。车站安装广播进行信息服务；站台设立候车安全线，提示乘客候车不要越过安全线，以防发生意外事件；有条件时采用屏蔽门技术。

(5) 出站验票。设置各类向导标志，引导乘客出站。

4. 客运服务质量考核指标

(1) 列车拥挤度：

$$\text{列车拥挤度}=\frac{\text{高峰小时平均断面客运量}}{\text{线路实际运输能力}}\times 100\%$$

(2) 售票机可靠度：

$$\text{售票机可靠度}=\frac{\text{售票机实际服务时间}}{\text{售票机应服务时间}}\times 100\%$$

任务四　城市轨道交通票务管理

一、城市轨道交通收费系统

1. 人工售检票方式

人工售检票方式主要优点是设备投资低，但它的缺点是需要雇用大量的售检票人员，支付较多的人工费用。这种方式往往在新线开通初期，客运量小的线路上推行。人工售检票方式分为 3 种。

(1) 进站检票：这种方式只适用于单一票价的城市轨道交通系统，车站只在进站口安排检票员，对乘客进入付费区实行检票进站，乘客出站时不再检票，可以自由出站。

(2) 出站检票：这种方式也只适用于单一票价的城市轨道交通系统，乘客可自由进入付费区乘车，车站只在出站口安排检票人员，对此站乘客实行检票。出站客流相对集中，这种方式比进站检票实施难度大。

(3) 进出站都需要检票：这种方式可适用于计程票价的城市轨道交通系统，车站在进、出站口都安排了检票人员，对乘客进、出付费区都实行检票。这种方式能减少或杜绝无票乘车现象，减少或避免客运收入的流失，但相对来讲，人工费用较前两种方式要多。

2. 自动售检票系统

集计算机技术、网络技术、现代通信技术、自动化控制技术、非接触 IC 卡技术、大型数据库技术、机电一体化技术、传感技术和精密机械技术等多项高新技术于一体的自动售检票系统（AFC）投入城市轨道交通运行后，实现了自动售检票方式。

采用自动售检票方式后，可以实现购票、检票、计费、收费、统计的全过程自动化，减少票务管理人员，提高城市轨道交通系统的运行效率和效益；使乘车收费更趋合理化，减少现金流通，解决人工售检票过程中的各种漏洞和弊端；避免售票“找零”的烦琐，以方便乘客；增强客流分析预测能力，合理地调配车辆，提高运营公司的经营管理水平；为联网结算提供基础。

3. 联网结算

联网结算是以提高城市交通运转效率、方便市民、降低运营公司成本为目的而规划建设的系统，它以 CSC（Contactless Smart Card，非接触智能卡）为车票载体，以计算机及各种电子收费终端（地铁、轻轨、公共汽车和出租车等运输工具的自动收费终端和停车场、路桥收费站的自动收费终端）为核心，以局域网和远程网络作为支撑，完成计费、收费、统计、汇总、预测、决策分析以及中央清算等业务，实现乘客持一张 CSC 即可乘坐各种交通工具和进行小额消费的功能，以及全面实现车辆停车、过路桥自动收费的全过程的电子化、网络化的综合管理。联网结算系统由结算管理中心、远程网络系统和运营公司系统等组成。

二、自动售检票系统

有关自动售检票系统的内容，在本书项目五已有所介绍，此处仅对系统组成、系统设备选型与布置进行简要叙述。

1. 系统组成

自动售检票系统是由计算机集中控制进行自动售票、自动检票和自动结算的自动化管理系统，是城市轨道交通综合自动化管理不可缺少的组成部分。它基于计算机网络和多种形式的车票技术，对车票数据进行处理，实现自动发售车票、自动计费的功能；将采集到的信息和数据进行存储、计算、分析，达到随时查看数据，及时了解运营情况，妥善管理的目的。

目前世界上运用于交通领域中比较成熟的自动售检票系统的基本构架可分解为四部分：中央结算控制系统、车站监控系统、售检票设备和车票。

中央结算控制系统主要提供系统控制、数据搜集统计和票务清算等功能，为每日的运行生成客流量、维修和营业额收入等报表信息。车站监控系统主要对车站所有 AFC 设备进行在线实时控制。售检票设备包括所有的 AFC 前端设备，可实现售检票界面的自动化操作，如自动售票机、检票机和充值机等。车票是乘客与系统之间实现沟通的媒介，其种类一般有纸卡、磁卡和较为先进的 IC 卡，可以制作成单程票、纪念票和储值票等多种形式。

2. 系统设备选型与布置

在设备选型和布置时，应对车站布局、地理环境、客流走向、投资成本做综合分析，一般应考虑以下几个方面。

（1）根据日客流量和设备维护情况，每 3000～4000 人次配置一台进站和出站单向检票机。

（2）车站场地较小，不同时段的进出站客流走向明显时，宜采用双向式检票机。

（3）进站和出站检票机根据出入口位置分开安装，但同一类型的设备（如出站检票机）应集中布置，以便于管理。

（4）每组进站和出站检票机不应少于 3 台。

（5）日客流量超过 10 万人次的车站，宜采用门式检票机，以提高通行速度。

（6）处理单程票的设备应考虑交会线路中售检票系统的“一票换乘”的情况。

（7）由于城市交通“一卡通”一般采用 IC 卡为车票媒介，应在售票机和检票机中增加“一卡通”读写设备或预留相应的接口。

（8）宜采用门式检票机作为携带行李的乘客的专用通道。

（9）对于免费乘坐的特殊乘客，检票机上应设有专人控制装置，让其通行并具有统计、记录的功能。

三、票价制式

城市轨道交通系统的票价制式主要有单一票价制、计程票价制、区段票价制和区域票价制 4 种。

1. 单一票价制

单一票价制是指不论运营里程的长短，都实行一种价格。其优点是票制单一易于管理和操作，服务人员相对较少；但缺点同样显而易见，长短途客流在费用支出上一致明显不合理。票价制定时既不可以过高又不能过低，经济效益体现得不充分。

例如，从2007年10月7日起，北京地铁进行了价格调整，全路网实行单一票价2元（不含机场轨道交通线），2元可以随意乘坐除机场快线外所有线路，并任意在这些线路间进行换乘，不再另收费用。2008年7月新开的机场快线执行单一票价25元。2014年12月28日，北京地铁告别2元单一票制。

2. 计程票价制

计程票价制是按照乘车距离或乘车站数发售不同票价的车票。这种票价制的优点是乘客的车费负担比较合理，有利于吸引更多的客流；缺点是车票种类多、售检票作业比较复杂。

我国现运营的城市轨道交通系统大部分实行分段计程票价制。

3. 区段票价制

区段票价制把全线分为若干个区段，按在区段内乘车和跨区段乘车发售不同票价的车票。为了尽可能合理负担，在两个区段的相邻站间乘车通常可按在区段内乘车购票。

4. 区域票价制

区域票价制把地铁网分为若干个区域，按在区域内乘车和跨区域乘车发售不同票价的车票，分区制主要用于欧洲国家。

(1)“同心圆”计费方式。在核心市区可以采用“同心圆”方式，目前巴黎地铁（8个计费区）和伦敦地铁（6个计费区）都采用这一方式。该划分方式比较符合“放射形”出行结构的需要，其特点是核心市区的吸引量较大。

(2)“同心圆+分区”计费方式。在核心市区以外可以采用“同心圆+分区”的划分方式，斯图加特市交通票价结构的计费区划分采用了这一方式。“同心圆”的划分符合“放射形”出行结构的需要，而在各同心圆内部划分更细的“分区”，可以有效地确保运营收入。斯图加特共包含7个“同心圆”计费区，各“同心圆”又被分为多个“分区”。

【实例介绍】

部分城市地铁车票费用简况

北京地铁：常规线路分段计价，3元起价，6km内3元；6～12km为4元；12～22km为5元；22～32km为6元；32km以上每增加20km以内加1元。机场快轨单一票制25元。

上海地铁：常规线路分段计价，3元起价，0～6km为3元；6～16km为4元；以后每增1元可乘10km；5号线为吸引客流，2元起步。磁悬浮列车票价为普通单程票50元。

广州地铁：常规线路分段计价，2元起价，起步后4km以内2元；4～12km范围内每递增4km加1元；12～24km范围内每递增6km加1元；24km以后，每递增8km加1元。珠江新城旅客自动输送系统（即地铁APM线）实行票价2元的单一票制。

深圳地铁：2元起价，首4km为2元；4～12km部分，每1元可乘坐4km；12～24km部分，每1元可乘坐6km；超过24km，每1元可乘坐8km。

天津地铁：2元起价，5站4区间以内（含5站）每人每张2元；乘坐5站4区间以上10站9区间以下（含10站）票价每人每张3元；乘坐10站9区间以上16站15区间以下（含16站）票价每人每张4元；乘坐16站15区间以上票价为每人每张5元。

南京地铁：2元起价，可乘10km；10～16km单程票价3元；16～22km单程票价4

元；22～30km 单程票价 5 元；30～38km 单程票价 6 元；以后每增 10km 增 1 元。

武汉地铁：2 元起价，可起步 9km，每增 1 元分别可乘 5、7、9km，全程最高票价 6 元，可乘坐 41km。

南昌地铁：2 元起价，起步 6km，每增 1 元可乘里程分别为 6、8、8、10、10km。

任务五　城市轨道交通运营管理规章制度

为加强城市轨道交通运营管理，保证城市轨道交通正常、安全运营，维护城市轨道交通运营秩序，保障乘客和城市轨道交通运营者的合法权益，近些年我国陆续出台了一些城市轨道交通运营管理方面的规章制度。

一、《城市轨道交通运营管理办法》

该办法自 2005 年 8 月 1 日起施行，分为总则、运营管理、安全管理、应急管理、法律责任和附则共计 6 章。摘编如下。

1. 运营管理

（1）城市轨道交通运营单位应当按照国家有关规定和特许经营协议，制定城市轨道交通运营服务规则和设施保养维护办法，保证城市轨道交通的正常、安全运营。

（2）城市轨道交通运营单位应当执行价格主管部门依法确定的票价，不得擅自调整。

（3）城市轨道交通运营单位应当为乘客提供安全便捷的客运服务，保证车站、车厢整洁，出入口、通道畅通，保持安全、消防和疏散导向等标志醒目。

（4）城市轨道交通运营单位工作人员应当佩戴标志、态度文明、服务规范。驾驶员、调度员和行车值班员等岗位的工作人员应当经培训合格后，持证上岗。

城市轨道交通运营单位应当在车站配备急救箱，车站工作人员应当掌握必要的急救知识和技能。

（5）城市轨道交通运营过程中发生故障而影响运行的，城市轨道交通运营单位应当及时组织乘客疏散，并尽快排除故障，恢复运行。一时无法恢复运行的，城市轨道交通运营单位应当及时报告城市人民政府城市轨道交通主管部门。

（6）城市轨道交通因故不能正常运行的，乘客有权持有效车票要求城市轨道交通运营单位按照单程票价退还票款。

（7）禁止下列危害城市轨道交通正常运营的行为：

① 在车厢内吸烟、随地吐痰、便溺、吐口香糖、乱扔果皮纸屑等废弃物。

② 在车站、站台、站厅、出入口、通道停放车辆、堆放杂物或者擅自摆摊设点堵塞通道。

③ 擅自进入轨道、隧道等禁止进入的区域。

④ 攀爬、跨越围墙、护栏、护网、门闸。

⑤ 强行上下列车。

⑥ 在车厢或者城市轨道交通设施上乱写、乱画、乱张贴。

⑦ 携带宠物乘车。

⑧ 危害城市轨道交通运营和乘客安全的其他行为。

⑨ 携带易燃、易爆、有毒和放射性、腐蚀性的危险品乘车。

城市轨道交通运营单位可以对乘客携带的物品进行安全检查，对携带危害公共安全的危险品的乘客，应当责令出站；拒不出站的，移送公安部门依法处理。

⑩ 城市人民政府城市轨道交通主管部门和城市轨道交通运营单位应当建立投诉受理制度，接受乘客对违反运营规定和服务规则的行为的投诉。

城市轨道交通运营单位应当自受理投诉之日起 10 个工作日内作出答复。乘客对答复有异议的，可以向城市人民政府城市轨道交通主管部门投诉，城市人民政府城市轨道交通主管部门应当自受理乘客投诉之日起 10 个工作日内作出答复。

2. 安全管理

（1）城市轨道交通运营单位应当依法承担城市轨道交通运营安全责任，设置安全生产管理机构，配备专职安全生产管理人员，保证安全生产条件所必需的资金投入。

（2）城市轨道交通运营单位应当按照反恐、消防管理、事故救援等有关规定，在城市轨道交通设施内，设置报警、灭火、逃生、防汛、防爆、防护监视、紧急疏散照明、救援等器材和设备，定期检查、维护，按期更新，并保持完好。

（3）城市轨道交通运营单位负责城市轨道交通设施的管理和维护，定期对土建工程、车辆和运营设备进行维护、检查，及时维修更新，确保其处于安全状态。检查和维修记录应当保存至土建工程、车辆和运营设备的使用期限到期。

（4）城市轨道交通运营单位应当组织对城市轨道交通关键部位和关键设备的长期监测工作，评估城市轨道交通运行对土建工程的影响，定期对城市轨道交通进行安全性评价，并针对薄弱环节制定安全运营对策。

在发生地震、火灾等重大灾害后，城市轨道交通运营单位应当对城市轨道交通进行安全性检查，经检查合格后，方可恢复运营。

（5）城市轨道交通运营单位应当采取多种形式向乘客宣传安全乘运的知识和要求。

（6）城市轨道交通应当在以下范围设置控制保护区：

① 地下车站与隧道周边外侧 50m 内；

② 地面和高架车站以及线路轨道外边线外侧 30m 内；

③ 出入口、通风亭、变电站等建筑物、构筑物外边线外侧 10m 内。

（7）在城市轨道交通控制保护区内进行下列作业的，作业单位应当制订安全防护方案，在征得运营单位同意后，依法办理有关行政许可手续：

① 新建、扩建、改建或者拆除建筑物、构筑物；

② 敷设管线、挖掘、爆破、地基加固、打井；

③ 在过江隧道段挖沙、疏浚河道；

④ 其他大面积增加或减少载荷的活动。

上述作业穿过地铁下方时，安全防护方案还应当经专家审查论证。

运营单位在不停运的情况下对城市轨道交通进行扩建、改建和设施改造的，应当制订安全防护方案，并报城市人民政府城市轨道交通主管部门备案。

（8）在城市轨道交通线路弯道内侧，不得修建妨碍行车瞭望的建筑物、构筑物，不得种植妨碍行车瞭望的树木。

(9) 禁止下列危害城市轨道交通设施的行为：

① 非紧急状态下动用应急装置；

② 损坏车辆、隧道、轨道、路基、车站等设施设备；

③ 损坏和干扰机电设备、电缆、通信信号系统；

④ 污损安全、消防、疏散导向、站牌等标志，防护监视等设备；

⑤ 危害城市轨道交通设施的其他行为。

3. 应急管理

(1) 城市人民政府城市轨道交通主管部门应当会同有关部门制定处理突发事件的应急预案；城市轨道交通运营单位应当根据实际运营情况制定地震、火灾、浸水、停电、反恐、防爆等分专题的应急预案，建立应急救援组织，配备救援器材设备，并定期组织演练。

当发生地震、火灾或者其他突发事件时，城市轨道交通运营单位和工作人员应当立即报警和疏散人员，并采取相应的紧急救援措施。

(2) 城市轨道交通车辆地面行驶中遇到沙尘、冰雹、雨、雪、雾、结冰等影响运营安全的气象条件时，城市轨道交通运营单位应当启动应急预案，并按照操作规程进行安全处置。

(3) 遇有城市轨道交通客流量激增危及安全运营的紧急情况，城市轨道交通运营单位应当采取限制客流量的临时措施，确保运营安全。

(4) 遇有自然灾害、恶劣气象条件或者发生突发事件等严重影响城市轨道交通安全的情形，并且无法采取措施保证安全运营时，运营单位可以停止线路运营或者部分路段运营，但是应当提前向社会公告，并报告城市人民政府城市轨道交通主管部门。

(5) 城市轨道交通运营中发生安全事故，城市人民政府城市轨道交通主管部门、城市轨道交通运营单位应当依据应急预案进行处置。

(6) 城市轨道交通运营中发生人员伤亡事故，应当按照先抢救受伤者，及时排除故障，恢复正常运行，后处理事故的原则处理，并按照国家有关规定及时向有关部门报告；城市人民政府城市轨道交通主管部门、城市轨道交通运营单位应当配合公安部门及时对现场进行勘察、检验，依法进行现场处理。

(7) 城市轨道交通运营过程中发生乘客伤亡的，城市轨道交通运营单位应当依法承担相应的损害赔偿责任；能够证明伤亡人员故意或者自身健康原因造成的除外。

二、《城市轨道交通运营管理规范》(GB/T 30012—2013)

该规范为国家标准，规定了城市轨道交通运营的总体要求，以及行车组织、客运组织、车辆及车辆基地管理、设施设备管理、土建设施管理、人员和安全管理等方面的基本要求，自 2014 年 4 月 1 日起实施。摘编如下。

1. 总体要求

(1) 运营单位应保障城市轨道交通安全、有序、高效运营，为乘客提供安全、准时、便捷、舒适的服务。

(2) 运营单位应建立健全组织机构，设置行车组织、客运服务、设施设备维护和安全管理等部门，各部门职责明确、分工合理、衔接紧密，制定切实可行的运营组织管理程序。

（3）运营单位应配置具备岗位资格能力的工作人员，建立岗位责任制；建立健全安全管理、行车组织、客运组织与服务、应急预案等规章制度和操作办法。

2. 行车组织

（1）行车组织应实行集中管理、统一指挥、逐级负责，行车组织工作实行 24 小时工作制。

（2）运营单位应制定正常情况、非正常情况和应急情况下的行车组织方案，根据行车线路的封闭方式、范围、线路条件、设备条件等制定行车组织规则和相应的细则。

（3）列车运行调度的管理层次宜分为一级和二级两个指挥层级，二级服从一级指挥；一级指挥为运营控制中心值班主任、行车调度员、电力调度员、环控调度员和维修调度员等；二级指挥为行车值班员、车辆基地调度员等。各岗位人员根据职责开展工作，并服从运营控制中心值班主任协调和指挥。

（4）车站行车组织工作应包括：监督行车设备运转状态，收集信息并上报运营控制中心，执行行车调度员调整列车运行，与列车驾驶员执行联控措施。

（5）车站实行层级负责制，宜分为：站长、值班站长、行车值班员、车站客运服务人员，站长代表运营单位在车站行使属地管理权。

（6）车辆基地行车车辆基地调度员统一指挥，并由负责车辆基地日常运营和设备维修组织等工作，车辆基地调度员应按车辆基地管理制度和调车作业规程办理作业，其他工作人员应服从基地调度员的指挥。

（7）列车驾驶员负责正线、辅助线和车辆基地内列车驾驶，应根据列车运行图，严格执行调度命令，按信号显示要求行车，严禁臆测行车。

3. 客运组织

（1）运营单位应制定服务质量管理、票务管理等客运服务制度，根据列车运行图、车站设施设备和人员情况等编制客运组织方案；全天运营时间不少于 15 小时；具备线网一票（卡）通用功能。

（2）运营单位应确保客运服务设施完好、标志标识明显；应根据车站客流情况，做好客流组织工作，加强巡查管理；采用多种宣传形式，向乘客宣传客运服务有关事项和安全知识。

（3）运营单位应在车站入口处张贴禁止携带易燃易爆化学危险品进站乘车的警告标志。

（4）客运组织服务范围应包括：

① 维护车站秩序，组织乘客有序乘降；

② 提供售票、检票、充值、退票、补票等票务服务；

③ 处理乘客投诉、乘客纠纷，回答乘客咨询；

④ 提供无障碍乘车服务。

4. 车辆及车辆基地管理

（1）运营单位应根据线路运营需要，制订运用车、维修车和备用车计划；车辆应定期维护，保持技术状态良好、设备齐全。

（2）运营单位应按照要求，根据车辆实际技术状态、走行里程、使用时间确定检修周期，制定检修规程，可采用日检、双周检、月检、年检（定修）、架修或大修等。

（3）车辆基地的设置应满足行车、维修和应急抢修的需要，具有列车清扫、洗涤的专用场所，合理配置相应的设施设备。

5. 设施设备管理

（1）设施设备管理范围包括供电系统、通信系统、信号系统、通风空调与采暖系统、消防及给排水系统、火灾自动报警系统、环境与设备监控系统、自动售检票系统、电梯、自动扶梯以及屏蔽门等。

（2）运营单位应保障设施设备技术状态良好，功能使用正常，无侵界现象。

（3）运营单位应根据技术规程对主变电所、牵引降压混合变电所、降压变电所、接触网（轨）、电力监控系统等设施设备进行巡视与维护，确保列车不间断运行。

（4）运营单位应确保通信系统正常使用，满足调度指挥、信息传送和安全保障的功能要求。

（5）信号系统应具有列车自动防护功能、运营控制中心和车站的列车自动监控功能，宜具备列车自动驾驶功能。

（6）运营单位应对火灾自动报警系统涉及的火灾报警控制主机及工作站、感温感烟探测器、手动报警按钮、消防电话等进行日常检修和维护，确保火灾自动报警系统处于良好状态，防止误报和漏报。

（7）自动售检票系统应满足高峰小时客流量的需要和各种运营模式的要求，可靠度应大于或等于98%。

（8）屏蔽门应有足够的结构强度和运行可靠性，具有系统级、车站级和手动级三级控制方式。

6. 安全管理

（1）城市轨道交通工程投入试运营前，应通过试运营基本条件评审。

（2）运营单位应组织定期和不定期安全检查，编制突发事件应急预案，发生运营安全事故后，应按规定立即启动相应级别的应急预案，采取应急抢险措施，防止事态扩大。

（3）运营单位宜设立统一的应急指挥中心，承担各类突发事件的指挥协调处置工作。

【项目小结】

城市轨道交通系统是一个庞大而复杂的系统，从运营功能看包括列车运行系统、客运服务系统、检修保障系统三大系统，保证这三大系统同时正常、协调地运行是城市轨道交通运营管理的重要任务。这就要求城市轨道交通运营管理工作在运输组织上，实行集中调度、统一指挥、按图运行；在安全保证方面，依靠合理的行车组织规划和可靠的设备运行来保证行车间隔和正常的行车路径；在乘客组织方面，为乘客提供安全、迅速、便捷、舒适的服务。本项目对城市轨道交通运营管理作了全面的阐述，主要介绍了城市轨道交通运营管理特性与发展趋势、城市轨道交通行车组织、城市轨道交通客运管理与票务管理和城市轨道交通运营管理办法等内容。要求了解城市轨道交通运营管理特性、管理模式与发展趋势；掌握城市轨道交通客运管理、票务管理及城市轨道交通运营管理办法；熟悉城市轨道交通行车组织等内容。

【关键概念】

列车运行图　　客流组织　　票务管理　　运营管理办法

【思考题】

1. 简述城市轨道交通系统的运营特性。

2. 简述城市轨道交通运营管理的主要方式与发展趋势。

3. 列车运行图的作用有哪些?

4. 如何进行城市轨道交通的客流组织?

5. 城市轨道交通如何进行票务管理?

6.《城市轨道交通运营管理办法》的主要内容有哪些?

【自测练习】

一、单项选择题

1. 一般城市轨道交通列车运行图采用 1 分格或 2 分格，即每一等分表示（　　）。

A. 1min　　B. 2min　　C. 3min　　D. 1min 或 2min

2. 列车运行图按列车之间运行速度差异分为（　　）运行图。

A. 单线和多线　　B. 成对和非成对

C. 平行和非平行　　D. 连发和追踪

3. 目前，（　　）系统已经被越来越多的城市轨道交通系统采用。

A. ATC　　B. ATO　　C. ATS　　D. CATS

4. 一般在大型文体活动散场时或重要枢纽的节假日期间会发生（　　）。

A. 小客流　　B. 集中客流　　C. 大客流　　D. 一般客流

5. 把地铁网分为若干个区域，按在区域内乘车和跨区域乘车发售不同票价的车票的分区制主要用于（　　）。

A. 中国　　B. 美国　　C. 欧洲国家　　D. 日本

二、多项选择题

1. 从运量规模而言，大运量宜采用（　　）等。

A. 地铁　　B. 市郊铁路

C. 城市快速铁路　　D. 磁悬浮列车

E. 出租车

2. 城市轨道交通运营管理由（　　）等部分组成。

A. 行车管理　　B. 站台管理　　C. 饮食管理　　D. 票务管理

E. 车站设备管理

3. 随着科学技术的发展，城市轨道交通运行控制设备正逐步向（　　）的方向发展。

A. 自动化　　B. 远程化　　C. 计算机化　　D. 智能化

E. 信息化

4. 传统上将列车交路种类分为（　　）。

A. 长交路　　B. 短交路　　C. 中交路　　D. 长短交路

E. 长中短交路

5. 大客流的组织应在保证安全的前提下，尽快疏散客流，其主要措施有（　　）。

A. 增加列车运能　　B. 增加售、检票能力

C. 临时疏导　　D. 关闭出入口

E. 进行进出分流

三、判断题

1. 目前，我国城市轨道交通运营管理模式主要是专业化管理这一种方式。（　　）

2. 行车调度工作是城市轨道交通系统的核心，它的好坏直接影响乘客运输任务的完成情况。（　　）

3. 根据日客流量和设备维护情况，每5000～6000人次配置一台进站和出站单向检票机。（　　）

4. 多专业、多工种联合运行，对时间、空间要求很高，一旦发生故障其后果及影响都很严重。城市轨道交通系统需要严格的、高效率的、统一的指挥，这一功能的实现是由运营控制中心完成的。（　　）

5. 电子调度集中设备已经实现了运行调度指挥的遥信、遥测和遥控三大远程控制功能。（　　）

附录　自测练习参考答案

项目一

一、单项选择题

1. C　2. A　3. B　4. B　5. D

二、多项选择题

1. ABE　2. ABCDE　3. CD　4. BCDE　5. DE

三、判断题

1. ×　2. √　3. ×　4. √　5. ×

项目二

一、单项选择题

1. D　2. A　3. A　4. C　5. B

二、多项选择题

1. ABCDE　2. ACE　3. ABDE　4. ABCD　5. BCD

三、判断题

1. √　2. √　3. ×　4. √　5. ×

项目三

一、单项选择题

1. C　2. D　3. C　4. D　5. C

二、多项选择题

1. CDE　2. ABCDE　3. ABCE　4. ACDE　5. ABCD

三、判断题

1. √　2. ×　3. √　4. ×　5. √

项目四

一、单项选择题

1. A　2. C　3. B　4. B　5. B

二、多项选择题

1. ACDE　2. ABCDE　3. ABCD　4. ABD　5. ACE

三、判断题

1. ×　2. ×　3. √　4. √　5. √

项目五

一、单项选择题

1. C	2. D	3. A	4. B	5. B

二、多项选择题

1. BDE	2. ABCD	3. ABCE	4. ABCDE	5. ABCD

三、判断题

1. √	2. √	3. √	4. ×	5. ×

项目六

一、单项选择题

1. A	2. B	3. D	4. C	5. D

二、多项选择题

1. ABCD	2. ABCDE	3. BCDE	4. ABCD	5. ABDE

三、判断题

1. ×	2. √	3. ×	4. √	5. ×

项目七

一、单项选择题

1. B	2. A	3. A	4. A	5. B

二、多项选择题

1. ABCDE	2. CDE	3. ABC	4. ABC	5. ABCE

三、判断题

1. √	2. √	3. ×	4. √	5. ×

项目八

一、单项选择题

1. D	2. C	3. A	4. C	5. C

二、多项选择题

1. ABCD	2. ABDE	3. ABC	4. ABD	5. ABCDE

三、判断题

1. ×	2. √	3. ×	4. √	5. ×

参考文献

[1] 谭复兴，高伟君，等．城市轨道交通系统概论［M］．北京：中国水利水电出版社，2007.
[2] 李建国，城市轨道交通系统概论［M］．北京：机械工业出版社，2009.
[3] 阎国强，仇海兵．城市轨道交通概论［M］．北京：人民交通出版社，2012.
[4] 季令，张国宝．城市轨道交通运营组织［M］．北京：中国铁道出版社，1998.
[5] 刁心宏，李明华．城市轨道交通概论［M］．北京：中国铁道出版社，2009.
[6] 李力，城市轨道交通运营与管理综合应用［M］．北京：中国电力出版社，2008.
[7] 毛保华，李夏苗，王明生．城市轨道交通系统运营管理［M］．北京：人民交通出版社，2006.
[8] 佟立本．铁道概论［M］．北京：中国铁道出版社，2010.
[9] 何静，叶华平，朱海燕．城市轨道交通运营管理［M］．北京：中国铁道出版社，2007.
[10] 张振淼．城市轨道交通车辆［M］．北京：中国铁道出版社，1998.
[11] 孙有望，李云清．城市轨道交通概论［M］．北京：中国铁道出版社，2000.
[12] 田鸿宾，那允伟，李邑青．世界城市地下铁道［M］．北京：中国铁道出版社，1998.
[13] 刘承东．屏蔽门系统在地铁中的应用［J］．城市轨道交通研究，2000（1）．
[14] 胡维撷．地铁站台屏蔽门系统述评［J］．地下工程与隧道，1997（1）．